Sustainable TOURISM & ODA

지속가능한 관광과 ODA

류광민 · 최영희 · 김현정 공저

백산출판사

서문

이 책 집필자는 관광학 분야의 전문가로서 지난 몇 년 동안 관광분야 ODA 사업에 다양한 형태로 참여한 경험을 가진 연구자들로 구성되었다. 최영희 박사는 2009년에 생태관광의 보고인 갈라파고스섬에서 '휴(休) 까사호텔 건축'사업을 현지 주민과 성공적으로 추진한 현장 전문가이다. 그리고 류광민 박사는 최영희 박사와 함께 한국국제협력단이 지원한 '베트남 라오까이 관광종합발전계획' 수립과 한국관광공사가 지원한 하롱베이 생태관광마을의 발전계획 수립 과제에 1년여간 함께 참여한 경험을 가지고 있다. 그리고 김현정 박사는 "관광부문 ODA 사업선정을 위한 평가지표 개발 및 KOICA 사업모델 발굴"(2014) 과제에 연구자로 참여하였다.

연구자들은 그동안 현장에서 관광분야의 많은 ODA사업들이 일회성 사업으로 끝나는 경우를 자주 목격해 왔다. 이러한 현상은 한국의 관광분야 ODA사업에서뿐만 아니라 관광 ODA사업에서 풍부한 경험을 가진 국가들이 수행한 사업에서도 발견된다. 우리는 관광 ODA사업을 위해 현지조사를 하는 과정에서 원주민 마을의 수공예 관광상품을 개발하기 위해 마을기업이 ODA 자금이 투입되는 시기에는 운영되지만 그 이후에는 잘 운영되지 않는 사례를 자주 목격하곤 했다. 이와 같은 사례는 우리에게 이러한 문제를 극복하기 위해서 관광 ODA사업이 어떻게 진행되어야 하는가에 대한 고민을 던져주었다.

2016년은, 전 세계 ODA사업의 집중 어젠다였던 MDGs가 끝나고, 새로운 발전 어젠다인 SDGs(지속가능한 발전목표)가 시작되는 해이다. 국내에서도 SDGs를 준비하기 위해 여러 분야에서 새로운 SDGs를 달성하고 추진하기 위한 다양한 논의와 관련 자료 출간 등과 같은 노력들이 이루어졌다. 2016년부터 시작되는 SDGs는 관광 ODA사업의 확대가능성과 중요성을 부각시켰다. SDGs에는 지속가능한 관광발전을 달성하기 위한 목표가 공식적으로 들어가 있기 때문이다. 국제적으로 관광은 지속가능한 발전을 위한 중요한 산업이며 수단으로 인식되어 왔던 분야이다. 그럼에도 불구하고 관광과 SDGs와의 관련성 및 추진 전략 그리고 성과에 대해서는 충분하게 논의되거나 인식되지 못하는 것으로 보인다. 심지어 한국국제협력단(2015)이 발행한 "지속가능개발목표(SDGs) 수립현황과 대응방안"의 보고서에는 지속가능한 발전을 위한 관광분야의 기여 가능성에 대하여 부정적으로 논의하고 있다. 국내에서 SDGs 추진의 중심 역할을 담당할 핵심기관의 인식은 단지 일개 기관의 인식에 그치는 것이 아니라 관광이 SDGs 달성의 중요 수단 중 하나로 사용되는 데 한계를 가지게 될 것이라는 측면에서 매우 중요한 사안으로 인식될 필요가 있다.

관광은 국제적으로 지속가능한 발전을 위한 중요 수단이며 산업으로서의 가능성을 인정받아왔었다. 그러나 '관광이 SDGs의 추진목표 중 세부목표로 들어가 있음에도 불구하고 지속가능한 발전을 위한 ODA사업에 대한 기여 가능성이 부정적으로 인식되게 되었을까' 그리고 '왜 많은 관광 관련 ODA사업들의 상당수가 지속가능하지 않을까'라는 문제가 이 책을 쓴 연구자들에게 던져졌다.

우리는 몇 가지 논의와 자료 검토를 통해 그동안 관광분야 ODA사업이 전체 ODA사업에서 매우 부차적인 영역으로 다루어져 왔으며 관광분야 ODA사업 전문가가 깊이 있게 지속적으로 관여하지 않고 있고 비전문가들의 손에 의하여 다루어지고 있다는 사실을 확인하였다. 이러한 일은 지속가능한 관광발전 전략에 대한 인식과 구체적인 수단의 발굴에 대한 이해가 부족하거나 잘못되었기 때문에 발생하지 않았는가 하는 생각을 하게 되었다. 이러한 문제들은 ODA 사업에서 관광이 가지는 지속가능한 발전 기여가능성의 현실화를 저해하고 악순환시키는 요인들이 될 수 있다. 그리고 지속가능한 발전이라는 전략적 개념이 관광을 포함하여 모든 분야에서 매우 상투적으로 만병통치약처럼 아무렇게나 사용되고 있다는 점 또한 이러한 문제를 더욱 악화시키는 요인 중 하나가 되고 있다. 이러한 인식을 바탕으로 집필 연구자들은 SDGs 시대에 중요해지고 있는 지속가능한 관광 ODA사업에 대한 근본적인 이해를 높이고 구체적인 실천전략이 어떠한 관점에서 추진되어야 하는지에 대한 이해를 높일 수 있는 책을 만드는 데 뜻을 모으게 되었다.

이 책은 관광의 지속가능한 발전과 SDGs에 대한 기여 가능성 그리고 관광분야의 지속가능한 ODA사업이 어떻게 발굴되고 추진되어야 하는지에 대한 이해를 높이기 위하여 다음과 같이 세 가지 방향으로 구성되었다. 먼저 지속가능한 관광 발전과 SDGs와의 관련성은 무엇인가? 두 번째는 관광 ODA사업이 어떻게 실천되어야 하는가, 세 번째는 지속가능한 관광 ODA사업의 핵심적인 실천 전략은 어떻게 접근해야 하는가? 이에 따라 3부로 구성하였다. 1부에서는 지속가능한 발전이 무엇이며, 원리와 현실적인 한계 및 어려움을 먼저 살펴보았다. 그리고 지난 MDGs의 성과와 한계를 살펴보고, 왜 SDGs가 제안되었는지에 대한 이해 및 SDGs와 지속가능한 관광과의 관련성을 살펴보았다. 이를 통해 지속가능한 발전을 위해서는 시장이 좋은 하수인이 되어야 하고, 이를 달성하기 위해서는 왜 좋은 거버넌스 구축이 강조되어야 하는지를 살펴보았다.

2부에서는 ODA의 역사를 살펴보고, ODA사업의 실천이 어떻게 이루어져야 하는지에 관한 실천윤리에 대하여 논의하였다. 이를 통해 ODA사업의 목표를 달성할 수 있는 방법에 대하여 논의를 시도하였다. 3부에서는 관광분야에서 ODA사업의 핵심전략이 무엇이며 그 사례를 통해 구체적인 의미가 무엇인지를 살펴보았다. 관광 ODA사업의 지속가능성을 담보하기 위한 핵심전략으로 연구자들은 ① 공급사슬의 연결전략 ② 관광거버넌스의 구축 ③ 관광역량의 강화에 집중하기로 했다. 이 세 가지 핵심전략은 지속가능한 발전을 위해 어떤 관광개발의 형식을 택해야 하며, 궁극적으로 지역에게 편익이 돌아갈 수 있는 자생적인 구조를 만들 수 있는 전략과 관계되어 있다. 이러한 전략은 관광 ODA관련 사업이 궁극적으로 지역사회와 지역주민을 위한, 지역주민에 의해 추진되고 관리되어야 한다는 관점을 반영하고 있다.

이 책은 SDGs 시대에 관광분야의 지속가능한 ODA사업에 대한 이해를 도모하는 데 기초자료로 사용될 수 있을 것으로 기대된다. 지속가능한 관광발전과 관광 ODA사업에 관심을 가진 많은 연구자분들의 질책과 관심이 추가되어 앞으로 진행될 관광을 통한 SDGs 달성과 관광분야 ODA사업들의 성공에 도움이 되기를 바란다. 그리고 출간을 흔쾌히 허락해 주신 백산출판사 진성원 상무님에게 진심으로 감사드린다.

2016년 여름

류광민 · 최영희 · 김현정

목차

제1부 SDGs와 지속가능한 관광

제1부

SDGs와 지속가능한 관광

제1장

지속가능한 발전의 국제적 논의와 이해

1. 왜 지속가능한 발전인가?

1) "성장의 한계(The Limits to Growth)"와 환경에 관한 불가능성의 정리

지난 2000년에 UN에서 채택된 2015년까지 세계의 빈곤을 반으로 줄인다는 주요 의제를 담고 있는 MDGs를 대체하는 SDGs(Sustainable Development Goals)는 2016년부터 2030년까지 15년간 수행될 전 세계의 중요 어젠다를 다루는 내용을 담고 있다. 이러한 SDGs를 이해하고 성공 가능한 실천전략을 수립하기 위해서는 먼저 전 세계가 '지속가능한 발전(Sustainable Development)'이라는 개념을 왜 제기하게 되었는가를 살펴볼 필요가 있다.

지속가능한 발전이라는 개념은 기본적으로 현재 우리의 경제발전 모델이 지속가능하지 못하다는 점에 근거하여 탄생되었다. 이러한 관점을 국제사회에 처음으로 등장시킨 보고서는 "The Limits to Growth(성장의 한계)"(1972년)이다. 산업혁명 이후 경제발전은 환경손실에 기반하여 이루어져 왔다. 즉 현대사회의 경제성장은 물질적 진보인 동시에 막대한 환경비용의 대가였다. "The Limits to Growth(성장의 한계)"는 지금까지의 환경 착취에 기반한 경제성장이 지속가능하지 않다는 인식을 담고 있다. 그리고 이 보고서는 지구가 그 수용력을 초과할 정도로 커지는 것을 막기 위해 모든 기술과 문화, 제도의 변화를 통해 지구의 미래를 생각하는 근본적인 사회 변혁을 추구해야 한다고 주장하고 있다(Donella et al., 2004 : 13).

로마클럽이 발간한 이 보고서에 '환경적으로 건강한 지속가능한 발전(Environmentally Sound and Sustainable Development : ESSD, 이를 줄여 Sustainable Development라고 함)'이라는 개념을 사용한다. '성장의 한계'라는 점에서 알 수 있듯이, 이 보고서는 지구의 성장은 지속할 수 없는 위기에 처해 있다는 인식을 담고 있다. 즉 현재 지구의 성장추세가 지속될 경우, 경제성장으로 인하여 발생하는 환경오염 등이 지구가 수용할 수 있는 한계(즉 지구위험 한계선 Planetary Boundaries)를 넘어서 환경적 재앙과 붕괴를 초래하게 될 것이라는 경고를 담고 있다. 이를 막기 위해서는 지구의 인구-경제-환경 3자가 평형성을 유지할 수 있는 발전방안을 찾아야 한다고 주장하고 있다.

과연 세계는 지구위험 한계선을 넘어선 지속가능하지 못한 상태의 경제성장 단계에 와 있는가? 1890년부터 1990년 동안의 경제성장에 따라 환경자원이 얼마나 소비되었는가를 살펴보면 〈표 1-1〉과 같다. 같은 기간 세계 인구는 4배 증가하였고, 경제는 14배 성장하였다. 이 기간 동안에 에너지 사용량은 16배 증가하였고, 온실가스 주범인 이산화탄소 배출량은 17배, 아황산가스 배출량은 13배 증가하였다. 이와 같이 경제성장보다 더 빠른 속도로 에너지 사용량이 늘고, 이에 따라 막대한 양의 온실가스가 배출되고 있다.

표 1-1 1890년부터 1990년(100년간) 간의 경제성장과 환경자원 소비

항목	증가량	항목	증가량
세계 인구	4배	아황산가스 배출	13배
세계 경제	14배	이산화탄소 배출	17배
물 사용	9배	수산물 어획고	35배
에너지 사용	16배		

출처 제임스 구스타브 스페스(2008), 미래를 위한 경제학 : 자본주의를 넘어선 상상력에서 인용.

"성장의 한계"를 쓴 도넬라 등은 인류는 1990년대 초반에 지속 불가능한 영역으로 더 깊숙이 이동하고 있다는 사실이 분명해지고 있다고 주장하고 있다(Donella et al., 2004). 마티스 베커나겔과 그의 동료들은 인간의 생태발자국을 측정해서 그것을 지구의 수용능력과 비교했다. 그들은 생태발자국을 인간에게 자원(곡물, 사료, 목재, 물고기, 도시로 사용된 토지)을 제공하고 지구촌이 배출하는 배기가스(이산화탄소)를 흡수하기 위해 필요한 토지면적이라 정의했다. 베커나겔은 현재 지구의 사용가능한 면적을 비교했을 때 인간의 자원 사용량은 지구의 수용능력보다 20% 초과된 상태라고 결론지었다. 이렇게 볼 때, 1980년대에 마지막으로 지속가능한 수준에 있었다(Donella et al., 2004 : 19).

이러한 경고는 WECE(the World Commission on Environment & Development)의 "Our Common Future"(1987)에서도 주장되고 있다. 이 보고서에 따르면, 전 세계 에너지 이용량이 지금의 두 배만 되어도 이로 인한 환경오염은 지구의 수용한계를 초과하게 된다. 미국 인구(약 3억)는 세계 인구의 5%이지만 미국이 사용하는 자연자원의 양은 전체 자연자원의 30%에 이른다. 따라서 전 세계에서 인구가 가장 많은 중국과 인도 인구(약 30억 인구)가 미국과 같은 수준의 소비를 한다면 이 두 나라가 소비하는 에너지 이용량은 현재 지구 전체 에너지의 300%를 넘게 된다. 따라서 전 세계 모든 나라가 미국과 같은 수준의 소비를 하게 된다면, 전 세계 에너지 이용으로 발생하는 환경오염은 지구의 수용한계를 훨씬 초과하게 된다. 현재처럼 많은 자원을 소모하고 폐기물을 처리하는 것이 전 세계 사람들의 생활수준을 높이는 것은 아니며, 인간 경제가 발생시키는 쓰레기와 오염물질 처리량이 현재의 증가율을 계속 증가해 나간다면 지구는 앞으로 더 이상 유지될 수 없다(Donella et al., 2004 : 47). WECD의 "Our Common Future" 보고서 관점을 수용하면 전 세계 모든 나라가 지금의 미국처럼 물질적으로 잘살게 되는 것은 불가능하게 된다. 생태경제학자인 데일리(Herman E. Daly)는 이 문제를 "불가능성 법칙(impossibility theorem)"이라 정의한다. 그는 미국식 대량 소비경제를 전 세계에 보편적으로 적용하면 지구 같은 행성 여러 개가 필요하며, 지구환경은 현재 성장모델의 지속적인 착취를 견뎌낼 수 없고, 이와 같은 우리의 개발모델은 자기 파멸적이라고 주장한다(Philip McMichael, 2003).

2) 근본적인 변화 - 지속가능한 성장이 아닌 지속가능한 발전

전 세계 과학자들과 기상 데이터가 모두 지구의 기온이 다양한 인간활동 때문에 바뀌고 있다는 것을 확인해 주고 있지만, 미국을 비롯한 주요 국가들은 여전히 온실가스 배출을 늘리고 있다. 그럼에도 불구하고 많은 곳에서 꾸준히 경제가 하락하는 양상이 보인다. 전체 세계 인구의 12%를 차지하는 54개 나라가 1990년부터 2001년까지 10년이 넘는 기간 동안 1인당 국내 총생산량이 계속해서 하락했다(Donella et al., 2004 : 19). 이와 같이 현재 세계는 환경적으로 수용가능하지 못한 상태로 경제성장이 이루어지고 있으며, 전 세계가 모두 비슷한 수준의 경제성장의 혜택을 누릴 수 없는 개발모델에 의존하여 발전하고 있다. 이제 세계를 지속가능한 영역으로 다시 돌리는 것은 매우 중요한 당면과제가 되고 있다(Donella et al., 2004). 1992년에 발표된 "인류에게 보내는 세계 과학자들의 경고"라는 보고서에 전 세계 70개 나라에서 노벨 수상자 102명을 포함해 모두 1,600명이 넘는 과학자들이 그 보고서에 서명했다.

> "인간과 자연계는 바야흐로 서로 충돌과정에 있다. 인간활동은 자연환경과 핵심자원들에 심하게 그리고 대개는 돌이킬 수 없을 정도로 손상을 입힌다. 현재 진행되는 인간의 활동들 가운데 많은 것들을 억제하지 못한다면 인간사회와 지구, 동물계가 모두 바라는 그러한 미래는 심각한 위험에 처할 것이며 현재 살고 있는 세계는 지금까지 우리가 알고 있는 방식으로 생명을 유지할 수 없는 세상으로 바뀔 수 있다. 현 상황이 초래할 충돌을 피하고자 한다면 당장 근본적인 변화

가 시급하다."(Donella et al., 2004 : 55).

데일리(Daly)는 지속가능한 성장(sustainable growth)과 지속가능한 발전(sustainable development) 간의 차이를 주장한다. 그에게 지속가능한 성장은 지속적인 성장이 불가능하기 때문에 불가능한 것이지만, 지속가능한 발전은 가능하고 바람직하게 된다.

"질적인 변화와 양적인 변화는 매우 다른 것이다. 그러므로 사전에 있는 단어를 이용하여 이 두 개의 개념을 구분하여 다르게 부를 수 있어야 한다. **성장**(to grow)**은 동화**(assimilation) **혹은 축적**(accretion)**을 통해 물질의 추가에 의해 자연적으로 크기의 증가를 의미한다. 발전**(To develop)**은 더 완전하고 더 나은, 훨씬 높은 수준을 가져올 수 있는 잠재력의 실현 혹은 확장을 의미한다.** 어떤 것이 성장하였을 때, 그것은 더 커진 것이다. 무엇이 발전하였을 때, 그것은 다른 것이 된 것이다. 지구 생태계는 발전하는 것이지 성장하지 않는다. 지구의 하위 시스템, 경제는 궁극적으로 성장을 멈추어야만 한다. 그러나 지속적으로 발전할 수 있다. 그러므로 지속가능한 발전이라는 용어는 경제성장이 없는 발전으로서 이해된다. 즉 생태계의 재생력과 동화역량의 범위 안에서 물질과 에너지의 비교적 안정된 상태를 유지하는 물리적 경제 토대의 질적인 개선(improvement)으로 이해된다. 현재 지속가능한 발전이라는 용어는 모순된 지속가능한 성장(oxymoronic sustainable growth)과 동의어로 이용된다." ("Sustainable Growth : An Impossibility Theorem," in Valuing the Earth, edited by Herman E. Daly and Kenneth N. Townsend, MIT Press, 1993, pp. 267-268).

Daly에 따르면, 인간이 신체적 성장이 멈추어도 정신적으로 성숙한 단계로 이행하듯이 인간사회도 이와 비슷한 성장 없는 발전(development without growth)으로 이행하는 시기에 도달할 수 있다. 따라서 Daly와 같은 입장에서는 경제성장보다는 성숙한 사회로의 지속적인 발전을 추구하게 된다.

그러나 모든 환경주의자 혹은 생태주의자가 성장과 발전에 대하여 동일한 입장을 가지는 것은 아니다. 보수적인 환경주의자들은 경제를 효율적으로 운영하고 과학기술 발전이 경제성장에 따른 오염과 공해 문제를 해결할 수 있어서 지속적인 경제성장이 가능할 수 있다고 본다. 이러한 관점에서 보면 현재의 경제모델 속에서도 효율성의 제고와 과학기술 발전에 의해 지구위험 한계선 안에서의 지속가능한 발전이 가능하다. 즉 미래를 매우 낙관적인 관점으로 바라보게 된다. 이러한 관점은 Daly의 성장 없는 발전(development without growth)과 경제발전 모델 및 지속가능한 발전과의 관계에 상당한 차이를 가지게 한다.

지속가능한 발전이라는 용어는 보수적인 환경주의자부터 매우 급진적인 생태주의자들까지도 함께 사용하는 개념이지만, 각자의 경제모델과 환경과의 관계에 대한 이해에 따라 그 개념을 사용하는 기본적인 기저는 매우 다를 수 있다. 그러므로 지속가능한 발전이라는 구호를 사용함에 있어 구체적인 실천양식은 상이하게 나타날 수 있다. Daly(1993 : 268)가 말한 바와 같이 현재 지속가능한 발전이라는 용어는 모순된 지속가능한 성장(oxymoronic sustainable growth)과 동의어로 이용되기도 한다. 따라서 지속가능한 발전이 무엇을 의미하고 어떠한 발전전략을 추구하는가에 따라 그 의미는 매우 다른 방향을 지향하게 된다. 이러한 각자의 이해 차이를 줄이고 보다 지속가능한 발전에 부합되는 실천을 추구하게 하기 위해서는 먼저 지속가능한 발전이 어떠한 원리 속에서 논의가 발전되어 왔는지 그리고 그 한계는 무엇인지를 살펴볼 필요가 있다. 이러한 논의의 전개는 앞으로 전 세계가 추진해야 할 SDGs의 한계가 무엇인가, 그 한계를 극복하기 위해 혹은 보완하기 위해 무엇을 고민해야 하고 실천해야 하는가에 대한 이해를 넓혀주는 데 기여할 것이다.

2. 지속가능한 발전에 대한 논의와 행동 원칙

1) 브룬틀란트(Bruntland) 보고서와 지속가능한 발전

"The Limits to Growth(성장의 한계)"는 경제성장 방식과 환경파괴에 대한 자각에 많은 영향을 미쳤으며, 국제사회에 큰 반향을 일으켰다. 경제성장과 환경과의 관계에 대한 인식은 1972년 스톡홀름 유엔인간환경선언에 "생태학적 불균형(3조)"을, 1982년 나이로비 유엔인간환경선언에서 "사회경제의 지속적 발전"의 형태로 언급되었다. 그러나 이러한 논의에서는 평형성이란 용어와 '평형성'을 유지할 수 있는 발전이라는 의미가 부각되지 않았다.

지속가능한 발전이라는 개념이 본격적으로 국제사회에서 주목받기 시작한 것은 1987년 UN특별위원회인 "환경과 개발을 위한 세계위원회(World Commission on Environment and Development(WCED)"의 보고서 "Our Common Future"(브룬틀란트(Bruntland) 보고서라 불림)에서 이 용어를 사용한 이후부터이다. 이 보고서에서 지속가능한 발전을 미래세대가 자신의 필요를 충족하기 위한 능력을 손상함이 없이 현재 세대의 필요를 충족시키는 '개발'이라 정의하고, 자원의 개발, 투자의 방향, 기술개발의 지향점, 그리고 제도의 개선 등이 현재의 필요뿐만 아니라 미래의 필요도 함께 반영하는 변화과정으로 간주하였다.

브룬틀란트(Bruntland) 보고서는 지속가능한 발전을 "미래세대가 그들의 필요를 충족시킬 능력을 저해하지 않으면서 현세대의 필요를 충족시키는 것"으로 정의한다. 이 정의는 우리가 물려줄 환경과 자연자원의 조건 속에서 우리의 미래세대도 최소한 우리 세대만큼 잘 살 수 있도록 담보하는 범위 내에서 우리에게 주어진 환경을 이용하고 자연자원을 이용함을 의미한다. 이를 좁게 해석하면 특정 자원의 총 물량을 감소시키지 않으면서 그 자원의 증가분만 사용하거나 또는 감소분을 다른 대체자원으로 보충하는 것으로 해석할 수 있다. 이러한 관점에서 보면, 지속가능한 발전은 자원량의 관점에서만 이해함으로써 자원의 다른 기능에 대하여 관심을 두지 않게 된다. 그러나 자원은 다양한 기능을 가지고 있으며, 이러한 기능들의 균형을 통해서 자연생태계가 유지될 수 있다. 지속가능한 발전을 자원량의 관점으로 이해하는 것은 관심을 두지 못하는 자원의 총량과 자원의 다른 기능에 대한 관심을 소홀하게 함으로써 지속가능성을 보장해 주지 않을 수도 있게 한다. 따라서 지속가능한 발전의 의미를 자원량의 관점이 아닌 인간과 생태계의 지속가능한 발전이라는 보다 폭넓은 의미로의 확장이 필요하다.

폭넓은 의미에서 볼 때, 지속가능한 사회는 자연과 사회가 부담해야 할 비용을 모두 따져보았을 때, 거기서 얻을 가치보다도 대가가 클 경우, 그 일이 무엇이든 간에 한계를 초과하지 못하게 하거나 당장 멈출 수 있도록 하기 위해서 마이너스 성장까지도 합리적이라고 생각할 수 있는 사회이다. 이러한 지속가능한 사회는 현재의 불공평한 분배형태가 영원히 지속되도록 하지 않는 사회여야 한다(Donella et al., 2004 : 390).

그리고 브룬틀란트(Bruntland) 보고서는 세대 간의 형평성 주장에 무게를 둠으로써 국가 간, 지역 간 불균형의 문제를 세대 간의 형평성에 포함시킨다. 세대 간 형평성은 한 나라 안에서의 계층 간 형평성뿐만 아니라 국가 간 형평성을 내포한 포괄적 의미의 형평성을 의미한다. 그리고 형평성 자체가 중요한 가치인 동시에 계층 간의 빈부격차 그리고 국가 간 빈부격차가 자원고갈 및 환경오염을 가속시키는 중요한 요인인 동시에 지속가능발전을 저해하는 심각한 요인이라는 문제의식을 담고 있다.

2) Agenda 21과 행동원칙

브룬틀란트(Bruntland) 보고서가 발표된 해와 같은 해인 1972년에 스톡홀름에서 유엔이 주최한 국제환경문제회의가 개최된다. 이 회의에서 유엔인간환경선언이 발표되고, 각 나라가 자국 내의 활동이 다른 나라의 환경을 해치지 않도록 노력할 책임이 있음을 명시하였다. 그리고 '유엔인간환경선언'에서 오염원인자 부담원칙에 대한 근거를 제공하였다. 그리고 1972년 OECD 국가의 파리정상회담에서 다음과 같은 세 가지 원칙에 합의하였다.

1. 회원국의 환경정책은 경제사회정책과 조화되도록 하여야 한다.
2. 회원국은 환경보전을 위한 정책은 오염원인자 부담원칙에 바탕을 두어 수행하여야 한다.
3. 회원국의 환경정책은 개발도상국의 입장도 충분히 고려되어야 한다.

이러한 환경문제에 대한 국제적인 합의가 이루어졌음에도 불구하고 세계적인 환경문제는 더욱더 악화되어갔다. 스톡홀름회의 20주년을 맞이한 1992년 6월 지금까지 열린 국제회의 중 가장 큰 규모의 국제회의가 브라질의 리우데자네이루에서 열리게 된다. 이 회의에서 환경과 발전을 위한 '리우선언'이 채택되고 환경적으로 건전하고 지속가능한 발전 원칙을 천명한다. 21세기 지구환경의 보전 강령인 'Agenda 21(의제 21)'을 발표하였고, 이 의제 21은 자유무역 이념과 더불어 세계를 지배하는 범지구적 이념이 되고 있다. 2002년 요하네스버그에서 열린 '리우+10 회의'는 1992년 리우 때보다 각 나라들의 편협한 국가, 기업, 개인의 이익을 추구하고 다양한 이데올로기와 경쟁분쟁 속에 빠져 거의 절름발이 회의가 되었다(Donella et al., 2004). 이러한 국가 간, 기업 간, 개인 간 이익 추구는 실제로 새로운 천년을 맞이하여 세계가 지속가능한 발전을 도모하기 위한 전략으로 채택한 MDGs에서도 환경문제 특히 온실가스 감축에 큰 성과를 거두지 못하고 오히려 악화되는 결과를 나타내는 원인 중 하나가 되었다.

국제사회는 지속가능한 발전을 실천으로 옮기기 위한 합의를 추진하였다. 그 대표적인 행동원칙은 21세기 지구환경의 보전 강령인 '의제 21'이다. 의제 21에서는 이러한 문제들을 보다 잘 해결하기 위한 행동원칙을 포함하는데 그것을 크게 나누면 다음의 4가지이다. 이 각각의 원칙에 대하여 간단하게 살펴보기로 하자.

1. 오염원인자 부담원칙(polluter pays principle)
2. 사용자 부담원칙(user-pays principle)
3. 예방원칙(precautionary principle)
4. 최근접 결정원칙(subsidiarity principle)

① 오염원인자 부담원칙(polluter pays principle)

오염원인자 부담원칙은 1992년 유엔환경개발회의 '리우지구선언'에서도 재확인되었고 우리의 환경정책기본법도 오염원인자 부담원칙을 분명히 하고 있다. 환경세, 배출부과금, 종량제 쓰레기수거료, 거래가능배출권제도(혹은 배출권거래제도) 등이 바로 원칙에 의한 정책수단의 대표적인 예이다. 이 정책들은 시장경제원리에도 부합하고 환경친화적 기술진보를 촉진한다는 장점을 가지고 있다. 4가지 원칙 중에서 가장 중심적인 원칙이라고 할 수 있으며, 나머지 3가지 원칙은 약점이나 한계를 보완하는 원칙이라고 할 수 있다.

그러면 오염원인자 부담원칙은 지속가능발전을 가능하게 할 수 있는가? 정답부터 말하자면 그렇지 않을 수 있다. 왜냐하면 오염원인자 부담원칙은 주로 현세대의 환경오염피해에 국한된 영향만을 고려하기 때문이다. 즉 미래세대에 미치는 악영향은 고려되지 않을 가능성이 매우 높다. 오염원인자 부담원칙은 환경문제를 주로 시장경제원리, 즉 비용의 관점에서 접근하게 된다. 이로 인하여 현재의 부과금 등은 현재의 수요와 공급을 중심으로 한 환경의 가격을 반영하지만 미래세대의 환경오염이나 이익을 반영하기 어렵게 된다. 이는 지속가능한 발전이 추구하는 현세대와 미래세대 간의 형평성을 균형 있게 달성하지 못할 수도 있다는 점을 의미한다.

이러한 관점에서 보면, 시장은 과연 미래세대의 이익을 대변하고 보장해 줄 수 있는가에 대하여 살펴볼 필요가 있다. 이는 시장은 자연적으로 지속가능한 발전을 담보할 수 있는 수단이 될 수 있는가에 대한 질문과 관련되어 있다. 다음 그림을 통해 이 문제를 살펴보기로 하자.

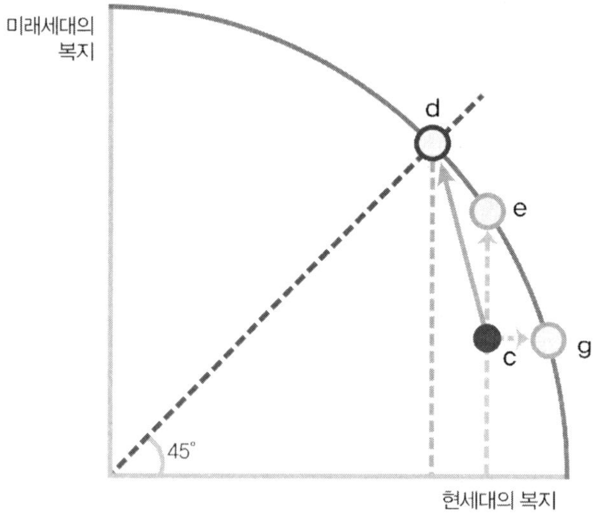

그림 1-1 현세대와 미래세대의 지속가능한 복지

이 그림에서 c점은 현재 우리의 지속가능하지도 못하고 효율적이지도 못한 상태를 의미한다. 그림에서 반원 선은 미래세대와 현세대가 함께 누릴 수 있는, 미래세대와 현대세대의 복지의 합이 최대인 복지 선을 의미한다. 현세대와 미래세대가 균형 있는 복지를 누리는 선은 45° 선상의 한 점에 있다. 그러므로 c점은 미래세대의 복지보다는 현세대의 복지가 큰 상황을 의미한다. 이러한 현재 지속가능하지 못한 c점에서 미래세대와 현세대가 형평성을 획득하는 점들로의 이동(예를 들면 d점과 같은)은 모두 현세대의 복지를 감소시키는 점들이 된다.

그러면 시장은 c점을 어떠한 방향으로 움직이게 할 것인가? 시장은 과연 d점과 같이(지속가능한 상태를 달성할 수는 있지만) 현세대의 복지를 감소시키는 방향으로 움직이게 할 수 있을 것인가? 시장이 이러한 방향으로 움직일 것이라고는 누구도 생각하지 않을 것이다. 현세대들이 자신의 복지 크기를 감소시키기를 원할 것인가? 정치인들이, 기업들이 현세대의 복지 크기를 감소시키는 방향으로 발전전략을 추구할 것인가? 이 모두 회의적이다. 앞에서 지속가능한 발전에 대한 국제 논의과정과 결과에서 살펴본 바와 같이 지금까지의 경제성장모델과 이데올로기는 각자의 이기적인 발전에 의존하여 지속가능한 발전에 대한 논의와 실천에 참여해 왔기 때문이다. 현재의 시장과 기업 그리고 우리 자신인 현세대는 쉽게 자신의 복지 크기를 감소시키기 어려울 것이다. 지금까지의 시장경제모델에 의존한다면, 즉 미래세대의 복지를 고려하지 않은 경제모델은 오히려 현세대의 복지 크기를 강화시키는 방향, 즉 g점으로 이동시킬 가능성이 더 현실적인 방향이 될 것이다. 만약에 우리의 상태가 c점에서 g점으로 이동한다면, 더욱더 현세대와 미래세대의 형평성은 달성될 수 없다. 이는 미래세대의 복지 감소를 가져오는 지속가능하지 않은 상태로 나아감을 의미한다.

현세대가 최대한 양보할 수 있는 가능성은 어떠한 지점인가? e점은 현세대 복지는 감소시키지 않으면서 미래세대 복지를 증가시키는 방향이다. 즉 정부와 시민사회가 시장의 움직임을 조금 더 지속가능한 영역으로 이동시킬 수 있는 현실적인 방향은 완전한 지속가능한 영역인 지점으로가 아니라 한계가 있는, 아직도 지속가능하지 않은 범주인 e지점일 가능성이 매우 높다. 이러한 성과도 매우 강력하고 효과적인 정부와 시민사회가 시장을 견인할 때만 달성될 수 있다는 점을 명심할 필요가 있다. 따라서 현세대의 이익에 중심을 둔 오염원인자 부담원칙만으로는 현세대의 지구발전을 지속가능한 영역으로 이끌어 갈 수는 없는 것이 분명하다. 물론 오염원인자 부담원칙에 기반한 정책은 강력하게 수행되어야 할 필요가 있다. 그리고 미래세대의 이익을 고려하는 원칙과 수단이 결합되어야 한다.

② **사용자 부담원칙**(user-pays principle)

사용자 부담원칙은 미래세대의 이익을 보다 더 고려하는 원칙이다. 자연자원의 가격은 자연자원의 이용에 수반된 모든 비용을 충실히 반영하여 결정되어야 한다는 원칙이다. 따라서 시장에서 자연자원의 가격은 미래 이익이나 미래세대에 미치는 영향을 고려하여 결정해야 한다. 이 원칙은 자연자원의 이용으로 이득을 보는 사람으로 하여금 올바른 대가를 치르게 함으로써 자연자원의 효율적 이용을 겨냥하고 있다. 이러한 관점에서 보면, 생산성이 높은 용도에서부터 자원이 차례로 배분되고 높은 가격의 에너지는 생산성이 높은 용도로 재배분됨으로써 에너지 총량이 감소될 수 있다. 만약에 모든 자연자원의 가격이 사용자 부담원칙에 따라 현실화되면 자연자원 가격은 상당히 인상되고 이용량은 감소, 대체자원 개발의 활성화가 기대된다.

그러나 우리의 현실은 과연 이러한 사용자 부담원칙이 현실화되고 있는가? 과연 우리는 자연자원의 이용에 수반된 모든 비용을 충실히 반영한 시장가격 시스템 속에 살고 있는가? 저자는 우리의 현실은 자연자원 이용에 수반된 비용을 부담하지 않고 있으며, 사용자 부담원칙이 제대로 실현되지 못하고 있다고 판단한다. 자연자원 가격 상승으로 인하여 기업의 가격경쟁력이 떨어지는 것을 막기 위해 정부의 막대한 보조금이 여전히 지급되고 있다. 우리나라에서도 보편화되어 있는 산업의 전기요금이 일반 가정의 전기요금보다 싼 것도 이러한 보조금의 성격이 강한 것이다. 기업뿐만 아니라 소비자들도 결코 사용자 부담원칙에 따른 비용부담을 원하지 않을 가능성이 매우 높다. 자동차로 예를 들면, 자동차를 운행하는 데 따라 발생하는 배기가스는 환경을 파괴하는 오염원이다. 이 오염원에 대한 환경비용을 누가 부담하고 있는가? 어떠한 나라도 이 비용을 소비자에게 직접적으로 부담시키지 않고 있는 것으로 보인다. 이 비용을 부담시키기 위해서는 먼저 환경비용의 크기가 얼마여야 하는가? 그리고 실재로 누가 이 비용의 크기를 측정하고 부담시킬 수 있는가에 대한 합의와 정책

수단이 마련되어야 한다. 이 또한 매우 어려운 문제이다. 따라서 사용자 부담원칙을 현실에서 제대로 적용시키는 문제는 오염원인자 부담원칙을 실천하는 것보다 더 어려운 문제일 가능성이 높다. 그리고 경제성장이라는 이데올로기는 모든 영역에서(기업은 물론 소비자를 포함한) 완전한 오염원인자 부담원칙의 실현을 어렵게 할 것이다.

③ **예방원칙**(precautionary principle)

예방원칙은 1987년 북해 보호에 관한 제2차 국제회의 각료급 선언에서 처음 공식화되었다. 이 원칙은 심각한 불가역적 피해의 우려가 있을 경우, 충분한 과학적 근거가 확보되지 않았다는 이유로 환경보전대책을 연기해서는 안 된다는 원칙이다. 이 원칙을 설명하는 이론 중에서 가장 대표적인 이론은 Minimax 이론(극소극대정리)이다. 이 이론의 핵심은 최악의 경우 중에서도 가장 손실이 적은 결과를 초래하는 전략을 택한다는 것이며, 예방원칙을 정당화하는 데 주로 이용되는 이론이다. Minimax 이론을 토대로 기후변화에 대한 대응전략이 예방원칙에 따라 이루어지는 것인지를 설명해 보자.

기후변화는 발생할 수도 있고 발생하지 않을 수도 있다고 가정하자. 그리고 기후변화에 대한 대비책을 실행하는 경우와 대비책이 없는 경우로 가정하자. 그러면 각각의 경우에 따라 발생하는 손해(혹은 비용)가 아래와 같이 발생한다.

	기후변화 발생	기후변화 없음	최대손실
대비책 실행	C	C	C
대비책 없음	L	0	L

즉 C는 기후변화가 발생하고 대비책이 있음으로 인해서 발생하는 손해이다. 반면에 L은 기후변화가 발생하고 대비책이 없을 때 발생하는 손해이다. 기후변

화가 없을 경우에는 대비책을 세웠을 때 발생하는 비용 C가 비용이 된다. 반면에 기후변화가 없고 대비책이 없었을 경우에 발생하는 비용은 0이 된다. 기후변화에 대한 대비책을 세웠을 경우의 최대손실은 C이고, 대비책을 세우지 않았을 경우 최대손실은 L이 된다. 만약에 L과 C의 크기가 L > C라면 최대손실이 작은 C가 발생하도록 선택하는 것이 합리적인 선택이 된다. 만약에 L < C라면 반대의 선택이 합리적인 선택이 된다.

이러한 선택에 있어서 문제는 C와 L의 크기를 사전에 충분히 알 수 없다는 점이다. 그리고 이것만으로는 전략을 선택할 수 없다. 왜냐하면 기후변화에 대한 대응전략이 효과가 있을 수도 있고 없을 수도 있기 때문이다. 대응전략효과의 크기에 따라 각각의 경우에 발생할 수 있는 최대손실의 크기가 달라질 수 있기 때문이다.

만약 기후변화에 대한 대비책이 효과가 없다면 기후변화에 대한 대비책을 세웠을 경우의 최대손실은 'L + C'가 된다. 대비책을 세우지 않았을 경우의 최대손실은 L이 된다. 따라서 대비책에 대한 효과가 없다면 최대손실의 경우는 대비책을 세우지 않은 L이 된다.

	기후변화 발생	기후변화 없음	대비책 효과없음	최대손실
대비책 실행	C	C	L + C	L + C
대비책 없음	L	0	L	L

우리가 기후변화에 대한 L의 전략을 세우고 행동하는 경우를 주변에서 찾아볼 수 있다. 한양대학교 관광학과 김남조 교수 연구실에서 수행한 지난 3년간(2013~2015)의 기후변화와 친환경 행동에 대한 국민인식조사에서 이러한 L의 전략을 취하는 경우를 발견할 수 있었다. 이 조사보고서에서, 기후변화를 인간이 통제가능하고 대응할 수 없는 현상이라고 인식할수록 온실가스 배출을 줄

이는 친환경 행동에 대한 참여도가 떨어지는 현상을 발견할 수 있었다. 이러한 현상은 기후변화 대응에 대한 비용이 효과가 없기 때문에 기후변화에 대한 대응을 하지 않는 것이 합리적인 선택이 되는 것으로 해석될 수 있다.

그러나 기후변화에 대한 대비책이 효과가 있다고 가정하면 반대의 결론에 이르게 된다. 기후변화에 대한 대비책이 기후변화를 예방할 수 있다고 가정해 보자.

	기후변화 발생	기후변화 없음	후회할 최대금액
대비책 실행	0	C	C
대비책 없음	L－C	0	L－C

이때, 대비책을 세우고 기후변화가 발생할 때, 피해는 0이 된다. 그러나 기후변화가 발생하지 않았다면 손실은 대비책을 세운 비용 즉 C가 된다. 그러므로 대비책을 세웠을 경우, 후회할 수 있는 최대비용은 C가 된다. 그러나 대비책을 세우지 않았을 경우, 기후변화로 발생하는 손실은 기후변화로 인한 손실 L에서 기후변화 대응비용 C를 제외한 비용(L-C)이 기후변화 발생으로 인해 후회할 수 있는 최대비용이 된다. 어떠한 전략을 선택하는 것이 합리적인 선택이 될 것인가. 미래에 어떠한 일이 벌어질지 모를 경우, 우리는 각각의 경우에 대비해서 후회를 최소화할 수 있는 전략을 선택하는 것이 합리적인 선택이라고 가정해 보자. 이러한 가정의 관점에서 보면 어떠한 경우에 기후변화에 대한 대비책을 세울 수 있는가? 어떠한 경우에 후회를 최소화할 수 있을 것인가? 만약에 'C>L-C'라면, 후회 최소의 전략은 대비책을 세우지 않는 것이다. 반대로 'C<L-C'라면, 후회 최소의 전략은 대비책을 세우는 것이다. 그러므로 인류가 기후변화에 대한 대응전략을 세우기 위해서는 'C<L/2'의 조건이 성립해야 한다. 이를 현실적으로 말하면, 기후변화로 발생하는 피해가 대비책을 세우는 데 발생

하는 비용보다 최소한 2배 이상 클 경우 기후변화에 대한 대응이 합리적인 선택이 된다는 의미이다. 즉 환경피해나 전 세계의 문제에 대한 대응전략은 대응전략에 투입되는 비용보다 대응전략을 수립하지 않음으로 인해서 발생할 수도 있는 후회비용이 매우 크다는 인식 없이는 수행되기 어렵다는 것을 의미하기도 한다.

④ **최근접 결정원칙**(subsidiarity principle)

이 원칙은 큰 단위나 규모에서 이루어지는 결정보다 작은 단위나 규모에서 이루어지는 결정이 효율적이라는 것을 전제하고 있다. 왜냐하면 사회, 문화, 경제, 자연적 조건이 나라와 지역마다 다르기 때문에 획일적인 동일한 기준은 비효율적이며 무리이기 때문이다. 이러한 원칙의 입장에서 보면 나라별, 지역별 여건에 맡는 환경정책 추진이 바람직하며, 환경문제에 대한 결정은 나라별로, 지역단위별로 이루어지는 것이 바람직하게 된다. 이 원칙은 개인의 자주성에 뿌리를 둔 원칙으로 개인의 자주성을 정치조직과 환경문제의 해결을 확대한 원칙이며, 지방자치를 옹호하는 원칙으로 활용되기도 한다. SDGs 달성을 위한 관광 ODA도 바로 이러한 관점에서 수행되어야 한다.

3. 지속가능한 발전 돌아보기

1) 경제성장과 환경영향

지속가능한 발전은 자원의 효율적 이용을 통해서 경제성장과 환경보전의 동시 달성이 가능하다는 신념을 바탕으로 하고 있으며, 빈부격차가 환경문제의 근본원인이며 빈부격차가 환경문제를 해결함에 있어서 근본적 장애가 된다는 생각을 바탕으로 하고 있다. 따라서 지속가능 발전의 이념은 환경성, 효율성,

형평성에 근거하고 있다. 세대 간 형평성은 한 나라 안에서의 계층 간 형평성뿐만 아니라 국가 간 형평성을 내포한 포괄적 의미로 사용되고 있다. 이러한 형평성을 포괄적 의미로 사용하는 이유는 계층 간의 빈부격차 그리고 국가 간의 빈부격차가 자원고갈 및 환경오염을 가속시키는 중요한 요인인 동시에 지속가능 발전을 저해하는 심각한 요인이라는 문제의식에 기반하고 있다. 따라서 지속가능한 발전을 위해서는 환경파괴의 방지는 물론 빈부격차의 해소와 같은 형평성을 달성하고자 하는 정책들이 중요한 관심을 가지게 된다. 이러한 관심은 빈곤퇴치가 MDGs의 핵심달성과제로 제안되고 추진되었다는 점으로 이어지고 있는 것이다.

이러한 형평성을 달성하기 위해 주로 사용하는 전략은 환경문제 극복과 소득분배가 밀접하게 관련되어 있음에 기반하고 있다. '유엔인간환경회의'(1972년, 스웨덴)에서 환경문제가 경제발전 때문에 발생하기도 하지만 또한 경제발전이 너무 없기 때문에 발생할 수도 있다는 결론을 내렸다. 이러한 결론은 소득분배의 극심한 불평등은 환경문제의 근본적인 원인이면서 동시에 환경문제 해결의 근원적인 장애가 되고 있다는 것을 의미한다. 실재로 빈곤국가에서 이루어지고 있는 환경파괴(산림파괴, 수질오염 등등)의 문제는 빈곤문제 때문에 발생하고 있다는 많은 보고들이 존재한다. 후진국의 경우 환경수용력을 초과하는 폭발적 인구증가 또는 도시화가 환경파괴의 주된 원인이 되고 있다. 이러한 지역 내에서는 물론 국가 간의 소득불평등은 환경문제의 원인이 되고 있다. 빈곤국가에서는 경제성장을 위해 자연자원을 경제발전 수단으로 활용하고 이러한 과정에서 많은 환경파괴문제가 발생한다. 반면 선진국에서는 지구온난화와 같은 환경문제를 해결하기 위해 자연자원인 화석연료의 사용을 크게 줄여야 한다고 주장한다. 그러나 전 세계의 부와 기회의 분배는 한쪽으로 치우쳐 있다. 세계에서 가장 부유한 20% 인구가 세계 총 생산량의 80% 이상을 차지하고 있고, 전 세계 상업용 에너지의 60% 가까이를 쓴다(Donella et al., 2004 : 95).

후진국의 입장에서 자연자원인 화석연료의 사용을 줄인다는 것은 경제성장의 포기를 의미한다. 이러한 빈곤국가와 부자국가 간의 입장 차이는 국제 환경문제 해결을 위한 협력을 어렵게 하고 있다. 세계 모든 나라가 선진국처럼 잘살 권리가 있다는 빈곤국가의 주장은 오염원인자 부담원칙도 그 빛을 잃을 수밖에 없게 하고 있다.

실제로 선진국에서도 과학기술 발전에 따라 단위 생산에 필요로 하는 원자재의 투입비율은 낮아지고 폐기물도 획기적으로 감소하고 있다. 그러나 전체 자원사용량과 폐기물 총량은 여전히 늘어나고 있다. 그러므로 선진국에서 이루어지고 있는 과학기술의 발전에 근거한 효율성 추구의 논리는 여전히 범지구적 환경파괴의 문제를 해결하지 못하고 있는 것이다. 산업경제로 투입되는 연간 자원량의 2분의 1에서 4분의 3은 1년 안에 폐기물이 되고, 경제가 성장하는 동안 산업에 직접 투입되는 재료의 양이 절대적으로 감소하지 않고 있다. 유엔 보고서에 따르면, 이산화탄소와 같은 오염물질의 농도는 계속 증가하고 있다. 따라서 대부분의 MDGs가 가시적인 성과를 거두었음에도 불구하고, 온실가스 감축분야는 성과가 나타나지 않고 오히려 악화된 분야로 보고되고 있다.

지난 15년간 전 세계가 경제성장을 추구하면서도 온실가스를 감축하기 위해 많은 노력을 해왔음에도 불구하고 온실가스 감축은 이루어지기 어려운 것인가? 이 질문에 답하기 위해서는 왜 경제성장은 환경과 충돌하고 해결하기 어려운 것인가에 대한 근본적인 물음을 던져볼 필요가 있다.

자본주의는 자본을 축적하고 확대하려는 기본적인 속성을 가지고 있다. 그리고 대부분의 사람들은 성장이 끊임없이 자신들을 잘살게 해줄 것이라고 믿기 때문에 성장지상주의 정책을 지지한다. 선진국에서는 성장이 고용과 경제성장, 기술발전을 위해 필요하다고 믿고 있으며, 후진국에서는 가난을 벗어날 수 있는 유일한 방법이라고 생각한다. 또 환경을 보호하고 개선하기 위해 필요한 자원들을 공급하려면 성장이 필요하다고 믿는 사람들도 많다. 정부와 기업의 지도자들은 점점 더 많은 성장을 이루기 위해 할 수 있는 모든 일을 한다 (Donella et al., 2004 : 44).

자본주의 경제성장은 얼마나 많은 생산품을 생산하고 소비하는가에 달려 있다. 이러한 과정에서 이윤을 확대하고 이를 다시 자본으로 투입함으로써 더 많은 자본을 축적하려는 체제이다. 시장은 이윤을 추구하기 위해서 환경에 대한 해로운 보조금과 각종 혜택을 선호함으로써 환경문제를 악화시켜 왔다.

이러한 이윤의 확대 또는 경제성장을 측정하는 척도로 전 세계는 GDP를 사용하고 있다. 이 GDP는 우리가 당면하고 있는 지속가능한 발전을 위한 도구인가 아니면 그렇지 않은가에 대하여 살펴보기로 하자. 다음 식은 환경영향과 GDP의 관계를 보여준다.

I = P A T

환경영향(Environmental Impact) = 인구(Population) * 풍요도(Affluence) * 기술(Technology)

환경영향 = 인구 * (GDP/인구) * (환경영향/GDP)

환경영향 = GDP * (환경영향/GDP)

이 식에 따르면 환경영향은 인구 수와 인류의 풍요도가 증가할수록 커지게 된다. 인류는 풍요를 증가시키기 위해 많은 상품을 생산하고 소비한다. 만약에 특정한 회귀자원에 적절한 가격이 정해져 있지 않으면 소비자는 과잉소비를 하게 된다. 일반적으로 노동과 원자재를 가격에 따라 경제적으로 사용하기 위해 노력한다. 그러나 공기나 물과 같은 천연자원을 공짜(혹은 저렴하게)로 쓸 때마다 자연자원의 훼손이나 감소에 대하여 비용을 지불하지 않음으로써 과도한 양을 소모하게 된다. 즉 시장은 경제성장에 따른 환경문제에 대하여 자발적으로 효율적인 대응수단을 가지지 않게 된다. 이러한 시장실패를 극복하기 위해서는 정치적 대안이 마련되어야 한다. 그러나 현실에서 이루어지는 많은 화석연료보조금, 수자원보조금, 삼림자원보조금 등과 같은 정치적 실패는 이러한 시장실패를 강화시키고 있다.

2) 경제발전을 나타내는 지표들은 환경영향을 증가시키는가?

기술발전은 환경영향을 감소시킬 수 있다. 풍요도는 GDP/인구로 측정된다. 즉 GDP가 커질수록 같은 인구라면 환경에 미치는 영향은 커지게 된다. 근본적으로 기술발전이 동일하다면, GDP 성장은 환경영향을 증대시킨다. 일부 낙관론자들은 지금의 경제성장 모델 속에서 환경을 보호하는 기술혁신 속도가 빠르기 때문에 경제성장이 환경과 자연자원에 미치는 영향을 보상해 줄 수 있을 것으로 기대하고 있다. 미국의 경우, 1970년부터 2000년까지 에너지 효율은 연간 2% 수준으로 개선되어 왔다. 그러나 사회적 · 정치적 제도들은 반응이 느린 속성을 지니고 있다. 따라서 현재 지구가 필요로 하는 속도보다 개선과 제도 정비, 실행은 매우 느린 속도로 진행되고 있다. 만약 환경에 미치는 영향을 감소시키는 기술발전이 매우 빠른 속도로 이루어지고 빈곤국가를 포함한 모든 나라에서 매우 빠른 속도로 보급될 수 있다면, 경제성장의 지속이 환경영향의 증대로 나타나지 않을 수도 있다.

GNP는 과연 지속 가능한 경제발전을 가능하게 하는 발전지표인가?

그러나 지금의 경제성장 이데올로기의 지표로 사용하고 있는 GNP 혹은 GDP는 환경영향의 크기를 크게 할 가능성이 높다. 지금 우리가 사용하고 있는 GNP가 어떻게 계산되는지를 살펴보자.

NNP(net national product – 국민순생산)
= GNP(gross national product – 국민총생산) – 감가상각비(자본의 소모분)

위 식에서 알 수 있듯이, GNP는 석유, 석탄, 철 등의 지하자원, 동식물, 공기, 물, 경관 등의 자연환경 등의 소모와 고갈을 계산하지 않는다. 그러므로 GNP는 자연자원의 질, 양의 변화를 고려하지 않게 된다. 따라서 국민이 생활하고 있는 자연환경에 대한 가치와 복지, 혜택을 반영하지 않는다. 이러한 GNP를 통한 경제발전 추구는 환경과 인간의 복지 증가를 반영하지 않을 수 있다.

오히려 GNP는 환경파괴를 촉진하는 경향이 있다. 왜냐하면 GNP는 각 사회가 얼마나 많은 생산을 했는가에만 초점이 맞추어져 있기 때문이다. 쉬운 예를 들어보자. 최근에 흔히 볼 수 있는 커피전문점에서 사용하는 일회용 컵 사용과 친환경적인 소비행태로 이해되고 있는 머그컵 사용 중에서 어떠한 소비행동이 GNP를 증가시킬 것인가? 결론적으로 말하면 환경파괴의 가능성이 높은 일회용 컵 사용이 GNP를 증가시키는 데 효율적인 소비방법이다. 왜냐하면 머그컵 사용보다는 일회용 컵 사용이 해당 사회의 생산량을 증가시키는 데 효과적인 방법이기 때문이다. 일회용 컵 사용에 들어가는 자원의 양과 환경영향의 크기가 머그컵 사용으로 인해 들어가는 자원의 양과 환경영향의 크기보다 클 수 있다. 그러므로 GNP 혹은 GDP는 경제성장이라는 이데올로기 속에 자원 사용량과 환경영향을 증대시키는 도구가 될 수 있다. 이러한 관점에서 보면 지속가능한 발전지표로 GNP 혹은 GDP가 아닌 별도의 지속가능한 발전지표를 만들고자 하는 시도는 어떻게 보면 당연해 보인다. 여기에서는 이와 관련된 내용을 자세히 다루지 않지만, 다양한 시도들이 있어왔다는 점을 말하고, 앞으로 SDGs를 달성하기 위해서는 시장을 지속가능한 발전의 방향을 제대로 이끌어줄 수 있는 발전지표가 요구된다는 점을 강조하고자 한다.

새로운 시장에 대한 대안 만들기

지속가능한 발전을 추구하기 위해서 우리는 시장을 변화시키기 위해 어떠한 노력을 기울일 수 있는가? 시장이 지속가능한 발전에 기여하도록 만들기 위해서 일부 환경경제학자는 시장이 가지는 한계가 있음에도 불구하고 시장의 장점인 효율성에 주목한다. 시장은 인류가 발전시켜 온 제도 중에서 희소한 자원을 잘 분배하는 제도 중 하나로 인식되고 있다. 그러나 시장은 만능이 아니라 근본적으로 시장실패를 가지고 있다. 시장실패 가능성을 인정하고 명심하는 것은 매우 중요하다. 이러한 인정이 있을 때, 시장실패로 인한 지속가능하지 못한 발전을 지속가능하게끔 이끌어갈 정책 대안을 마련해 나갈 수 있기 때문이다.

시장실패를 보완하기 위해서 가장 중요한 세력은 정부이다. 따라서 SDG에서 말하는 좋은 거버넌스의 중심세력으로서 민주정부는 시장의 주요 견제세력으로서 역할을 수행해야 한다. 즉 민주정부는 시장을 환경보호와 복원을 위한 도구로 바꾸어야 하고, 시장제국주의 현상을 막아야 한다.

경제학자들은 기술이 아니라 시장메커니즘과 경제적 인센티브를 통해 시장실패의 극복을 주장한다. 최근에 이러한 시장접근법을 적극적으로 옹호하는 분위기가 확산되고 있다. 2001년에 OECD는 "지난 10년간 OECD 국가들의 환경정책에서 경제적 도구의 역할이 점점 더 커졌다. 이런 상황에서 환경관련 세금의 역할이 증가하는 것을 주목해야 한다. 모든 국가들이 정도는 다르지만 모두 환경세를 도입했다. … OECD 국가들이 환경 관련 세금으로 거둬들인 수입은 평균적으로 GDP의 2%가량 된다"고 보고하고 있다. "제한 -거래 cap-trade"[오염물질의 배출허용량을 설정, 배출상한성에 대한 최소비용을 부담하기 위한 배출권이라 배출허용량을 거래할 수 있는 제도(예 : 이산화탄소 배출)], Feedbate(오염자들에게 오염물질의 양에 따라 비용을 물리되, 생산량에 비례해서 오염자에게 환불하는 제도) 등의 제도가 등장하고 있는 것도 바로 이러한 환경문제를 시장경제 메커니즘(mechanism)에 의존하는 경향의 확대를 의미한다. 환경오염에 의한 손해를 입은 비용과 동일하게 세금이나 비용을 물리는 방법 등에 대한 논의가 확산되는 것도 같은 경향을 의미한다.

이러한 환경문제에 대하여 일정의 비용을 부과하는 방식은 자연이용에 대한 효율성을 높일 수는 있지만, 앞에서 살펴본 바와 같이 시장에서 현세대의 편익을 증가시키는 방향으로 나아갈 가능성이 높고 미래세대의 편익 보장은 어려울 수 있다. 현실적으로도 시장경제메커니즘을 통한 가격 바로잡기는 ① 모든 가치를 정확하게 평가하기 어렵고 ② 오염자의 관리비용, 환경피해에 대한 정보가 불확실하며 ③ 오염책임자에게 합당하게 책임을 묻기 어려울 수 있다는 문제점을 가지고 있다. 이러한 문제점을 가지고 있음에도 불구하고 모든 환경비용을 내부화하기 위한 가격 바로잡기와 오염 전 수준의 회복, 지속가능한 범위 내의 개발, 자정능력 범위 내의 폐기물, 생태계 구조와 기능을 보호하기 위한 환경 바로잡기 등에 대한 노력은 지속되어야 한다.

그리고 자원의 생산성 증가와 대규모의 자연자본 재생산을 촉진하기 위한 각종 대안기술에 대한 투자와 촉진 그리고 빈곤국가에 대한 지원과 협력은 지속가능한 발전을 위한 중요한 수단 중 하나가 되고 있다. 이러한 대안기술발전은 세대 간 자원이용과 편익의 형평성을 추구하기 위해서도 의식적으로 이루어져야 한다. 그리고 이러한 기술의 보편적 사용, 즉 기술력과 자본력이 있는 선진국뿐만 아니라 빈곤국가와 빈곤가정에서도 대안기술의 이용접근성이 보편적으로 확보될 수 있어야 한다.

그 외에 새로운 형태의 자본주의를 주장하는 경우도 있다. 자연자본주의(Natural Capitalism; Hawken, Lovins, & Lovins, 2000)를 쓴 폴 호큰 등은 순환적이고 복원적인 자연친화적 자본주의가 가능하다고 주장한다. 자연자본주의를 주장하는 폴 호큰 등은 시장은 도구이며, 좋은 하인이 되어야 하는데, 현재 시장은 나쁜 주인과 더 나쁜 종교가 되었다고 진단한다. 시장이 좋은 하인이 되기 위해서 이들은 자연자본주의의 4가지 원칙을 주장한다. ① 광물, 동물, 식물을 포함한 모든 자원 생산성을 혁신적으로 높이고 ② 자연생태계처럼 순환적인 물질과 에너지 체계를 만들어서 쓰레기(낭비)를 발생시키지 않게 하고 ③ 재화의 제조와 소비에 집중하는 경제를 넘어 소비자들이 실제 원하는 서비스 자체를 공급하는 경제를 구축하고 ④ 광물, 동물, 식물 등 모든 형태의 자연자본을 덜 파괴하는 수준이 아니라 복원에 적극적으로 투자하는 것이다. 자연자본주의(Natural Capitalism)는 이 4가지 원칙을 통해 현재 기업활동의 문제를 해결할 수 있다고 주장한다. 즉 사회 전체가 부담해 왔던 경제의 외부성들을 기업의 경제활동에 올바로 반영한다면, 지금의 왜곡된 문제를 해결할 수 있다고 본다. 이러한 과정을 통해서 궁극적으로 기업들도 수익을 거두고, 효율성을 높임으로써 이득을 확대할 수 있다고 본다. 실제로 많은 기업들에서 자원생산성의 혁신과 순환적 에너지 체계를 강화함으로써 기업의 이익을 증대시키고 있다.

신자유주의와 지속가능한 발전

현대자본주의에서 지속가능한 발전을 저지하는 다양한 요인들이 존재한다. 이번에 발표된 SDGs와 관련하여 주목해야 할 부분이 신자유주의 확대이다. 기업들은 신자유주의의 확대와 더불어 전 세계를 대상으로 자본의 이윤확대를 목적으로 빠르고 광범위하게 움직인다. 현재의 경제모델은 근본적으로 미래세대를 대리하지도 않을뿐더러 환경파괴를 완전하게 비용으로 처리할 수 있는 효과적인 제도를 가지고 있지 않다. 이러한 상황에서 기업들은 이기주의에 의해 움직이며, 기업들의 권력은 정치권력과 유착, 다국화 등을 통해 영향력을 확대해 가고 있다. 이러한 기업의 영향력 확대의 전 세계화는 시장실패의 세계화의 가능성을 확대시킬 수 있다.

> "빈곤국가의 정부는 경제성장이 정치적 지지로 이어지고 세수 증가가 정치적 이익으로 연결되기 때문에 효과적인 지속가능한 제도와 기술혁신 도입에 느린 속도로 반응하게 될 수 있다. 실제로 오늘날 정치집단들 가운데 자신들의 생태발자국은 줄이면서 가난한 사람들이 성장할 수 있는 공간을 마련해 줄 수 있는 프

로그램에 광범위한 지지를 보내는 집단은 없다. 부유한 강대국일수록 더욱 그렇다. 그 사이에 전 세계의 생태발자국은 날이 갈수록 점점 더 커지고 있다."(Donella et al., 2004 : 21)

지금 세계는 자유화의 물결 속에서 모든 나라가 황금 구속복(Golden strait-jacket)을 입으라고 요구하는 것으로 보인다. 미국의 칼럼니스트인 토머스 프리드먼은 그의 저서 『렉서스와 올리브나무』에서 세계화에 편입되기 위해 단 하나의 황금 구속복을 입어야 한다고 주장했다. 즉 세계화 시대를 규정짓는 정치, 경제적 의복을 입고, 16가지 황금률을 채택해야 한다고 주장한다. 수입품에 대한 관세를 폐지 혹은 인하, 외국인 투자 저해 규제 폐지, 국내 산업 보호제도 폐지, 자본시장 규제 폐지, 국유산업이나 공공서비스 산업의 민영화, 외환의 자유로운 교환, 규제 완화를 통한 시장경쟁의 촉진, 정부의 부정부채를 줄일 것, 정부 관료조직의 규모 축소, 민간부문을 경제성장의 주력 엔진으로 삼을 것 등을 주요 골자로 하고 있다. 이러한 황금 구속복 이론은 신자유주의 경제학의 핵심을 요약한 것이다. 이러한 황금률은 1980년대 레이건 시대 이후 세계 경제학의 주류가 되었다. 무역장벽을 낮춰 교역을 촉진하려 하는 세계무역기구(WTO)와 우리나라에서 열풍이 불고 있는 자유무역협정(FTA) 체결도 이러한 신자유주의에 근거하고 있다.

이러한 신자유주의는 부자나라가 가난한 나라의 시장을 개방시키기 위한 논리라는 비판도 존재한다. 우리에게 『나쁜 사마리아인들』로 알려진 장하준 교수는 이를 비판한다. 그는 프리드먼이 세계화의 상징이라 외쳤던 렉서스는 세계화의 개방 즉 신자유주의하에서 탄생했던 것이 아니라 세계화의 개방이나 무역과는 거리가 먼 보호무역주의로부터 탄생할 수 있었다는 것이다. 도요타의 성장은 일본 정부의 국내 자동차산업을 보호하기 위한 높은 관세와 외국인 투자에 대한 규제를 통해 국내에서의 이윤축적을 도와주었기 때문에 가능하였다는 것이다. 만약에 일본이 처음부터 자유무역주의를 추진했었다면 도요타의 렉서스는 탄생하지 않았을 수 있었다는 것이다. 장하준 교수가 『나쁜 사마리아인들』에서 "부자나라가 가난한 나라의 시장을 장악하고, 경쟁자가 나오는 것을 막기 위해 개방과 무역자유화를 설교하고 있다"는 주장은 신자유주의를 비판하는 근거가 되고 있다. 그는 우리의 삼성이나 포스코는 물론 세계 휴대폰 시장 1위인 핀란드의 노키아 등도 정부의 보조금 정책이 없었다면 지금의 기업으로 성장하지 못했을 것이라고 주장한다. 그래서 지금의 신자유주의는 정상의 자리에 도달한 사람이 다른 사람들이 뒤따라 올 수 없도록 자신이 타고 올라간 사다리를 걷어차 버리는 것과 다를 바 없다고 주장한다. 그리고 신자유주의는 헤비급 권투선수와 플라이급 권투선수가 같은 링에서 권투경기를 하는 것과 같다는 비판도 제기되고 있다. 이는 신자유주의가 전 세계 모든 나라에 보편적으로 적용될 수 있는 게임의 규칙이 될 수 없다는 주장으로 이어진다.

신자유주의에 대한 비판은 경제적인 측면에서뿐만 아니라 각 국가의 정치적인 면에서도 나타날 수 있다. 시장권력의 확대는 각 국가가 선택할 수 있는 정치 및 경제 정책의 폭을 위축시키는 결과를 가져오고 있다. 『비즈니스 위크』(2006년)에서도 "세계적인 세력들이 세계를 통제하고 있다. 그리고 정부는 당파를 떠나 그 어느 때보다 영향력이 줄어들고 있다. …(중략)… 세계화는 경제를 통제하는 워싱턴의 능력을 능가했다"고 주장하고 있다. 즉 세계화로 인하여 지속가능한 발전을 위해 각 정부가 취할 수 있는 정책 선택의 폭이 줄어들고 있는 것이다.

이러한 문제를 어떻게 해결할 것인가? 모든 나라에게 동일한 방식의 규칙을 강요하는 방식은 게임의 규칙이라는 측면에서 형평성을 가지기 어렵다. 따라서 각 국가의 현실에 맞는 게임의 규칙을 인정해 주는 전략이 시장을 보다 지속가능하게 만들 수 있는 것이다. 지금까지 노력해 온 MDGs의 결과 중에서, 최빈곤국가의 경제사정이 만족스러운 수준으로 개선되지 않고 부자나라와 빈곤국가의 상대적인 격차가 더 확대되었다는 점을 되돌아볼 필요가 있다.

세계관의 변화

시장에만 의존하는 방식의 지속가능한 발전에는 한계가 있다. 하나의 정책이나 수단으로 지속가능한 발전을 달성할 수 없다. 다양한 정책수단이 효과적으로 개발되고 수행되었을 때 지속가능한 발전의 세계가 다가올 수 있을 것이다. 이러한 세계로 진입하기 위해서는 우리 인간의 세계관이 지속가능한 발전을 추구하는 세계와 친밀해져야 한다. 인간의 세계관은 세상을 바라보는 패러다임이다. 이 세계관을 통해 사람들은 세계의 본질에 대한 이해를 도모하고 이 세계관에 맞는 정보를 중심으로 세상을 바라본다. 아무리 과학적 정보가 세계의 위기를 알리고 지속가능하지 않은 사회로 가고 있다는 경종을 울려도 이를 인식하지 않을 수 있다. 개구리를 미지근한 물에 넣어두고 온도를 조금씩 올리면 온도가 너무 올라서 죽게 될 때까지 물속에서 나오지 않게 된다는 우화가 있다. 이 우화는 현재 인류의 모습을 잘 표현해 주고 있다. 만약에 과학기술의 발전이나 시장의 경제적 효율성이 지금의 지속가능하지 못한 사회로의 진행을 막을 수 있다는 세계관을 가지고 있다면 과학기술의 진보나 시장 효율성에 관한 정보만을 토대로 세상이 지속가능하지 못한 세계로 가고 있음을 인식하지 않을 수 있다. 따라서 우리가 우화 속에 나오는 개구리가 되지 않기 위해서는 지속가능한 세상을 바라볼 수 있는 세계관의 확대가 무엇보다도 필요하다.

4. 맺음말

2016년은 현재의 인류가 지속가능한 사회로 진입하기 위한 범지구적 실천을 수행하는 SDGs가 출범하는 첫 해이다. 지속가능한 발전에 대하여 살펴본 바에 따르면, SDGs가 추구하는 이상적 모델을 달성하기 위해서는 현재의 시장경제 모델을 지속가능한 성장이 아닌 지속가능한 발전으로의 전환이 기본 전략이 되어야 한다. 지금까지 환경문제의 기술발전에 의한 효율성 중심의 좁은 시각이 아닌 보다, 예를 들면 폴 호큰 등의 자연자본주의와 같은, 근본적으로 시장경제시스템의 전환이 요구되고 있다. 이러한 시장경제시스템의 전환은 시장 스스로의 동력에 의해서 이루어지지 않는다. 세대 간, 지역 간 형평성을 달성하기 위한 의제 21의 행동 4원칙과 지속가능한 발전의 이념을 실현하기 위한 보다 구체적인 대안마련이 시급하게 요구되고 있다. 이를 위해서는 지속가능한 발전이 불가능한 현재의 사회경제 모델에 대한 인식의 확산과 새로운 경제모델에 부합하는 지식체계의 구축, 시장이 참여하는 방식의 국가 간, 지역 간 협력의 확대가 요구된다. 이러한 새로운 지식체계의 구축과 협력을 통해 지속가능한 발전을 견인할 협력네트워크를 구축하여 시장을 보다 지속가능한 발전모델에 적합한 형태로 변화시켜야만 한다. 이러한 변화는 생산과 소비의 전 과정에서 이루어져야만 한다.

관광은 생산과 소비의 최종 결합물 형태로 이루어지는 특징을 가지고 있다. 관광은 지속가능한 경제발전 모델분야로 상당기간 주목받아 왔고, 많은 논의들이 이루어져 왔다. 이러한 특징을 가지고 있는 관광분야에서 지속가능한 시장경제모델에 대한 모색의 결과에 대한 검토는 SDGs에 부합되는 새로운 전략의 구체화의 가능성을 모색하는 데 기여할 수 있을 것이다.

제2장

MDGs에서 SDGs 그리고 과제

1. 새천년개발목표(MDGs)의 탄생과 성과

1) MDGs의 탄생

MDGs(Millennium Development Goals)는 2000년 UN 새천년정상회의에서 채택된 "새천년정상선언(Millennium Declaration)" 중 빈곤퇴치, 개발분야 목표달성을 위해 2015년까지 국제사회가 달성해야 할 목표로 2001년 UN총회에서 채택되었다. MDGs는 8개의 목표(Goals)와 21개의 세부목표(Targets) 60개의 지표(Indicators)로 구성되었다. 2001년 UN총회 채택 당시에는 목표 8개, 세부목표 18개, 지표 48개였으나, 2007년 UN총회에서 세부목표 3개와 지표 12개가 추가 승인되었다. MDG의 8개 목표와 세부목표에 대한 주요 내용은 〈표 1-2〉와 같다.

MDGs선언은 국제협력의 새로운 방향을 제시하였고 모든 정부로 하여금 ODA 규모를 국민총생산 대비 0.7%로 합의함으로써 ODA에 대한 재원을 증액하고자 국제 압력을 강화시켰다. MDGs는 8가지의 집약된 목표를 세우고 이들 목표에 대하여 시간계획과 결합한 목표 설정 및 측정 가능한 방식의 지표를 개선함으로써 이해 용이성이 높은 것으로 평가되고 있다(Sachs, 2012). 이러한 방식을 통해 지구적 차원에서 개발목표에 대한 인식 제고와 사회적 피드백(feedback)을 촉진하여 사회적 압력을 촉진하였고 정치적 책무성(accountability)을 높였다고 평가되고 있다(Sachs, 2012).

표 1-2 MDGs의 목표와 세부목표의 주요 내용

목표	주요 세부목표
1. 극심한 빈곤과 기아의 근절	• 1일 1달러 이하로 생활하는 사람비율을 1990년에서 2015년 사이에 절반으로 줄일 것 • 기아로 고통받는 사람의 비율을 1990년에서 2015년 사이에 절반으로 줄일 것
2. 초등교육 의무화 달성	• 전 세계 모든 소년, 소녀의 초등교육 전 과정 이수를 2015년까지 보장
3. 성 평등 촉진과 여성 권익 향상	• 초등 및 중등교육에서 성차별차를 가능한 2005년까지, 모든 교육과정에서는 2015년까지 근절
4. 아동사망률 감소	• 5세 이하 아동 사망률을 1990년에서 2015년 2/3로 줄일 것
5. 모자보건 향상	• 모성 사망률을 1990년에서 2015년 사이에 3/4으로 줄일 것
6. HIV/AIDS, 말라리아 등 여타 질병퇴치	• 2015년까지 HIV/AIDS 확산 방지, 확산 감소로의 전환 • 2015년까지 말라리아 및 여타 주요 질병 발병 억제, 발병 감소로의 전환
7. 환경의 지속가능성 보장	• 지속가능한 개발원칙의 국가정책 및 사업에의 통합, 환경자원 손실 역전 • 2015년까지 안전한 식수에의 지속가능한 접근이 불가능한 사람들의 비율을 절반으로 감소 • 2020년까지 최소한 1억 명의 빈민가 거주자의 생활에 유의미한 향상 달성
8. 개발을 위한 글로벌 파트너십 조성	• 개방적 규정에 의거하고, 예측가능하며 비차별적인 개방무역과 재정시스템의 개발, 국제적 차원에서 우수 체제관리, 개발 및 빈곤감소에의 실천적 공약을 포함 • 최빈국의 특별 요구 제기, 수출품에 대한 관세 및 쿼터면제 접근, 부채빈민국에 부채 탕감 증진 프로그램, 공적 쌍방의 부채의 취소, 빈곤 감소 공약국가에 대한 공적개발원조 지원 증가 • 내륙국(landlocked countries)과 군소도서개발도상국의 특별요구 제기 • 개도국 부채문제를 장기적 차원에서 지속가능하게 할 수 있도록 국가적, 국제적 조치를 통해 종합적으로 대응 • 개발도상국과 협력하여 청소년을 위한 인간적이고 생산적인 노동전략 개발 이행 • 의약품회사와 협력하여 개도국에 사용가능한 기초약품에의 접근 제공 • 민간부문과 협력하여 정보통신기술 부분의 신기술 혜택을 사용 가능하게 할 것

출처 UN(2015), The Millennium Development Goals Report, 연구자 재정리.

MDGs의 성과

2015년으로 MDGs 기간이 끝났다. 지난 15년간의 MDGs에 대한 성과와 한계에 대한 논의의 결과는 SDGs에 반영되었다. 그러므로 2016년부터 2030년까지의 범지구적 개발목표인 SDGs를 이해하기 위해서는 먼저 지난 15년간 국제사회가 집중해 온 MDGs의 성과를 살펴볼 필요가 있다.

결론적으로 말하면 MDGs는 절반의 성공이라는 평가를 받을 수 있을 것으로 보인다. 왜냐하면 MDGs의 체제하에서 전 세계가 발전 어젠다를 추진해 온 결과는 많은 부분에서 상당한 성과를 거두고 있는 것으로 보고되고 있지만, MDGs가 가지는 한계와 개선방향을 잘 보여주고 있기 때문이다.

MDGs가 가장 집중한 과제인 빈곤퇴치문제는 전반적으로 상당한 성과를 거둔 것으로 보고되고 있다. 하루 1.25달러 이하로 사는 사람의 비율이 1990년 47%(19억 2,600만 명)에서 2015년 14%(8억 3,600만 명)로 감소할 것으로 보고되었다. 이는 계획의 절반 수준보다 더 높은 목표수준을 달성한 것이다. 그러나 아직도 전 세계에는 약 8억 명이 넘는 사람들이 하루 생계비 1.25달러 이하의 최빈곤상태에서 살아가고 있다. 그리고 1990~1992년 사이에 23.2%였던 영양결핍 인구비율이 2010~2012년에 14.9%로 감소되어 기아 비율을 절반으로 감소시키겠다는 목표는 달성될 것으로 기대되고 있다.

모든 어린이의 초등학교 이수 목표에도 상당한 진전이 있었다. 초등학교 입학률은 2000년에 83%에서 2015년 91%로 상당한 진전이 있었다. 그리고 초등학교 중퇴자도 2000년에 1억 명에서 2015년에는 절반 수준인 5,700만 명으로 감소할 것으로 보고되었다. 그러나 이러한 진전이 모든 지역에서 동일하게 이루어진 것은 아니다. 사하라 이남 아프리카 지역에서 초등학교 입학률이 1990년에 52%, 2000년에 60%, 2015년에 80%로 급속하게 진전되고 있지만, 여전히 다른 지역에 비해 큰 차이를 보이고 있다.

성 평등 촉진과 여성권익 향상의 목표에서도 상당한 진전이 이루어지고 있다. 전 세계 174개국 중 초등학교에서 여성의 비율이 남성 비율보다 높은 나라가 90%에 이른다. 남아시아 지역의 경우, 초등학교 입학 성비율(남 100 기준)이 1990년 74로 여아의 초등학교 입학비율이 매우 낮았지만, 2015년에는 103으로 획기적으로 개선되었다. 여성의 취약분야 고용비율도 1991년 13%에서 2015년 9%로 감소되었다.

아동의 사망자 수를 2/3로 줄이자는 목표에 상당한 진전이 있었다. 5세 이하의 유아 사망자 수(1,000명당)는 1990년 90명에서 2015년에 43명으로 감소될 것으로 기대되고 있다. 즉 1990년에 5세 이하 유아 사망자 수는 1,270만 명에서 2015년에 600만 명으로 감소하였음을 의미한다. 그러나 이러한 결과는 전 세계에서 아직도 하루에 약 16,000명의 많은 유아가 사망하고 있음을 동시에 의미한다.

모자의 건강목표는 산모사망률을 3/4으로 줄이는 것이다. 산모사망률(10만명 출산당 사망자)은 1990년에 380명, 2000년에 330명, 2013년에 210명으로 감소하였다. 산모사망률은 2/3 이하로 감소되었다. 그러나 많은 지역에서 아직도 많은 여성들이 아이를 낳다가 죽음을 맞이하고 있다.

HIV/AIDS, 말라리아 등 여타 질병퇴치와 환경의 지속가능성 보장분야에서도 상당한 진전이 이루어졌다. 말라리아 발생률은 37% 감소하였고, HIV 감염자는 40% 감소하였다. 상수도 이용자는 1990년에 23억 명에서 2013년에 42억 명으로 두 배 정도 증가하였다. 그러나 아직도 전 세계 인구의 절반 정도인 30억 명 정도가 위생적인 상수도 서비스를 제공받지 못하는 열악한 환경에 살고 있다.

개발을 위한 국제협력 목표는 많은 나라에서 달성되지 못하고 있다. 앞에서 말한 바와 같이 MDGs는 모든 정부가 국민총생산 대비 ODA규모를 0.7%로 합의한 정치적 힘을 가지고 있었다. DAC 국가의 ODA규모는 꾸준하게 증가하고 있다. 전 세계 공적 원조는 2012년의 순감소를 제외하고 지속적으로 증가하고 있다. 그러나 공여국 중 호주, 캐나다, 프랑스, 이탈리아, 일본, 네덜란드, 스페인

등 15개국의 ODA규모는 2011년도보다 감소하였다. 한국을 포함하여 독일, 노르웨이, 스웨덴, 영국, 미국 등 13개국의 ODA규모가 지속적으로 증가하고 있다.

표 1-3 DAC 국가의 순 ODA규모 (단위 : USD million)

국가/연도	1998~1999	2003~2004	2010	2011	2012	2013	2014
Australia	971	1,339	3,826	4,983	5,403	4,846	4,382
Austria	476	591	1,208	1,111	1,106	1,171	1,235
Belgium	821	1,658	3,004	2,807	2,315	2,300	2,448
Canada	1,706	2,315	5,214	5,459	5,650	4,947	4,240
Czech Republic	15	99	228	250	220	211	212
Denmark	1,719	1,893	2,871	2,931	2,693	2,927	3,003
Finland	406	619	1,333	1,406	1,320	1,435	1,635
France	5,690	7,863	12,915	12,997	12,028	11,339	10,620
Germany	5,548	7,159	12,985	14,093	12,939	14,228	16,566
Greece	187	341	508	425	327	239	247
Iceland	7	19	29	26	26	35	37
Ireland	222	556	895	914	808	846	816
Italy	2,042	2,447	2,996	4,326	2,737	3,430	4,009
Japan	1,1401	8,901	11,058	11,086	10,605	11,582	9,266
Korea	**250**	**395**	**1,174**	**1,325**	**1,597**	**1,755**	**1,857**
Luxembourg	115	215	403	409	399	429	423
Netherlands	3,088	4,088	6,357	6,344	5,523	5,435	5,573
New Zealand	132	189	342	424	449	457	506
Norway	1,346	2,121	4,372	4,756	4,753	5,581	5,086
Poland	20	72	378	417	421	487	452
Portugal	267	675	649	708	581	488	430
Slovak Republic	7	22	74	86	80	86	83
Slovenia	-	-	59	63	58	62	62
Spain	1,369	2,199	5,949	4,173	2,037	2,348	1,877
Sweden	1,601	2,561	4,533	5,603	5,240	5,827	6,233
Switzerland	941	1,422	2,300	3,051	3,052	3,200	3,522
United Kingdom	3,645	7,083	13,053	13,832	13,891	17,871	19,306
United States	8,966	18,012	29,656	30,966	30,652	31,267	33,096
TOTAL DAC	52,960	74,856	128,369	134,971	126,911	134,832	137,222

출처 http://www.oecd.org/dac/stats/

미국, 영국, 독일, 프랑스, 일본 등과 같은 원조규모가 가장 큰 7개 나라가 차지하는 전체 원조의 비중은 2005년 75%에서 2012년 70%로 감소하였다. 대규모 원조국가와 유럽국가들에서 원조규모가 감소하는 경향을 보이고 있다.

DAC(Development Assistance Committee-개발원조위원회) 소속 국가들의 투자규모는 2013년을 기준으로 할 때, 2011년도에 최대에 이르렀고, 2014년도에 100을 넘어섰다(〈표 1-4〉 참조).

표 1-4 DAC국가의 원조 자원 흐름 (2013= 100)

연도	2006	2007	2008	2009	2010	2011	2012	2013	2014
미국	88.85	91.19	92.97	93.72	94.85	96.81	98.59	100	101.59
DAC	86.43	92.99	97.8	94.75	95.77	101.72	99.47	100	100.59

출처 http://www.oecd.org/dac/stats

그러나 2013년도 기준, UN의 공적 원조 목표인 GNI의 0.7%를 초과한 나라는 덴마크, 룩셈부르크, 노르웨이, 스웨덴, 영국 5개국뿐이다. 네덜란드는 2012년도에는 0.71%였으나 2013년도에 0.67%로 하락하였다. ODA의 최다 투자국인 미국도 0.19%(2014년) 수준이며, 한국은 0.13%(2014년) 수준으로 우리나라를 포함하여 여전히 대부분의 나라들은 국제적 합의수준의 ODA 재정을 투자하지 못하고 있다.

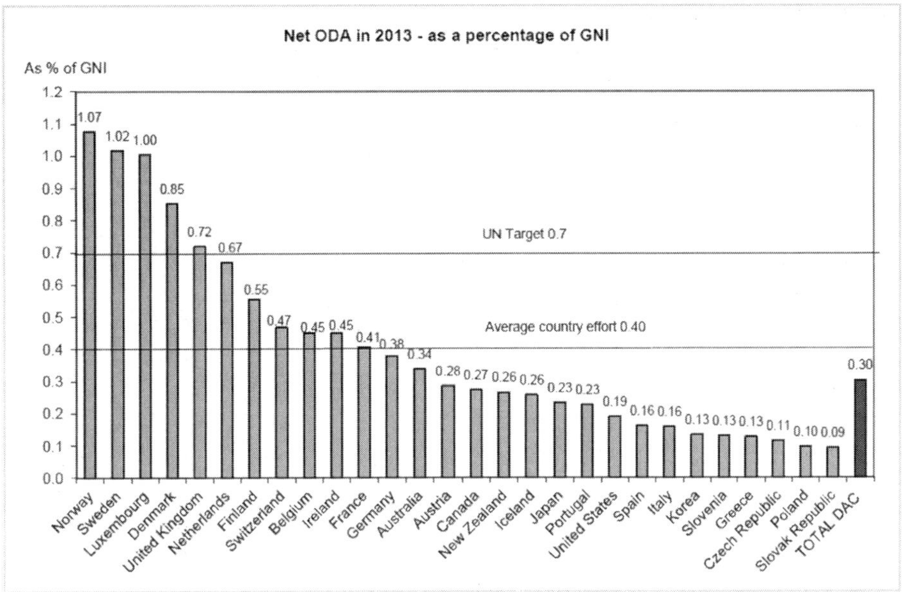

▌그림 1-2▐ 2013년 순 ODA의 GNI 비율(%)

출처 OECD, 8 April 2014.

그 결과 2000년부터 2010년까지 선진국으로부터의 원조규모가 GNI의 0.32%에 이른 후, 2011년에는 0.31%, 2012년에는 0.29%로 감소하였다.

▌표 1-5▌ 각국 ODA의 GNI 변화

GNI %	1998~1999	2003~2004	2010	2011	2012	2013	2014
Australia	0.26	0.25	0.32	0.34	0.36	0.33	0.31
Austria	0.23	0.22	0.32	0.27	0.28	0.27	0.28
Belgium	0.33	0.50	0.64	0.54	0.47	0.45	0.46
Canada	0.29	0.25	0.34	0.32	0.32	0.27	0.24
Czech Republic	0.03	0.11	0.13	0.12	0.12	0.11	0.11
Denmark	1.00	0.84	0.91	0.85	0.83	0.85	0.86
Finland	0.32	0.36	0.55	0.53	0.53	0.54	0.60
France	0.38	0.41	0.50	0.46	0.45	0.41	0.37
Germany	0.26	0.28	0.39	0.39	0.37	0.38	0.42
Greece	0.15	0.18	0.17	0.15	0.13	0.10	0.11
Iceland	0.00	0.17	0.29	0.21	0.22	0.25	0.22
Ireland	0.30	0.39	0.52	0.51	0.47	0.46	0.38
Italy	0.17	0.16	0.15	0.20	0.14	0.17	0.19
Japan	0.27	0.19	0.20	0.18	0.17	0.23	0.19
Korea	0.06	0.06	0.12	0.12	0.14	0.13	0.13
Luxembourg	0.65	0.82	1.05	0.97	1.00	1.00	1.06
Netherlands	0.80	0.76	0.81	0.75	0.71	0.67	0.64
New Zealand	0.27	0.23	0.26	0.28	0.28	0.26	0.27
Norway	0.88	0.90	1.05	0.96	0.93	1.07	1.00
Poland	0.01	0.03	0.08	0.08	0.09	0.10	0.09
Portugal	0.25	0.44	0.29	0.31	0.28	0.23	0.19
Slovak Republic	0.04	0.06	0.09	0.09	0.09	0.09	0.09
Slovenia	–	–	0.13	0.13	0.13	0.13	0.12
Spain	0.24	0.24	0.43	0.29	0.16	0.17	0.13
Sweden	0.71	0.79	0.97	1.02	0.97	1.01	1.09
Switzerland	0.32	0.37	0.39	0.46	0.47	0.46	0.50
United Kingdom	0.25	0.35	0.57	0.56	0.56	0.70	0.70
United States	0.10	0.16	0.20	0.20	0.19	0.18	0.19
DAC 회원국 평균	0.22	0.25	0.31	0.31	0.28	0.30	0.30
각국 평균	0.32	0.35	0.42	0.40	0.39	0.39	0.39

출처 http://www.oecd.org/dac/stats/

한국을 포함한 호주, 오스트레일리아, 아이슬란드, 룩셈부르크와 같은 일부 국가에서는 ODA규모가 증가하였다. 2012년에 후진국에 대한 쌍무 원조규모가 13% 감소(약 260억 달러 정도)하였고, 이 중 아프리카 지역에 대한 쌍무 원조규모는 10%(약 289억 달러) 감소하였다. 이와 같은 극빈국가와 아프리카에 대한 원조의 감소와 더불어 중위 소득 국가(middle-income)로의 원조 이동은 지속될 것으로 예측되고 있다. 또한 양여금(grant)보다는 장기저리(soft loan) 형태로 제공되는 비율이 증가되고 있다. 이러한 방식의 비율 증가는 원조수혜국의 재정 압박을 가중시킬 가능성을 높일 수 있다.

‖표 1-6‖ MDGs의 성과 요약

목표	결과
1. 극심한 빈곤과 기아의 근절	하루 1.25달러 이하로 사는 사람의 비율 감소: 1990년 47%(19억 2,600만 명) → 2015년 14%(8억 3,600만 명)
2. 초등교육 의무화 달성	초등학교 입학률 2000년 83% → 2015년 91% (사하라 이남 아프리카 지역 1990년 52%, 2000년 60%, 2015년 80%) 초등학교 중퇴자 2000년 1억 명 → 2015년 5,700만 명
3. 성 평등 촉진과 여성 권익 향상	남아시아 지역 초등학교 입학 성비율(남 100 기준), 1990년 74, 2015년 103(전 세계 174개 나라 중 90%의 국가에서 초등학생 중 여성비율이 높음) 여성의 농업분야 고용비율, 1990년 35%, 2015년 41% 여성의 취약 고용비율, 1991년 13%, 2015년 9%
4. 아동사망률 감소	5세 이하의 유아 사망자 수(1,000명당), 1990년 90(1,270만 명), 2015년 43(600만 명)
5. 모자보건 향상	산모사망률(10만 명 출산당 사망자), 1990년 380명, 2000년 330명, 2013년 210명
6. HIV/AIDS, 말라리아 등 여타 질병퇴치	새로운 HIV 감염자 2000년 350만 명, 2013년 210만 명(40% 감소) HIV 감염자 1,360만 명 중, 에이즈 치료제 혜택자는 2003년에 80만 명, 새로운 에이즈 치료제 보급으로 760만 명의 목숨을 구함 말라리아로 인한 사망의 감소자: 620만 명(2000~2015년). 말라리아 발생률은 37% 감소, 사망률은 58% 감소
7. 환경의 지속가능성 보장	상수도 이용자 수 1990년 23억 명, 2015년 42억 명(전 세계 인구의 58%)(2014년 전 세계인구 약 72억 명) 슬럼가 거주자 2000년 39.4%, 2014년 29.7%
8. 개발을 위한 글로벌 파트너십 조성	공적 원조 2000년 810억 달러, 2014년 1,350억 달러[2014년 덴마크, 룩셈부르크, 노르웨이, 스웨덴, 영국만이 UN의 공적 원조 목표(GNI의 0.7%)를 초과한 나라]

출처 UN(2015), The Millennium Development Goals Report, 연구자 재정리.

현재 지구의 모습

앞에서 살펴본 바와 같이, MDGs가 끝난 2015년, 전 세계는 빈곤문제 등에서 상당한 개선을 이루었다. 그럼에도 여전히 지구는 많은 사람들이 기본적인 서비스를 제공받지 못한 채로 살고 있으며, 8억 명의 사람들이 아직도 극빈의 상태에서 살고 있다. 5세 이하의 아동 중 1억 6천만 명이 충분한 식량을 공급받지 못하고 있으며, 초등학교에 다녀야 할 나이의 어린이 중 5,700만 명의 아이들이 학교에 다니지 못하고 있다. 그리고 5세 이하의 어린이 중 약 1만 6천 명이 매일 죽고 있다. 8억 8천만 명의 개도국 사람들이 슬럼가와 같은 상황에서 살고 있으며, 내전이나 전쟁 등으로 인하여 2014년에 6천만 명의 사람들이 고향을 포기하였다. 성 불평등도 여전히 존재한다. 라틴아메리카와 캐리비안 지역에서는 빈곤가정의 남자 대 여자비율(1997년 남자 100명당 여성 108명, 2012년 남자 100명당 여성 117명)이 오히려 증가하였다. 노동시장에서 여성의 수입이 남성에 비해 24% 감소하였다. 그리고 소득불평등은 2000년 이후 급속도로 증가하고 있으며, 이러한 소득불평등은 성장과 빈곤감소를 저해하고 있다(OXFAM, 2015).

지역 간 및 계층 간 차이 그리고 최빈국과 부자나라 간 차이는 여전히 줄어들지 않고 있다. 가장 가난한 가정 어린이의 학교 중퇴율은 부유한 가정 아이들에 비해 4배 높다. 농촌에서는 50%가 위생시설 없이 살고 있지만, 도시에서는 그 비율이 18% 수준에 그치고 있다. 산모사망률은 저개발국가가 선진국에 비해 14배나 높다.

많은 부분에서 개선이 이루어졌음에도 불구하고 기후변화와 환경파괴는 아직도 여전히 지속되고 있으며, 이로 인하여 가난한 사람들이 가장 큰 고통을 받고 있다. 이산화탄소 배출량은 1990년 이후 2배로 늘었고, 2010년 이후 코스타리카 면적에 해당하는 520만ha의 산림이 없어졌다. 이와 같이 범지구적 문제인 환경문제에 대해서는 오히려 악화되었고 전 세계적 차원의 환경문제와 지역 간, 계층 간 불평등의 문제는 개선되지 못하고 있다. 따라서 현재 우리 사회는 많은 노력을 경주했음에도 불구하고 이러한 문제들이 왜 개선되지 못하고 악화되고 있으며, 어떻게 해결할 수 있는가에 대한 심각한 문제를 제기받고 있다. 이러한 문제 제기는 MDGs에 대한 비판과 이러한 비판에 대한 논의는 SDGs에 상당부분 반영되었다.

MDGs에 대한 비판

MDGs에 대한 지구적 차원의 노력이 있어왔고 상당한 부분에서 성과가 있었음에도 불구하고 몇 가지 점에서 비판이 제기되어 왔다. 가장 중요한 요점 중 하나는 MDGs가 좁은 관점에서 미시적 관점의 발전 어젠다를 가졌다는 점이다. 예를 들면 MDGs의 발전 어젠다는 빈곤문제, 교육, 건강, 식수 등과 같이 개인적 접근 즉 미시적 접근에 기반하고 있다는 점이다(Markus, 2012). UN Task Team(2012)은 MDGs 이후 UN 발전 어젠다는 ① 포괄적인 사회적 발전과 ② 포괄적인 경제적 발전을 ③ 환경적 지속가능성 ④ 평화(peace)와 안전(security)을 포함해야 한다고 조언하였고, 이러한 조언들은 공개집단작업에 반영되었다. SDGs가 MDGs에 비해 좀 더 거시적 관점의 발전 어젠다를 수용하고자 하였고, 그 결과 MDGs는 모두 SDGs에 포함되었을 뿐만 아니라 과학자와 NGO의 의견이 반영되어 작업되었다. 그래서 MDGs에서는 다루지 않았던 다양한 발전 어젠다, 예를 들면 거주환경문제, 지속가능한 생산과 소비, 평화 등에 관한 거시적 접근에 의해서만 해결될 수 있는 다양한 발전 어젠다가 포함되기에 이르렀다. 그러나 SDGs 또한 지속가능한 발전에 대한 보다 근본적인 접근의 수단 가능성을 열어두고 있는 '성장의 한계(limits to growth)', 지구의 물리적 한계에 대한 '지구한계(planetary boundaries)'에 대해서는—비록 SDG 8에서 부분적으로 접근할 근거들이 존재하지만— 구체적인 언급이 없다(ESDN, 2015).

2. SDGs의 탄생과 이해

SDGs의 탄생

SDGs는 MDGs가 종료되는 2015년 이후 국제사회가 공동으로 가져가야 할 새로운 개발목표이다. 이 개발목표에 대한 논의는 2012년 브라질에서 개최되었던 리우+20(Rio+20) 회의 때부터 공식적으로 이루어졌고, UN에서 두 개의 Working Group이 만들어지면서 본격화되었다. UN이 주도한 논의에는 많은 정부, 비영리기구, 기업, 과학자 등의 참여가 이루어졌다. 그리고 MDGs에 대한 한계와 반성이 반영되었다(Markus, 2012). 이와 같은 과정을 통해 2016년부터 2030년까지 전 세계의 발전 어젠다인 SDGs가 지난 2015년 9월에 UN총회에서 승인되었다. 아래 내용은 17개의 SDG 목록이다.

1. 모든 곳에서 모든 형태의 빈곤 종식
   (End poverty in all its forms everywhere)
2. 기아 종식, 식량안보 확보, 영양상태 개선 및 지속가능한 농업 증진
   (End hunger, achieve food security and improved nutrition, and promote sustainable agriculture)
3. 모든 사람들에게 건강한 삶의 보장과 웰빙 증진
   (Ensure healthy lives and promote well-being for all ages)
4. 포용적이고 평등한 질 높은 교육 보장과 모두에게 평생학습기회 제공 증진
   (Ensure inclusive and equality quality education and promote life-long learning opportunities for all)
5. 성 평등 달성과 모든 여성(소녀와)의 역량(empower) 증진
   (Achieve gender equality and empower all women and girls)
6. 모든 사람들에게 물과 위생의 이용가능성과 지속가능한 관리의 확립
   (Ensure availability and sustainable management of water and sanitation for all)
7. 모든 사람들에게 적절한, 신뢰성 있는, 지속가능한 그리고 현대화된 에너지에 대한 접근

보장
(Ensure access to affordable, reliable, sustainable, and modern energy for all)

8. 지속적인, 포괄적이고 지속가능할 수 있는 경제적 성장의 증진, 모든 이에게 안전하고 생산적인 고용과 질 좋은 일자리 제공
(Promote sustained, inclusive and sustainable economic growth, full and productive employment and decent work for all)

9. 건실한 인프라 구축, 포용적이고 지속가능한 산업화와 혁신의 증진
(Build resilient infrastructure, promote inclusive and sustainable industrialization and forster innovation)

10. 국가 간 그리고 국가 내에서의 불평등 완화
(Reduce inequality within and among countries)

11. 포용적이고, 안전하며, 건실한 지속가능한 도시와 정주환경 만들기
(Make cities and human settlement inclusive, safe, resilient and sustainable)

12. 지속가능한 소비와 생산 패턴 확립
(Ensure sustainable consumption and production patterns)

13. 기후변화와 영향에 대한 긴급조치 시행
(Take urgent action to combat climate change and its impacts)

14. 지속가능한 발전을 위한 해양·바다·해양자원 보전과 지속가능한 이용
(Conserve and sustainably use the oceans, seas and marines resources for sustainable development)

15. 육지 생태계 보호와 복원 그리고 지속가능한 이용, 지속가능한 산림 관리, 사막화 방지, 토지 황폐화 및 생물다양성 손실의 중지와 복원
(Protect, restore and promote sustainable use of terrestrial ecosystems, sustainably manage forests, combat desertification, and halt and reverse land degradation and halt biodiversity loss)

16. 지속가능한 발전을 위한 평화롭고 포괄적인 사회 증진, 모든 사람들에게 정의에 대한 접근 제공 그리고 모든 수준에서 효과적이고 책임질 수 있는 그리고 포용적인 제도 제공
(Promote peaceful and inclusive societies for sustainable development, provide

access to justice for all and build effective, accountable and inclusive institutions at all levels)

17. 지속가능한 발전을 위한 전 세계의 파트너십 재활성화 및 실행수단 강화 (Strengthen the means of implementation and revitalize the global partnership for sustainable development)

그림 1-3 SDGs

출처 http://www.childrensmuseums.org

SDGs의 관점

SDGs는 MDGs에 비해 세계문제를 보다 포괄적인 관점에서 바라보며, 후진국에 대한 지원 중심만의 문제가 아니라 모든 세계의 사람들에게 해당하는 발전과제를 제안하려 한다. 이러한 관점은 반기문 UN 사무총장이 국제사회의 Post-2015 개발의제 논의를 점검하고 Post-2015 정부 간 협상의 방향을 제시한 종합보고서(Synthesis Report)의 제목 "The Road to Dignity by 2030 : Ending Poverty, Transforming All Lives and Protecting the Planet"과 아래와 같은 보고서에서 Post-2015 의제 설정의 6가지 필수요소(Essential Elements)를 통해서 확인할 수 있다.

① 존엄(Dignity) : 빈곤퇴치 및 불평등 해소
② 사람(People) : 건강한 삶, 지식 및 여성 · 아동 포용
③ 번영(Prosperity) : 강력하고 포용적이며 전환적인 경제성장
④ 환경(Planet) : 모든 사회와 미래세대를 위한 생태계 보호
⑤ 정의(Justice) : 안전하고 평화로운 사회 및 강력한 제도 추구
⑥ 파트너십(Partnership) : 지속가능발전을 위한 글로벌 연대 촉진

이 보고서 제목과 6가지 필수요소에서 우리에게 새롭게 주목받는 단어는 'Dignity', 'All Lives', 'the Planet', 'Justice'이다. '존엄, 모든 사람, 환경, 정의, 평화'라는 단어에서 알 수 있듯이, SDG는 단지 빈곤문제 해결 등의 단편적 접근이 아니라 우리가 살아가야 할 세상에 대한 비전을 담고자 하는 의도를 가지고 있다. 따라서 새로운 발전 어젠다는 후진국만의 문제가 아니라 모든 사회와 지역에 해당하는 보편성(universality)과 어느 누구도 소외되지 않는 포용(leave no one behind), 지구환경의 한계를 고려한 발전 어젠다이다. 그리고 이러한 발전 어젠다를 달성하기 위해서는 기존의 개별적인 목표 중심적인 발전 추구 전략에서 지구 전체와 전 분야를 통합할 수 있는 어젠다의 변화가 요구된다. UN(2013)은 "A new global partnership : Eradicate poverty and transform economies through sustainable development"를 통해 SDGs를 달성하기 위한 5개의 혁신적 변화(transformative shift)를 다음과 같이 제안하고 있다.

① 포용(leave no one behind) : 빈곤 감축에서 모든 형태의 사람들에게 극빈(extreme poverty) 종식으로 이동
② 지속가능한 발전을 핵심으로 : 지속가능성의 사회적 · 경제적 · 환경적 영역을 통합하는
③ 직업과 통합적인(inclusive) 성장을 위한 경제의 변화 : 극빈을 종식시키고 삶의 질을 향상시키는(사업의 혁신, 기술 그리고 잠재력을 동력으로 하여)

④ 모든 사람을 위한 평화 구축, 그리고 효과적이고 공개적이며 책임있는(accountable) 제도의 구축 : 웰빙(선택사항이 아니라)의 핵심요소로서 평화와 좋은 거버넌스 (good governance)

⑤ 새로운 국제협력의 구축 : 연대(solidarity), 협력(cooperation) 그리고 상호 책무성 (mutual accountability)과 함께(ESDN, 2015)

이에서 알 수 있듯이 SDGs는 MDGs에 비해 더 많은 기존의 경제, 정치 제도에 상당한 수준의 변혁(transformation)을 요구하고 있다. 그리고 각 목표는 독립적으로 존재하거나 달성될 수 있는 것이 아니라 상호 연관된 주제들로 이루어져 있다. 그러므로 SDGs는 단편적인 목표 달성을 추구하는 전략으로 달성되기 어려울 것이다. 예를 들면 지속가능한 생산과 소비패턴의 확립은 단지 유해물질 관리 차원의 문제가 아니라 기후변화 및 식량생산, 해양 및 산림 등 각종 자원의 지속가능한 발전목표와 밀접하게 관련되어 있다. 또한 이러한 문제들 때문에 과연 목표연도인 2030년도까지 SDGs가 지향하고 있는 사회가 달성될 수 있는가에 대하여 회의적인 시각 또한 존재하는 것도 일면 타당해 보인다. 이러한 회의 혹은 우려는 현재 SDGs 체계가 가지는 여러 가지 한계로부터 증폭되고 있는 것 같다.

3. SDGs의 과제

가장 근본적인 문제 중 하나는 지속가능한 발전의 개념이 가지고 있는 현재 지구의 성장모델의 한계와 관련된 '성장의 한계(limits to growth)', 지구의 물리적 한계에 대한 '지구한계(planetary boundaries)'에 대해서는 언급이 없고 구체적으로 지속가능한 성장과의 관련성이 직접적으로 논의되고 강제수단이 존재하지 않는다는 점이다. 이는 1장에서 논의된 현세대와 미래세대의 형평성은 물론 SDGs가 많은 관심을 두고 있는 지역 간, 계층 간의 형평성 달성도 구체적으로 진행되기 어려울 수 있다는 점을 내포한다.

동시에 광범위한 관계를 고려한 논의들 때문에 많은 부분에서 논의의 애매함이 존재한다. 그리고 상당히 많은 부분에서 측정지표가 불완전한 상태로 남아 있다. ISSC(2015)에 따르면, SDGs의 169개 세부목표(target) 중 49개(29%)는 잘 개발되어 있는 상태이지만, 91개(54%)는 조금 더 구체적으로 개발되어야 하고 29개(17%)는 상당한 정도의 개선이 요구되고 있는 상태이다. 과학자나 많은 이해관계자들의 노력을 통해 단기간에 SDGs 전체 목록상에서의 지표가 잘 발달된다 하더라도 여전히 많은 문제들이 남아 있게 된다. 왜냐하면 SDGs는 기본적으로 보편성을 추구하면서도 동시에 각 국가, 지역, 민족 등의 특성과 환경에 적합한 지표를 설정하는 것을 요구하고 있기 때문이다(Sachs, 2012). SDGs가 세계 각국과 지역에 따라 구체적인 목표가 다르기 때문에 SDGs는 다양한 분야에서 지구적 지식의 유례없는 이동을 요구하게 된다. 이러한 지식의 이동은 선진국과 개도국 간 지식의 이동차원과 더불어 남남 간의 협력을 유도하기 위한 지식의 이동을 포함하는 방향으로 진행될 것으로 기대되고 있다. 이와 같이 SDGs는 보편적인 지표설정과 더불어 각 상황에 적합한 특정한 발전지표를 추가로 요구하고 있다는 점에서 매우 복합적이고 다양한 지식의 활용(연구 및 정보시스템의 지원을 포함함)을 요구한다.

SDGs는 기존의 단선적인 개발목표 추진관계만으로는 달성되기 어려울 수 있다. 예를 들면 빈곤퇴치의 문제(개발목표 1)는 농촌에서는 농업생산의 지속가능성, 어촌에서는 어업의 지속가능성, 금융부분의 지원 등의 다양한 개발목표(개발목표 2, 5, 8, 9, 14, 15 등)와 연관될 수밖에 없다. 그러므로 하나의 개발목표를 달성하기 위해서는 다양한 분야의 개발목표를 통합적으로 고려하고 책임성 있게 추진할 수 있어야 한다. 빈곤문제 이외에도 이러한 복합적 관계가 고려되어야만 하는 분야 중 하나가 바로 관광이다. 왜냐하면 관광은 지역사회의 문화자원과 생태자원의 지속가능한 보존과 이용 그리고 빈곤퇴치의 문제, 지속가능한 인프라나 도시환경의 문제, 지속가능한 생산과 소비패턴의 변화 등 매우 다양한 개발목표와 상관성을 가진다. 이러한 개발목표 간의 관계성을 고려한 SDGs 개발전략이 수립되지 않는다면, MDGs가 가지는 한계 즉 세계발전 어젠다를 지속가능하면서 통합적으로 다루지 못하는 한계를 그대로 답습할 가능성이 높아질 것이다.

SDGs를 달성하기 위한 목표의 구체화와 지표의 설정은 상당한 수준의 폭넓은 거버넌스의 구축과 관련될 수밖에 없다. 왜냐하면 다양한 관계를 고려하면서 각 상황에 맞는 목표수준과 측정지표의 설정은 다양한 계층과 관계자 그리고 이해관계자 간의 협력을 통한 의사결정과정을 요구하기 때문이다. 그러므로 SDGs의 보편성과 특수성의 반영 추구는 지금보다 상당한 수준의 거버넌스의 구축역량과 실행을 요구한다. 동시에 특정 목표를 달성하기 위한 계획들은 많은 부분에서 다른 개별 목표와의 관계성을 고려해야만 한다는 점에서 지역단위에서의 추진 주체의 역량 강화와 공개적이면서 효율적인 참여 제도화의 강화가 요구된다. 즉 SDGs를 달성하기 위한 거버넌스는 개발목표를 단편적으로 바라보는 관점에서 다양한 측면을 고려하는 접근과 더불어 효과적인 발전수단을 강구(공개적 논의의 참여 및 피드백과 같은)할 수 있어야 한다.

동시에 SDGs는 MDGs보다 더 많은 과제를 다루고 있기 때문에 더욱더 많은 재정투자가 요구된다. OXFAM(2015)에 따르면, 〈표 1-7〉과 같이 대부분의 분야에서 MDGs를 달성하기 위해서 필요로 하는 재정목표를 달성한 국가는 매우 낮은 수준을 보여주고 있다. 평균적으로 MDGs를 달성하기 위해 필요로 하는 목표 재정의 50% 내외만을 충당하고 있는 상황이다. OXFAM(2015)에 따르면, SDGs를 달성하기 위해서는 매년 최소 1.5조(trillion) 달러의 추가비용이 필요하며, 이러한 재정을 마련하기 위해서는 세수를 두 배로 해야 하고 재정의 배분과 효율성(effectiveness)을 향상시켜야 한다. 그러나 개도국의 경우 대부분 MDGs

를 달성하는 데 필요한 재정을 확보하지 못한 것이 현실이다. OXFAM(2015)의 계산에 따르면, 모든 선진국가가 ODA에 투자하기로 합의한 GNI의 0.7%에 2020년까지 도달할 경우, ODA에 2,500억 달러를 추가로 투자할 수 있다고 한다. 그러므로 선진국가의 ODA 투자 확대만으로는 개도국의 SDGs 개발목표 달성은 매우 비관적이게 된다. 뿐만 아니라 2012년부터 2014년까지 상당수의 개도국에서 정부지출의 증가속도가 세수입의 증가속도를 앞지르고 있다. 66개의 개도국 중 21개 국가에서 차입금 상환액(debt service)으로 인하여 MDGs에 사용되어야 할 재정이 부족해지고 있는 상황이 전개되고 있다(OXFAM, 2015).

표 1-7 분야별 MDGs 재정목표 달성 국가비율 및 SDGs 달성자금 소요액 추정

분야	재정목표 달성국가 비율(%)(MDGs)	평균 지출수준(목표액의)	SDGs 달성자금 소요액 (단위 : 10억 달러)
농업	14~16	50	2배
교육	19~22	80	161
환경	MDGs 목표가 없음		261
건강	40%(아프리카는 없음)	50%	50~80
사회보호	1개국(동티모르)		매년 65~90
WASH(water/sanitation/hygiene) (식수와 위생)	10%		24

출처 OXFAM(2015), 연구자 재정리.

OXFAM은 남북협력 이외에 남남협력을 통한 투자, 탄소세 및 금융거래 등을 통해 추가 재정 충당이 가능하지만 전체적으로 필요로 하는 재정에는 턱없이 부족하다고 주장한다. 그러므로 전 세계적으로 SDGs를 목표기간 내에 달성하기 위해서는 각국 재정배분의 투명성과 효율성의 제고 및 재정확충 이외에 전세계 시민의 책무성을 동시에 높이는 방향으로 재정배분과 투자계획이 조정될

필요성이 제기된다.

그러므로 전 지구적 차원의 책무시스템의 구축은 SDGs 성공의 필수조건이 될 것이다(UNDESA, 2015). 책무성(Accountability)은 ① 책임의 한계(delimitation of responsibility) ② 집행의무(enforcement) ③ 설명의무(answerability)와 관련되어 있다. 책임의 한계는 개발목표를 달성하기 위한 행동에 대하여 누가 어떻게 책임이 있는가와 관련된다. 그리고 이러한 행동은 투명하고 객관적인 방식으로 평가될 수 있어야 한다. 집행의무는 법률적 강제뿐만 아니라 비법률적 강제를 포함한다. 이 집행의무는 SDGs의 달성에 있어서 매우 중요한 과제가 될 수 있다. 예를 들면 온실가스 감축이나 기후변화의 문제에 대하여 국제합의가 존재하지만 집행의무가 존재하지 않기 때문에 지금도 온실가스 배출량은 늘어나고 있다. 현재 SDGs 체계 또한 집행의무에 관하여 이와 유사한 문제점이 존재하고 있다. 설명의무는 투명한 정보시스템과 적절한 모니터링 및 감독시스템을 통해 목표달성을 위한 행동주체들이 각자의 행동에 대하여 객관적으로 투명하게 설명할 수 있어야 함을 의미한다. 이러한 책무성을 강화하기 위해서는 ① 상향식 과정(bottom-up process) ② 모니터링의 강화 ③ 강력한 정보체계(단, 비용문제를 고려한) ④ 설명의무(answerability) ⑤ 평등한 동반자로서 국제적 · 수평적 책무성(Accountability) ⑥ 상호 책무성(mutual accountability) ⑦ 강한 협력 : 능동적인 사회적 책무 ⑧ 신뢰성 있는 메커니즘 등이 요구된다(Bissio, 2015).

선진국은 SDGs를 달성하기 위한 생산과 소비의 지구적 패턴을 변화시키기 위한 실행수단 제공뿐만 아니라 정책 모니터링에 대한 책임을 져야 한다. 이러한 관점에서 보면, 생산과 소비의 패턴 변화가 동시에 요구되고 있는 관광분야에서의 SDGs 달성을 위한 책무성의 강조와 구체적 실천방안 수립은 매우 중요한 과제가 되고 있다.

제3장

SDGs 시대와 지속가능한 관광발전

1. 관광과 지속가능한 발전

2015년 9월 말, 유엔총회에서 SDGs가 승인됨에 따라 2016년부터 전 세계는 새로운 발전 어젠다를 중심으로 지구의 모습을 바꾸기 위한 노력에 집중하게 될 것이다. 그러나 현재 우리는 MDGs의 한계를 극복할 수 있는 SDGs를 구체적으로 실행할 수 있는 준비가 되어 있는지를 냉정하게 검토할 필요가 있다. 한국국제협력단을 비롯하여 많은 기구에서 SDGs를 앞두고 SDGs와 ODA 분야에 대한 준비를 하고 있다. 그러나 한국에서 관광과 SDGs에 대한 논의는 미흡한 상태일 뿐만 아니라 관광분야에서 SDGs를 달성하기 위한 ODA사업의 효과성에 부정적 의견도 존재한다. 이러한 부정적 의견은 2015년에 한국국제협력단이 발행한 "지속가능개발목표 수립현황과 대응방안"(2015) 중 결론 부분에서 논의한 다음과 같은 내용에서 잘 보여준다.

> "그러나 SDGs의 169개 세부목표는 '2030년까지 일자리를 창출하고 지역사회의 문화와 상품을 알리는 지속가능한 관광을 장려하는 정책을 강구하고 이행(세부목표 8.9)'이나 '세계의 문화 및 자연유산을 보호하려는 노력 강화(세부목표 11.4)'와 같은 목표가 '2030년까지 하루 1.25달러 이하로 생활하는 인구 기준의 절대빈곤퇴치(세부목표 1.1)'와 같이 포함되어 있다. 물론 문화 및 자연유산 보호나 지역관광 장려가 중요하나 이러한 목표가 최빈개도국의 최빈곤층 삶의 질 개선과

어느 정도의 직접적인 관련성이 있는지는 의문시된다."(박수영, 결론, 2015-2030 개발협력의 새로운 15년을 준비하며, p. 355)

이 내용은 기본적으로 지속가능한 관광을 지역관광의 장려 수준으로 이해하고 있으며 지속가능한 관광이 SDGs의 목표 달성에 어떠한 기여를 할 수 있는가에 대한 의구심을 가지고 있다. 앞으로 한국의 국제협력차원의 SDGs를 책임지게 될 조직의 공식적인 보고서라는 점에서 국제협력사업에서 지속가능한 관광과 SDGs에 대한 관계에 대한 이해는 매우 중요한 과제로 부각되고 있다. SDGs 달성에 지속가능한 관광이 어떠한 의미를 가지고 있으며 그 의미를 구체화하기 위해 지금 우리는 어떠한 노력을 해야 하는지에 대하여 간단하게 살펴볼 필요가 있을 것 같다.

관광이 환경보전과 개선 그리고 지역 다양성과 문화 유지를 위한 촉매제의 역할을 수행해 왔다는 다양한 훌륭한 사례들이 존재한다(다양한 사례는 http://www.wttc.org 등 참조). 관광이 경제적 · 사회적 · 환경적으로 지속가능한 발전에 기여할 수 있는 직접적인 이유는 다음과 같다. 첫 번째, 관광산업은 대부분의 다른 산업에 비해 자연자원과 환경에 미치는 영향이 작을 수 있다. 물론 잘못 관리될 경우, 자연자원과 환경에 부정적 영향을 미칠 수 있다. 두 번째, 관광산업은 지역의 문화자원, 역사자원, 자연환경을 즐기고 감상하는 산업이기 때문에 각종 자원을 보호하기 위한 직접적이고 강력한 동기를 가지고 있다. 세 번째, 관광산업은 지속가능한 발전에 대한 소비자의 참여(commitment)를 증가시키는 긍정적 역할을 수행할 수 있다. 네 번째, 관광산업은 적절한 계획과 실천을 통해 친환경적 토지이용과 생물다양성 확대 등에 기여하고 자연환경과 생태계의 보전에 대한 경제적 편익을 제공해 줄 수 있다. 그리고 SDGs에서 논의하고 있는 좋은 거버넌스 형성과 역량강화에 기여할 수 있다. 왜냐하면 관광에서의 지속가능한 발전은 지역사회의 참여와 정치적 리더십이 없이는 달성되기 어렵기 때문이다.

물론 반대의 사례 또한 존재한다. 관광이 자연자원과 환경 그리고 지역사회에 부정적 영향을 미치는 사례들은 다음과 같은 요인들에 의해 촉진된다. 지속가능한 발전을 달성하기 위하여 사회적 · 경제적 · 환경적 균형을 달성하는 관광개발에 관한 의사결정에 관한 인식 부족, 지역환경과 문화의 보존에 기여하기 위한 관광운영자(tourism operator)와 여행자에 의한 책무(commitment)의 부족, 부적절한 통제시스템을 가진 약한 제도적 프레임워크, 지역공동체가 편익을 공유할 수 없게 하는 불공정하게 거래된 관광이나 지역자원(특히 물)과 공급시스템에 대해 상당한 문제를 발생시킬 수 있는 오지 혹은 민감한 지역에서의 과도한 관광객 유입과 조절되지 못하는 환경 등의 요인들로 인하여 범죄, 매춘 그리고 다른 사회적 문제와 환경파괴 문제 등을 발생시키기도 한다. 이와 같이 관광은 지속가능한 사회를 이끌어가는 좋은 도구가 될 수도 있는 반면에 반대의 성과를 거둘 수도 있다.

관광을 지속가능한 발전의 유효한 수단으로 활용하기 위해서는 먼저 관광과 지속가능한 발전과의 관계에 대한 이해의 개선이 필요하다. 관광과 지속가능한 발전의 관계를 이해하기 위해서는 관광산업과 관광상품의 생산과 소비 특징 그리고 지속가능한 발전과의 관계에 대해 심도 있는 이해가 요구된다. 왜냐하면 관광산업에서 이루어지는 생산은 한 개의 공장에서 만들어지고 유통되는 공산품과 달리 다양한 생산업체는 물론 사회적 기반시설 및 지역환경, 자연 및 역사 자원들과의 복합적 결합에 의해 이루어지는 복합성을 가진 동시에 특정 시간이 지나면 재고가 소멸되고 소비자의 상황에 따라 생산과 소비가 달라지는 서비스산업의 특징을 가지고 있는 매우 특별한 성질을 가진 산업이기 때문이다. 또한 관광은 상품의 형태로만 제공되고 소비되는 것이 아니라 소비자가 비용을 지불하지 않는 비상품의 형태로 제공되고 소비되기도 한다는 특징을 가지고 있다. 이러한 특징으로 인하여 관광산업은 일반 공업은 물론 특정의 제한된 공간에서 이루어지는 서비스산업과도 다르게 이해되어야만 한다. 결론적으로 말하면, 관광산업은 사회적 · 문화적 · 경제적 · 환경적인 요소들을 경제적 관점뿐만 아니라 비경제적 요소를 포함하여 산업과 지역사회 그리고 소비자인 관광객과의 관계에서 생산과 소비 전 과정을 매우 폭넓게 이해하고 고려해야만 지속가능한 발전을 도모할 수 있게 된다. 그러므로 관광산업의 지속가능한 발전의 달성은 해당 사회가 실질적으로(단순히 구호가 아닌 그리고 단편적으로 친환경적이라는 구호가 아닌) 지속가능한 발전의 길로 나아갈 수 있는 기반과 실천역량이 형성되어 있음을 보여주는 증거가 될 수 있다. 지속가능한 발전은 생산은 물론 소비에서의 통합적인 지속가능성을 의미하는 것이고, 관광은 바로 생산과 소비가 통합되어 나타나는 산업이기 때문이다.

이미 관광산업은 리우 정상회담(the Rio Earth Summit)에서 지속가능한 발전을 달성하는 데 긍정적으로 기여할 수 있는 경제분야 중 중요 분야로 간주되었다. 지속가능하지 않은 소비와 생산에 대한 변화 요구는 지난 요하네스버그에서 열린 지속가능한 발전에 대한 세계 정상회의에서 채택된 'The plan of implementation(실행계획)'에서 논의되었다. 이 논의에서 EU는 10년간의 프레임워크를 제안한 바 있으며, 이 실행계획 중 41개가 지속가능한 관광발전과 관련되어 있다(EC, 2002).

2. 지속가능한 관광발전에 대한 국제적 논의의 전개

UNWTO(1996)는 지속가능한 관광발전을 "미래세대의 관광기회를 보호하고 고양하면서 현재 관광객과 방문지역의 필요에 부응하는 발전(Sustainable tourism development meets the needs of present tourists and host regions while protecting and enhancing opportunity for the future)"으로 정의한다. 기본적으로 지속가능

한 관광발전은 현재 관광객과 관광지역의 요구를 충족해야 한다는 것을 전제하고 동시에 미래를 위한 기회를 보호하고 향상시켜야 한다. 이것은 문화유산, 필수적인 생태적 과정, 생물다양성과 일상 삶의 지원 시스템이 유지되면서 경제적 · 사회적 · 심미적(aesthetic) 요구가 충분히 채워질 수 있는 방식으로 모든 자원의 관리가 이루어져야 함을 의미한다(Agenda 21 for the travel & tourism sector, WTTC/WTO/EC, 1996). 이러한 관점은 지속가능한 관광이 환경의 질을 보호함은 물론 지역사회의 삶의 질을 향상시키면서 방문자에게 양질의 경험(quality experience)을 제공함을 강조한다. 이는 앞에서 논의한 관광산업이 가지는 기본적인 특성을 반영하고 있다. 이러한 관점에서 일반적으로 지속가능한 관광은 환경적, 사회 · 문화적, 경제적으로 지속가능해야 한다고 주장된다.

관광산업에서 지속가능한 발전을 위한 관광산업의 행동계획을 수립하기 위한 노력은 다양하게 진행되었다. 실제로 관광과 여행 산업은 어젠다 21에 기초하여 관광산업에 적합한 특정 행동계획을 수립한 첫 번째 산업이기도 하다. 이러한 특정 행동계획을 수립하기 위한 노력은 관광의 개별산업부터 국제적 기구로까지 다양하게 진행되었다. 이러한 노력은 지속가능한 발전을 달성하기 위해서는 의사결정에 폭넓은 공공적 참여가 요구된다는 어젠다 21과 관련되어 있다.

국제기구에서 지속가능한 관광에 대한 논의

WTTC(World Travel & Tourism Council)는 전 세계에 걸쳐 105개 회원을 가진 관광산업의 세계적 사업 리더의 포럼이다. 1996년에 WTTC은 WTO, the Earth Council과 함께 1992년 세계정상회담에 근거한 부분별 지속가능한 프로그램인 "Agenda 21 for the Travel & Tourism Industry : towards environmentally sustainable development"로 명명된 행동계획을 수립하기 위하여 함께 노력해 왔다. 1997년에는 런던과 자카르타(Jakarta)에서, 1998년에는 빅토리아 폭포(Victoria Fall)와 도미니카(Dominica)에서 지역별 세미나를 개최하였다.

WTTC는 ICLEI(the International Council for Local Environment Initiatives)와 함께 "Agenda 21 for Travel & Tourism"의 원칙이 어떻게 지역 어젠다 21의 프로그램에 들어갈 수 있는지에 대한 논의를 수행하였고 각 지역에 적용하기 위한 지속가능한 발전모델을 개발하기 위하여 5개 도시에서 시범사업을 수행하였다. WTTC가 지속가능한 관광발전을 위해 수행한 프로그램 중에 세계적으로 널리 알려져 있고 적용되고 있는 제도는 'Green Globe'이다. 'Green Globe'는 WTTC에 의해 1994년에 출범되었다. 이 제도는 어젠다 21 원칙 및 ISO 기준과 연계된 인증제도이다. 현재 호텔과 같은 관광기업은 물론 지역차원에서도 적용되는 일종의 생태인증제도인데, 100여 개 나라에서 500여 개의 기업과 지역이 참여하고 있다. 그리고 WTTC는 'ECoNETT'라는 웹사이트를 개발하고 관광기업의 지속가능한 발전을 실천하는 데 도움이 되는 정보, 수단, 기술에 대한 정보를 제공하고 있다. 실제로 'Green Globe'는 지역단위의 기업들에 의해 수행되고 인증을 받고 있다. 예를 들면 'Green Globe' 인증을 받은 스리랑카의 the Kandalama Hotel은 ① 사회문화적 – 고용, 지역공동체 인프라 제공 및 개발 ② 자연환경 – 산림녹화 및 토양침식 방지 ③ 오염 – 쓰레기, 폐기물, 소음 감소 프로그램 ④ 환경적 보호 – 생태공원, 환경보호 인식을 높이기 위한 센터 설립 등의 활동을 수행하고 있다.

관광분야에서의 지속가능한 발전은 다양한 실천 주체 간의 협력과 환경분야를 포함한 경제적 · 사회적 분야에 대한 통합적 발전전략을 요구한다. 그러나 많은 사례들에서 보여주듯이 지속가능한 발전에 관한 관광업계의 노력들은 주로 환경문제에 집중하는 경향이 있다. 즉 지속가능한 다양한 영역 중 하나인 환경문제에 집중하여 왔다. 그 이유는 환경문제에 대한 대응이 지속가능한 발전의 길이라는 인식이 하나의 원인일 것이다. 그러나 가장 중요한 이유는 친환경적 소비와 대응이라는 것이 궁극적으로 관광기업 특히 호텔이나 식당업계의 이익에 기여하기 때문일 것이다. 환경에 대한 소비자의 인식이 높아질수록 친환경기업이라는 이미지는 기업의 이미지를 높임으로써 기업에 대한 고객의 충성도나 선호도를 높이게 된다. 그리고 친환경 소비는 현실적으로 기업의 비용을 절감시키는 효과를 가져온다. 예를 들면 호텔에서 발생하는 세탁비용의 대부분은 수건이 차지한다. 만약 고객이 친환경 태도를 높여 대형 수건 하나를 사용하지 않으면 환경적 영향 감소에 엄청난 효과가 발생한다. 이러한 소비행동은 환경에 미치는 영향 감소는 물론 직접적으로 호텔의 비용절감으로 나타나고 이는 기업의 수익성 향상으로 나타난다. 이와 같이 관광기업의 친환경 행동에 적극적으로 대응하는 이유는 기업의 이미지 향상과 더불어 비용절감의 효과라는 일거양득의 효과를 거두는 데 기여할 수 있기 때문이다. 이는 지속가능한 발전에 관한 실천이 현세대의 이익 혹은 편익증진과 결합될 때, 강력하게 수행될 수 있다는 점을 잘 보여준다. 동시에 현재 관광분야에서의 지속가능한 발전을 위한 실천이 매우 편협한 관점에서 이루어지고 있다는 점(일부의 사례에서 이보다 폭넓은 관점의 실천이 이루어지고 있기도 하지만) 또한 분명하게 보여준다. 이는 관광기업만의 문제는 아닐 것이다.

그러나 관광분야에서 지속가능한 발전에 대한 이해가 단지 환경의 문제로 이해되어 온 것만은 아니다. 관광분야에 지속가능한 발전에 대한 폭넓은 이해를 도모하는 논의의 대표적인 예로는 'Calviá Declaration on Tourism and Sustainable Development in the Mediterranean'가 있다. 이 회의는 1997년 4월 17부터 19일까지 개최되었다. 이 선언문은 관광분야에서 'Agenda 21'을 실천하기 위한 대표적인 논의 중 하나이다. 유럽에서 지중해 지역은 회의가 열리던 시절은 물론이고 자연자원과 문화자원, 해상유적자원이 풍부하여 지금도 관광산업이 중요한 산업으로 성장한 지역 중 하나이고 지속가능한 관광개발과 관리가 매우 중요한 지역이다. 이 선언에서 지속가능한 발전은 개별적 접근보다는 통합적 접근의 요구를 주장한다(이러한 점에서 지금 SDGs의 통합적 접근전략과 맥락을 같이한다). 우리의 사고와 행동 그리고 생산과 소비 분야에 대한 변화의 필요성을 강조한다. 그리고 관광의 지속가능한 발전은 Local Agenda 21의 영역에 포함되어야 함을 강조하고 있다.

UNWTO는 1999년에 뉴욕에서 IH&RA와 관광의 중요성에 대한 논의와 사례들을 확산하기 위한 논의를 전개한 바 있다. 2002년에는 유럽 지역의 관광분야의 지속가능성을 위한 관광분야의 포럼이 개최되었다. 이러한 국제적 논의의 확산 노력은 현재도 지속되고 있다. 이와 같은 생산과 소비를 포괄하면서 환경적 차원만의 문제가 아니라 사회적, 경제적 그리고 거버넌스 영역에 걸쳐 있는 지속가능한 관광발전에 대한 폭넓은 관점의 이해를 넓히기 위한 국제기구의 다양한 노력은 지금까지도 지속되고 있다.

이러한 노력의 과정에서 관광은 중요한 역할을 수행할 수 있음을 강조하는 동시에 지자체가 중요한 핵심 행위자임을 강조한다. 지방정부는 시민들과 가장 가깝게 위치하고 있어서 지속가능한 관광발전과 관련된 문제를 가장 밀접하게 인지할 수 있을 뿐만 아니라 지역주민의 라이프스타일, 생산과 소비, 자원이용에 큰 영향을 미칠 수 있기 때문이다(근접성). 관광기업은 관광객, 지역주민이 지속가능성을 획득하기 위한 프로그램과 전략에 대한 지지를 요구받는다. 이를 위해서는 관광기업이 지속가능한 관광발전을 수행하기 위해 필요로 하는 정보 획득과 역량 강화를 촉진하기 위한 공공적 지원을 필요로 한다. 그리고 각 지자체는 친환경적 관광의 관리와 실행을 촉진하기 위한 도구의 이용을 능동적으로 창조하고 촉진해야 한다. 예를 들면 지자체의 생태적 감사, 인증, 수상, 좋은 실행 정보시스템(Good practice information system)의 제공과 체계의 구축 등이 있을 수 있다. 또한 관광객이 어떻게 관광지에서 관광의 환경적 · 사회적 · 문화적 영향을 감소시킬 수 있는지에 대한 교육의 필요성을 강조한다. 이러한 필요성에는 언론에 의한 참여도 강조된다. 이러한 실천은 정치적 역량은 물론 기술적 역량과 더불어 다양한 집단 간의 협력과 창조성을 요구한다. 이를 달성하기 위해서는 다양한 분야의 전문가 집단과 지역은 물론 국제조직과의 협력적 파트너십을 필요로 한다. 예를 들면 관광산업은 오염 감소와 방지를 위한 기술을 가진 사업체 및 교통분야 등과의 능동적인 참여와 지원을 통해 지속가능한 발전을 달성할 수 있다.

이와 같이 이 선언은 공공부분(중앙정부와 지방정부)의 역할을 강조한다. 왜냐하면 공공부분은 지속가능한 관광발전의 실천이 수행되는 프레임워크를 제공하고 어젠다를 선정하는 데 있어서 매우 중요한 역할을 담당하기 때문이다. 일반적으로 조절환경(regulatory environment)은 각 행위주체의 실천을 위한 환경을 규정한다. 따라서 공공부분이 어떠한 조절환경을 제공하느냐는 지속가능한 관광을 위한 적절한 환경을 제공하는 데 있어 매우 중요한 과제가 된다. 정부는 여행과 관광정책을 환경정책을 포함한 다양한 정부정책에 종합시키는 동시에 지속가능한 발전에 기여할 수 있도록 관광산업에 대한 인센티브를 제공해 줄 수 있다. 공공부분은 지속가능한 발전 그리고 관광의 지속가능한 발전을 위한 장기적 관점에서의 계획을 수립하고 추진하는 역할을 담당한다. 동시에 효과적인 지역관리와 적절한 개발을 위한 어젠다 21의 프레임워크를 반영한 환경영향평가 지표개발을 주도할 수 있다.

각 국가의 중앙정부와 지방정부의 역할이 중요한 이유는 이들이 지속가능한 관광발전에 대한 문제에 지역주민의 참여를 촉진할 수 있는 역할을 수행할 수 있기 때문이다. 그리고 공정한 환경세(environmental tax) 및 환경개선 프로그램 도입 등을 통해 관광기업이 지속가능한 발전에 참여할 수 있도록 유도할 수 있다. 그리고 각 국가나 지역실정에 적합한 지속가능한 발전과제나 이슈에 관하여 연구를 수행할 수 있고, 지속가능한 관광발전에 대한 평가 등을 수행하고 이 결과를 확산시킬 수 있다. 더 나아가 공공부분(중앙정부와 지방정부)은 각 이해관계자들의 실천이 수행되는 프레임워크를 제공하고 어젠다를 선정하는 데 있어 매우 중요한 역할을 담당한다.

지역 내 및 지역 간 협력과 더불어 국제조직과의 협력도 매우 중요한 파트너십이 되어야 한다. 관광산업의 모든 분야에 의해 수행되고 있는 환경적 행동에 대한 국제적 수준의 협력, 기존 실천에 대한 검토 등의 협력이 이루어진다. 관광기업은 지속가능한 발전에 관한 과제에 대한 실천, 신기술의 도입과 적용을 통한 혁신, 직원에 대한 교육과 훈련을 적극적으로 수행해야 한다. 그러므로 'Agenda 21 for the travel & tourism industry'에서 논의된 바와 같이 관광에서 지속가능한 발전을 달성하기 위해서는 무엇보다도 정부, 국가 관광당국, 국제 그리고 국가무역기구, 관광기업들 간의 파트너십이 절대적으로 필요하다. 이러한 파트너십을 통해 관광의 지속가능한 자발적 행동을 안정적으로 추진하고 지속할 수 있기 때문이다. 동시에 각 행위 주체들이 수행한 실천에 대한 결과를 측정할 수 있는 수단과 합의된 공동의 기준 그리고 관광산업에 폭넓게 적용될 수 있는 기준 마련이 요구된다.

국제조직은 관광산업의 모든 분야에 의해 수행되는 환경적 행동에 대한 국제적 수준의 협력, 기존 실천에 대한 검토(예를 들면 리포팅의 질과 투명성, 신뢰성, 지속가능성에 대하 기여의 측정 등)를 수행할 수 있다. 그리고 개별 기업은 지속가능한 발전에 관한 과제에 대한 실천, 신기술의 도입과 적용을 통한 혁신, 직원에 대한 교육과 훈련의 수행을 통해 지속가능한 발전에 기여할 수 있다. 그러므로 관광에서의 지속가능한 발전은 지역주민을 포함한 지역사회와 공공부분, 국제조직, 개별 관광기업들의 협력과 능동적 참여 환경을 필요로 한다.

이와 같이 조절환경(regulatory environment)은 지속가능한 관광을 위한 적절한 환경 제공(공공부분과 산업 간 협력의 안정성과 지속성(consistency)의 보장, 산업과 다양한 전문가 집단의 자발적 협력, 산업과 공공부분 그리고 관광객과 지역 주민들과의 협력 등)에 있어 중요한 역할을 담당한다.

관광기업과 지역에서의 지속가능한 관광

영국 런던에 본부를 두고 있고 IHEI(the International Hotel Environmental Initiative)는 1992년에 Accor, Bass Hotels & Resorts Worldwide, Forte Hotels, Hilton International, Mandarin Oriental Hotel Group 등 10여 개 다국적 호텔그룹이 참여하여 설립되었다. 이 기구는 국제 호텔산업의 친환경 실천에 대한 지속적인 개선을 촉진하기 위한 교육 지원, 우수 사례에 대한 홍보, 호텔산업에서의 친환경프로그램을 수행하기 위한 지침 개발, 다양한 이해관계자들과의 협력 등을 도모하기 위하여 설립되었다. IHEI는 현재 111개 나라에 조직을 두고 있으며, 이 조직에 참여한 호텔들은 11,000여 개이며, 현재 190만 개의 객실을 가지고 있다.

그림 1-4 다양한 종류의 지속가능한 관광 인증제

1998년에 IHEI는 호텔산업이 새로운 호텔을 개발할 때, 환경적 파괴를 최소화하고 일상적인 운영에서도 환경적 영향을 최소화하는 비전과 수행수단을 제안하였다. IHEI는 국제 호텔사업과 관광기업, 정부, 언론, 학술, 호텔산업 공급자들에 대한 환경 인식을 높이는 데 기여해 왔다. 유럽은 물론 뉴질랜드, 아부다비, 이스라엘, 브라질, 캐나다 그리고 캐리비안 지역에서 친환경 실천을 통해 사업의 편익 증진을 위한 인식제고에 기여해 왔다. 이 조직의 프로그램은 국제적으로 친환경사업에 대한 벤치마킹과 측정 그리고 책임 있는 호텔의 입지와 디자인 그리고 건설을 위한 가이드라인에 대한 발전을 포함하고 있다. 이러한 활동을 촉진하기 위하여 2001년에 WWF-UK와 함께 인터넷을 활용한 친환경 활동 벤치마킹 시스템을 구축하였다(http://www.benchmarkhotel.com).

1997년에 설립된 IH&RA는 파리에 본부를 두고 있으며, 150여 개국에서 70만 개의 호텔과 식당이 참여하는 국제기구이다. 이 기구에는 국제 호텔체인이나 협회 등도 참여하고 있다. 호텔과 레스토랑 산업이 사업 목적(objective)을 달성하기 위한 정보와 촉진, 보호 등에 대한 의견을 대변하는 지구적 역할을 수행하고 있다. 이 기구는 호텔이나 레스토랑 업계에 도움이 되는 ① 환경적 자각과 프로그램 개발, ② 환경 수상제도 수립(UNEP와 결합하고 American Express가 지원하는) ③ *Environmental Action Pack for Hotel*(UNEP와 the International Hotel Environment Initiatives와 함께), *Environmental Good Practice in Hotel*(UNEP와 함께)과 같은 책자 발행 ④ 'the Caribbean Action for Sustainable Tourism'과 같은 지역실천 등을 지원하고 있다. 최근에는 고유가 시대에 대비하고 기후온난화에 대비하기 위해 'IHRA 2020- sustainable hospitality 2020, promoting sustainable future'를 발표하고 각종 대안 수단을 홍보하고 있다.

관광기업의 협력은 지역협력차원에서도 이루어지고 있다. 'CAST(the Caribbean Action for Sustainable Tourism)'는 캐리비안 지역의 관광기업들 간의 지속가능한 관광을 위한 협력조직이다. 이 조직은 WTTC, IHEI, Caribbean Tourism Organization이 지원하고 있으며, 캐리비안 호텔연합회에 의해 설립된 조직이며, 환경관리시스템, 에너지 효율성, 재생에너지, 쓰레기 관리 등의 문제에 대한 워크숍, 훈련 프로그램, 가이드라인 제공활동을 수행하고 있다. 아시아 태평양 관광조직인 PATA(The Pacific Asia Tourism Association)는 1992년에 관광지에서의 보전(preservation)원리를 강화하기 위하여 'Code for Environmentally Responsible Tourism'을 도입하였고, PATA Green Leaf Program에의 참여를 권장하였다.

지속가능한 관광발전은 기업 차원의 문제에 국한되지 않는다. 관광활동이 이루어지는 지역사회의 참여 또한 지속가능한 발전의 중요 추진 주체이다. 관광을 지속가능한 형태로 발전시키기 위해 지역단위에서 이루어지는 노력들은 지역의 생태자원이나 문화 등을 지속가능한 형태로 관광에 활용하는 형태로 나타나고 있다. 'Green Globe'도 지역 관광산업이 환경의 질을 개선하는 데 참여하고 협력적으로 노력하는 지역을 인정하는 특정 지역프로그램을 운영하고 있다. 'the Open Africa Foundation'은 아프리카의 고유한 문화, 자연, 야생 자원에 기반한 지속가능한 생태적 · 경제적 · 사회적 발전을 지향하는 상품 생산을 촉진하기 위하여 'The Africatourism'을 개발하였다. 'Open Africa'는 'Africa Dream'이라 알려진 'the Cape'에서 'Cairo'까지의 'Africatourism' 루트에 대한 네트워크를 지속적으로 개발하고 있다. 이 재단은 아프리카 전체에 존재하고 있는 많은 농촌과 환경 프로젝트에 대한 인식을 높이는 데 기여하고 있다. 외부 자원과 조직에 의한 활동뿐만 아니라 지역주민 자체가 지속가능한 관광의 수행 주체로 등장하는 사례들은 무수히 보고되고 있다.

지속가능한 관광과 관광객

관광객은 관광기업과 더불어 지속가능한 발전의 성공적인 추진을 위한 중요한 주체이다. 지속가능한 관광발전에 있어 관광객의 행동이 지속가능한 발전을 저해하지 않고 조화될 수 있도록 유도하기 위한 많은 수단 개발이 중요하다. 이 수단들은 관광과 관련된 이슈와 관광객 행동이 지역과 지역문화에 영향을 미칠 수 있다는 점에 관한 여행자의 인식(awareness)을 높이기 위한 것들이다. 현재 관광이 감각적으로 과거에 비해 환경에 미치는 영향을 감소시키는 방향으로 관리 · 발전되고 있는 것으로 인식되고 있다. 그러나 실제로 관광객의 영향이 환경에 어떠한 영향을 미치는지에 대한 녹색기록(green record)은 여전히 구축되지 않고 있다. 아직도 여행의 환경문제에 민감성은 높지 않고 환경보호와 환경보호를 위한 추가비용 지불의사나 관심은 높지 않다. 관광기업들은 기업경영에 유리한 친환경 행동에 대하여 높은 관심을 기울이는 반면에 소비자가 지속가능한 관광발전을 위한 방식으로 구매하고 소비할 수 있도록 설득하고 촉진하는 것에는 상대적으로 관심을 덜 기울이고 있다.

물론 이러한 관심이 전혀 없는 것은 아니다. 관광객의 관심을 높이고 지속가능한 방식으로 생산되는 상품 품목의 개발과 확산 및 수용을 위한 교육프로그램의 개발과 제도의 도입은 지속가능한 관광전략의 중요한 하나로 인식되고 있다. 이러한 전략적 도구로서 주로 사용되고 있는 것 중의 하나가 '생태인증제(eco label)'이다. 'Green Globe'를 비롯한 다양한 생태인증제도는 호주를 포함하여 덴마크 등의 많은 나라에서 개별적으로 진행되고 있거나 시도되고 있다. 덴마크의 경우, HORESTA(the Hotel, Restaurant and Leisure Industry Association)는 'Green Key, Denmark'라는 생태인증제도를 수행하고 있다. 이 인증제도에는 환경정보, 물과 에너지 소비, 쓰레기 관리분야는 물론 생태적 음식생산, 아웃도어 지역, 비흡연실, 장애인의 접근성에 대한 내용까지 환경문제를 포함한 다양한 영역에 대한 기준을 포함하고 있다.

호주는 관광분야에서 가장 대중적인 생태인증제도를 발전시켜 왔다. 호주 생태관광(Ecotourism Australia, EA)은 ECO, ROC, Climate Action, EcoGuide 부분의 인증 프로그램을 운영하고 있으며, 호주 생태관광위원회(the Board of Ecotourism Australia)에 의해 승인된 기준 아래 운영되고 있다. 이 위원회에 의해서 호주의 상황에 적합한 생태관광 인증제도를 발전시켜 왔다. 이 인증제도의 신뢰성을 높이기 위하여 적용 가능한 모든 분야의 이해관계자가 참여하여 작성된 확인 시스템을 통하여 이루어진다.

호주의 생태관광 인증제도는 자연자원과 더불어 생태관광 운영자를 구별하기 위한 목적으로 발전되어 왔다. 생태관광 인증제도는 3가지(Nature Tourism, Ecotourism, Advanced Ecotourism) 수준으로 구분되어 있다. 자연관광(Nature

Tourism)은 자연지역에서의 관광이 환경에 미치는 영향을 최소화하는 관광에 대한 인증제도이다. 생태관광(Ecotourism)은 최적의 자원 이용, 보전실천(conservation practices)과 지역공동체에 기여하는 관광에 대한 인증제도이다. 선도 생태관광(Advanced Ecotourism)은 생태관광에 대한 강한 가치와 의무를 가진 생태관광이다.

기후행동인증(Climate Action Certification)은 호텔, 관광지, 여행사, 교통, 식당, 관광관련 조직을 포함한 모든 관광산업 영역에 적용된다. 이 프로그램은 이산화탄소 배출 감소와 관광객의 관광상품이 기후변화 대처와 관련된 지속가능한 실천에 대한 수행을 담고 있다는 것을 확인하기 위한 목적으로 개발되었다. 인증제도는 세 가지(Climate Action Business, Climate Action Innovator, Climate Action Leader)로 구성되어 있다. Climate Action Business는 기업체가 온실가스 배출 감축행위와 적응행동을 수행하지만, 생태발자국을 측정하지는 않는다. Climate Action Innovator는 Climate Action Business의 수준에서 생태발자국에 대한 측정과 감사(auditing)를 수행한다. Climate Action Leader는 Climate Action Innovator가 수행하는 기후변화 대응행동뿐만 아니라 기후변화 대응을 위한 통합적 전략을 취하는 사업체이다. 이들은 선진기술 등을 도입하여 탄소제로를 지향하는 기업들이다. 그리고 이 프로그램들은 신기술과 수단들의 발전상황 및 제도의 변화에 따라 지속적으로 발전될 것이다.

그림 1-5 호주의 생태관광인증제

출처 http://www.ecotourism.org.au/our-certification-programs/

ROC(The Respecting Our Culture) 인증 프로그램은 문화적 의례 및 사업관리와 지속가능한 환경보호 관리와 관련되어 있으며, 지역에서의 문화적 정체성과 고유성을 보호하기 위한 절차와 가이드라인을 제공한다. 이 인증제도는 호주 원주민 관광(Aboriginal Tourism Australia, ATA)에 의해 설계되었고, 관광산업 이해관계자 및 여행사 등이 함께 참여하였다. ROC는 관광경험이 고객의 기대 충족을 보장하기 위한 국가적 인증기준이며, 관광기업이 원주민의 문화적 자산을 존경하도록 운영되는 것을 권장하고 있다.

생태관광가이드 프로그램(The EcoGuide program)은 전문적 경험을 가지고 환경적으로 책임성이 있으며, 고유한 경험을 전달해 줄 수 있는 신뢰성 있는 가이드에 대한 정보를 제공해 준다. 이 프로그램은 가이드 기술과 환경영향 최소화기술을 포함한다.

생태숙박(an EcoLodge of Australia)은 2010년 10월에 출범하였다. 자연풍경이 아름다운 곳에 있는 19개 EcoLodge가 가입되어 있으며, 이들은 Advanced Ecotourism 인증제도를 가지고 있다.

그림 1-6 호주의 문화, 생태가이드, 생태숙박시설 인증제

출처 http://www.ecotourism.org.au/our-certification-programs/

그 다음으로 중요한 실천 중 하나가 인식제고 프로그램이다. 'The Africa Travel Association'은 책임 있는 관광객의 행동 가이드라인을 제시하는 'Responsible Traveller Guidelines'를 제정하여 홍보하고 있다. 이러한 관광객의 친환경 행동 가이드라인을 제정 · 홍보하는 활동은 'The Japanese Association of Travel Agents'의 'Declaration of Earth Friendly Travellers'를 포함하여 많은 나라에서 다양한 형태로 이루어지고 있다.

이러한 활동을 조직적으로 전개하기 위하여 다양한 조직들이 활동하고 있다. The Foundation for Environmental Education in Europe(FEEE)은 캠페인을 통해 환경교육을 촉진하고 환경교육의 중요성에 대한 자각을 높이는 활동을 하고 있다. 이 조직은 덴마크에 본부를 두고 있으며, 유럽의 해안과 내수면에 대한 안정과 청결에 관해 중요 캠페인을 3가지 운영하고 있다. 매년 세 가지 영역에 관한 기본적 기준을 만족시키는 해변과 호수(물의 질; water quality), 해변가 관리와 안전(beach management and safety)에 상을 수여하고, 환경정보와 교육(environmental information and education)을 수행하고 있다. the American Society of Travel Agents는 소비자 행동에 영향을 미치기 위하여 'Guidelines for responsible Environmental Tourism'을 제정하고 회원사를 통해 고객들에게 배포하고 있다. 이 가이드라인은 평화로운 관광과 친환경적 책임이 있는 여행의 성장 촉진을 목적으로 한다. 이 가이드라인에는 관광객이 관광목적지 사회와 환경에 대한 존중을 보여주고 책임 있게 행동하도록 촉진하기 위한 10개의 권고(recommendation)사항이 들어 있다. 이와 같이 관광객에 대한 친환경적 책임이 있는 행동 촉진을 위한 가이드라인 제안 등의 행동은 The Pacific Asia Tourism Association(PATA)의 1992년 'Code for Environmentally Responsible Tourism'(관광지에서의 보전(preservation)의 원리를 강화하기 위하여), PATA Green Leaf program 권장 노력, The Africa Travel Association의 'Responsible Traveller Guidelines', The Japanese Association of Travel Agents의 'Declaration of Earth Friendly Travellers' 등과 같이 다양한 수준으로 전개되고 있다.

국제적 수준의 논의와 더불어 기업차원에서의 지속가능한 관광발전 노력들은 주로 기업에 편익을 제공할 수 있는 비용 절감과 이미지 제고에 도움이 되는 활동, 즉 소비자의 친환경 행동이나 소비 촉진 등에 집중되어 있다. 그러나 많은 경우, 생산과 소비의 사슬에 대한 통합적 사고나 정부를 포함한 각 수행주체들의 역할에 대한 추진전략에 대한 노력들은 미흡한 상태이다.

지속가능한 관광발전과 추진에 대한 이해의 개선

지속가능한 발전 그리고 지속가능한 관광발전에 대한 수많은 논의와 25년 이상의 기간이 흘렀음에도 불구하고 우리는 현실에서 만족한 수준의 지속가능한 발전이나 관광발전이 이루어진 사례를 찾아보기 힘든 것이 사실이다. 이러한 사실들로 인하여 일부에서 지속가능한 관광발전은 실현 가능한 꿈인가에 대한 회의가 존재한다. 완전한 의미에서 지속가능한 발전 자체가 불가능한 꿈(impossible dream)일 수 있다. 이는 현재 SDGs가 과연 계획기간 내에 실현 가능한가에 대한 우려와도 유사하다. 그러나 우리가 현실적으로 할 수 있는 최선의 방법은 우리 사회나 관광을 더욱 지속가능한 형태로 발전시키는 것이다. 이러한 노력을 저해하는 인식들은 주로 현대사회의 지배적인 사고 중 하나인 이분법적 이해에 근거하고 있다. 예를 들면 관광은 본질적으로 지속가능하지 않다는 인식이 바로 그것이다. 이러한 인식은 미래에 대한 희망을 상실시키고 현 세대의 이익 증대를 정당화하는 데 기여한다. 그리고 어떠한 산업도 본질적으로 지속가능할 수 없는 것은 없다. 다만 우리가 지속가능하지 않도록 행동하고 있을 뿐이다.

관광에 대한 이분법적 사고 중 가장 대표적인 사례는 대중관광이 지속가능하지 않은 관광이고 생태관광은 지속가능한 관광이라는 인식이다. 이러한 이분법적 사고는 관광의 지속가능한 발전에 대한 인식을 왜곡되게 하고 심지어 관광을 지속가능하지 않게 만드는 원인이 될 수 있다. 왜냐하면 지속가능한 관광이라 인식되어 왔던 관광도 지속가능하지 않을 수도 있고, 지속가능하지 않다고 생각되어 왔던 과거의 관광도 미래에는 지속가능한 관광이 될 수 있기 때문이다.

대표적으로 대중관광이 바로 지속가능하지 않은 관광이라는 인식은 대중관광이 생태적으로 지속가능하지 않도록 조절되어 왔던 역사에 대부분 근거하고 있다. 초기 대중관광은 대량소비에 근거한 규모의 경제에 의존하여 왔다. 이러한 관광상품 생산과 소비는 경제적 가치 이외의 가치에 대하여 무관심하여 왔고 비경제적 자원을 무상으로 착취하는 방식으로 관광산업이 이루어졌던 역사를 가지고 있다. 이러한 대중관광은 환경파괴는 물론 지역사회에 부정적 영향을 발생시켜 많은 비판의 대상이 되었다. 초기에 많은 인류학자들이 연구를 통하여 빈곤국가에서 이루어지는 국제관광의 모습을 지역 고유문화와 지역사회의 파괴자라고 낙인찍는 현상으로도 나타났고, 이러한 연구결과들이 전 세계적으로 알려지게 되었다. 이러한 부정적 인식은 아직도 일부 남아 있다.

이러한 부정적 인식에 대항하여 소규모 경제에 의존한 방식으로 관광소비를 추구하고자 하는 대안들이 제안되었다. 이러한 제안들 중 가장 대표적인 방식 중 하나가 생태관광이다. 생태관광은 생태자원을 관광대상으로 하며, 생태자원의 보호와 보존 그리고 관광객의 인식제고, 지역사회에 대한 편익추구 등의 지속가능한 발전과 관련된 상당 부분의 내용을 포함하는 방향으로 개념 정의가 시도되고 있다. 그리고 소규모 인원의 참여가 생태관광 특징 중 하나로 인식되고 있다. 그러나 생태관광이 과연 생태자원의 보호와 보존 그리고 해당 관광상품을 생산하고 소비하기까지 전 과정이 정말로 지속가능한 상태로 이루어지고 있는지에 대한 기록이나 관리 등은 전혀 이루어지지 않고 있다. 그리고 생태관광에 참여하는 대부분의 관광객들은 관광 전 과정을 통해서 친환경행동에 참여하지 않을 가능성이 매우 높다. 이들 또한 고급호텔에서 여전히 많은 양의 전기, 물, 비품 등을 사용하고 많은 쓰레기를 발생시킨다. 이러한 모습들은 생태관광이나 생태관광객들을 직접적으로 지속가능한 관광으로 연결시킬 수 없음을 분명하게 보여준다. 반면에 대중관광 형태로 관광행위를 하는 관광객들이 오히려 환경에 부정적 영향을 미치지 않도록 조절된 환경에서 관광소비를 할 수도 있다. 소규모 관광객을 미니버스 여러 대로 이동시키는 것보다는 고효율 대형 전기버스를 활용해서 대중관광객을 이동시키는 것이 온실가스 배출 감소에 더 크게 기여할 수도 있고, 교통 혼잡을 감소시킬 수도 있다.

결론적으로 관광의 형태가 지속가능한 관광을 결정하는 것이 아니라 다양한 관광들이 어떠한 조절 환경과 기술, 관리 및 생산 요소와 관련되는가에 따라 지속가능한 관광이 될 수도 있고, 반대의 결과를 발생시킬 수도 있다. 이러한 점은 생태관광에 대해서는 물론 CBT(Community Based Tourism)를 포함한 다양한 대안관광에 대해서도 동일하게 적용될 수 있다.

앞으로 지속가능한 관광발전을 효과적으로 추진하기 위해서는 지속가능한 관광에 대한 국제적 논의 내용을 다시 한 번 확인하고 관광의 형태가 아니라 전체 관광생산과 소비의 과정 그리고 이러한 생산과 소비가 지속가능한 발전에 기여할 수 있는 효과적인 조절환경 및 각 요소의 결합에 대하여 관심을 기울여여 한다. 이러한 관심은 지속가능한 관광이 어떠한 모습으로 지역사회에서 이해되고 관리되어야 할지에 대한 포괄적인 프레임워크를 제공해 줄 수 있다. 이러한 프레임워크를 통해 우리는 지속가능한 관광에 대한 객관적인 실재에 다가서고 평가와 대안 프로그램 구축에 다가설 수 있다. 이제 우리는 이러한 프레임워크의 구축과 평가가 궁극적으로 관광 생산 및 소비와 관련된 현재 그리고 미래의 자원을 어떻게 분배하고 관리할 것인가의 문제와 관련된다는 점을 인식해야 한다.

지속가능한 관광 발전은 경제적 문제인 동시에 정치적 문제가 될 수밖에 없다. 다시 말하면 지속가능한 관광을 위한 정치적 결정의 힘을 누가 가지고 있고 그 힘이 어떻게 발휘되고 있는가와 관련된다. 지속가능한 관광은 정부, 지역사회, 관광산업, 관광객 그리고 언론 및 NGO 등을 포함한 각 이해관계자들의 이해 및 권력관계와 관련된 것이다. 따라서 해당 지역사회에서 지속가능한 관광발전의 수단을 강구하고자 할 때에는 반드시 해당 사회에서 누가 지속가능한 관광발전에 대한 정치적 힘을 가지고 있는지, 그리고 어떠한 권력관계 속에서 해당 전략이 수립되고 추진되고 있는가에 대한 고려가 충분히 이루어져야 한다. 지속가능한 관광발전전략이나 대안수립이 바로 지속가능한 관광발전으로 나아간다는 보장은 없는 것이기 때문이다.

마지막으로 관광산업은 단일산업이 아니고 매우 복잡한 생산과정의 결합과 관리가 요구된다는 점을 인식할 필요가 있다. 그러므로 지속가능한 관광발전을 위해서는 좋은 인프라가 구축되어야 한다는 점을 보여줌과 동시에 긴 공급체인에 대한 효과적인 개선과 관리체계 구축은 물론 지역사회의 역량이 동반되어야 한다. 그러므로 다양한 산업을 포괄하는 협력체계를 지지해 줄 수 있는 좋은 거버넌스의 구축을 절대적으로 필요로 한다. 이러한 통합적인 시스템을 통해서 관광이 지속가능한 산업으로 발전해 나갈 수 있는 것이다. 따라서 과거에 지속가능한 발전을 환경적으로 지속가능한 관광, 사회문화적으로 지속가능한 관광, 경제적으로 지속가능한 관광에서 이제 지속가능한 관광을 지원하는 거버넌스(SDGs에서 말하는 Good Governance) 영역의 포괄적 결합의 결과물

(결합 자체가 아닌 결합이 낳은 결과물)로 이해해야만 한다. 이러한 관점에서 보면, 우리는 진정한 의미의 지속가능한 관광발전을 추진하기 위한 출발선 그 어디쯤에 서 있는 것으로 보인다.

3. 지속가능한 관광과 SDGs와의 관계

SDGs에서 지속가능한 관광에 대한 구체적이고 직접적인 언급은 세부목표인 '8.9 2030년까지 일자리를 창출하고 지역사회의 문화와 상품을 알리는 지속가능한 관광을 장려하는 정책의 강구와 이행' 및 지표 '국내총생산(GDP) 대비 지속가능한 관광업'에서 이루어지고 있다. 이러한 언급은 지속가능한 관광을 마치 '지역사회의 문화와 상품을 알리는 관광'으로 이해할 수도 있게 한다. 이러한 이해는 앞에서 살펴본 바와 같이 한국국제협력단의 보고서 '개발협력의 새로운 15년을 준비하며'의 이해와 동일하다.

그러나 지속가능한 관광을 이렇게 극도로 협소한 의미로 이해한다면 지금까지 국제사회가 행했던 지속가능한 관광에 대한 수많은 논의와 노력은 아무런 의미가 없는 대상으로 바뀌게 된다. 그렇게 협소하고 간단한 대상이었다면 지난 30년이 넘는 기간 동안 많은 논의와 실천 그리고 반성이 있었겠는가.

그럼 지속가능한 관광은 SDGs와 어떤 관련성을 가지고 있는가를 살펴보자. 지속가능한 관광은 기본적으로 지속가능한 발전의 이념을 수용한다. 그러므로 지속가능한 관광은 관광산업에서의 경제, 사회문화, 환경의 문제를 통합하는 발전전략의 하나이다. 문제는 이러한 통합의 결과는 일반 공산품과 달리 매우 복잡한 이해관계와 가치사슬로 연결되어 최종적으로 소비되는 상품의 형태로 나타나게 된다는 점이다. 즉 지속가능한 관광은 관광상품을 생산하는 긴 가치사슬과정에서의 지속가능성과 더불어 소비자인 관광객의 참여와 소비까지 연결되어 최종적인 결과물로 나타난다. 이 긴 과정은 해당 사회의 인프라, 사회문화환경, 관광상품 생산자(혹은 서비스 제공자)의 기업활동과 교육, 소비자와의 커뮤니케이션, 관광상품을 생산하기 위해 투입되는 식량을 포함한 다양한 소비물품의 생산 및 소비와 처리 등의 매우 복잡한 과정과 관련된다. 기본적으로 지속가능한 발전은 이러한 매우 많은 과정과 분야의 통합적 발전에 기반한 것이라는 점에서 보면 당연한 것일 수 있다. 따라서 지속가능한 관광을 지역사회의 문화와 상품의 관점이나 경제적 파급효과만으로 이해하는 것은 매우 잘못된 이해와 정의이다.

그럼 구체적으로 지속가능한 관광은 SDGs와 어떠한 분야에서 관련성을 가지고 있는지를 살펴보자. 결론적으로 말하면, 지속가능한 관광은 SDGs의 모든 목표와 직간접적으로 연관되어 있다.

목표 1. 모든 형태의 빈곤 종식

개도국에서 관광은 빈곤계층이나 취약계층에 실질적인 혜택을 제공해 줄 수 있는 잠재력을 가지고 있다. 오지 지역의 주민이나 소수민족들은 사회적 인프라 제공, 토착민들의 전통적 고유 권리의 보호, 금융지원, 인터넷 등과 같은 정보기술의 제공 등과 같은 분야에서 취약한 상태에 있다. 이들에게 지속가능한 관광을 추진하기 위한 제도적 지원과 교육, 창업지원, 여성의 참여 지원 등은 목표 1의 '모든 형태의 빈곤 종식'을 위한 국제협력사업에 기여할 수 있는 방안이 될 수 있다.

목표 2. 기아의 종식, 식량 안보 및 영양개선과 지속가능한 농업 강화

지속가능한 관광을 지향하는 호텔이나 식당들은 소농을 중심으로 한 친환경 농산물의 생산을 촉진하는 자극제로서의 역할을 담당할 수 있다. 호텔이나 식음료 분야의 기업들이 지역사회에서 생산되는 친환경 농산물을 활용한 서비스 제공은 관광객에게 매력적으로 다가올 수 있으며 농산물을 높은 가격으로 판매할 수 있다. 물론 친환경 농산물에 대한 인증이나 점검과 같은 제도적 신뢰가 동반되어야 한다. 이를 통해서 소농의 소득증대는 물론 지속가능한 식량생산시스템과 지속가능한 농업활동을 지원할 수 있을 것이다.

목표 3. 건강한 삶의 보장과 모든 세대에 복지 증진

지속가능한 관광은 지역사회의 모든 분야에서의 환경오염을 방지하고자 하는 이념을 중요 이념 중 하나로 하고 있다. 따라서 관광소비행위는 물론 관광서비스에 제공되는 소비물품의 생산과 처리, 관광의 대상인 자연자원의 친환경적 관리를 요구한다. 이러한 지속가능한 관광은 공기, 물, 토양의 공해와 오염방지에 기여할 수 있으며 방지를 요구한다. 이를 통해 지역사회의 모든 주민들의 건강한 삶의 보장과 세대 복지 증진에 기여할 수 있다.

목표 4. 모두를 위한 포용적이고 공평한 양질의 교육 보장 및 평생 학습 기회 증진

지속가능한 관광은 다양한 경제활동 기회가 주어지기 어려운 환경에서 적은 비용으로 가능한 관광기업활동을 지원할 수 있다. 특히 잘 보전된 소수민족의 문화는 매우 훌륭한 관광자원이 될 수 있으며, 이들 스스로 관광기업을 운영하도록 지원할 수 있다. 이러한 기업활동에서 필요로 하는 기술이나 지식에 대한 지원을 촉진할 수 있다. 이외에도 기존 관광기업의 경영능력 혁신을 위한 직업훈련, 기술교육 지원 등을 위한 직접적인 지원도 가능하다. 동시에 지속가능한 관광상품을 통한 소외계층의 직업훈련에 대한 기부금 마련 등과 같은 간접적 방식도 모색할 수 있다. 그리고 관광산업의 상당한 부분에서 여성의 취업기회를 확대할 수 있다는 점에서 교육에서의 성차별의 해소에도 기여할 수 있다.

목표 5. 성 평등 및 모든 여성과 여아의 역량 강화

지속가능한 관광은 관광기업의 창업 및 취업에 대한 여성의 참여를 지원하고 관광기업 및 서비스 생산과 제공에 있어 차별 해소를 지원할 수 있다. 이러한 과정에서 여성의 역량을 강화하기 위한 교육과 기회 제공을 확대시킬 수 있다. 이러한 역할은 목표 4와 밀접하게 관련된다.

목표 6. 모든 사람들의 식수와 위생시설에 대한 접근성 및 관리능력 확보

지속가능한 관광은 소비자인 관광객에게 안전한 식수와 위생시설의 서비스 제공을 요구한다. 이러한 서비스는 지역사회에서 안전한 식수와 위생시설에 대한 인프라 구축 및 제공을 통해 이루어지고 동시에 지역주민에게 식수와 위생시설에 대한 보편적 접근성의 기회를 확대시켜 준다. 그리고 물 사용량 감소를 위한 관광객의 친환경 행동에 대한 참여 및 물 절감기술의 도입, 오염물질의 제거 및 각종 소비폐기물의 재활용 및 재사용을 촉진시킬 수 있다. 그리고 이러한 물 사용의 효율성 제고와 각종 오염물질에 대한 관리 역량 강화는 지역사회 각종 물자원의 관리능력을 확대시키고 물 관련 생태계 보호에 기여할 수 있다.

목표 7. 모두를 위한 적정한 가격의 신뢰성 있고 지속가능한 현대적 에너지에 대한 접근성 강화

지속가능한 관광은 기본적으로 생태발자국의 크기를 감소시키고자 하는 관광이다. 이러한 특성은 기본적으로 저탄소 에너지의 사용을 적극적으로 사용할 것을 요구한다. 지속가능한 관광은 관광기업의 재생에너지 사용 확대와 이러한 사용을 촉진하기 위한 인프라 공급을 통해서 이루어질 수 있다. 그러므로 관광기업의 재생에너지 사용 확대 촉진은 재생에너지 사용을 위한 인프라 공급에 기여할 수 있다.

목표 8. 포괄적이고 지속가능한 경제성장과 완전하고 생산적인 고용, 그리고 모두를 위한 일자리 제공

경제적 지속가능성은 지속가능한 관광의 핵심이념 중 하나이다. 경제적 지속가능성은 경제적 성장과 더불어 형평성에 기반한 성장을 지향한다. 이러한 경제적 형평성은 현세대 및 미래세대 간, 지역 간 형평성을 모두 포함한다. 그러나 시장은 스스로가 이러한 형평성을 보장하기 어렵다. 이러한 점은 사회적 경제모델에 기반한 대안들이 다수 논의되고 있는 이유이기도 하다. 관광에서의 협동조합이나 마이크로 금융 등과 같은 사회적 경제의 활성화 전략은 경제성장과 사회적 문제의 통합을 가능하게 하는 수단으로 이용될 수 있다.

목표 9. 회복 가능한 인프라 건설, 포용적이고 지속가능한 산업화 및 혁신 촉진

지속가능한 관광은 기본적으로 관광자원의 활용과 생산 및 소비, 처리과정에 대한 효율성과 형평성을 추구한다. 이러한 과정은 관광상품의 생산과 소비 전 과정에 대한 가치사슬의 효율성과 형평성을 높이는 방향으로 진행되어야 한다. 이를 구체적으로 말하면 지속가능한 관광은 각종 자원의 이용과 처리과정의 탄소발자국을 통합적으로 고려함을 의미한다. 이러한 고려는 지역적 상황에 맞는 관광산업의 생태계와 기술 개발 및 기존 생산양식으로부터의 혁신을 요구한다. 그리고 지속가능한 인프라 건설과 관광산업은 모든 주민들에 대한 포용적 접근을 요구한다. 지속가능한 관광발전은 목표 8에서 논의한 금융서비스에 대한 접근성 향상 및 목표 4의 교육기회 증진 등을 통해 지역주민과 원주민, 여성, 빈곤계층 등의 관광시장으로의 편입을 촉진한다.

목표 10. 국내적 또는 국가 간 불평등 경감

지속가능한 관광은 세대 간, 지역 간 불평등 감소를 지향한다. 이러한 불평등 감소를 위해 지속가능한 관광은 소외된 계층의 경제적 활동에 대한 참여는 물론 의사결정과정의 참여 촉진을 지향한다. 이러한 과정은 지속가능한 관광발전을 위한 거버넌스 구축의 과정으로 나타나야 한다. 동시에 관광에서 소외된 계층의 관광을 촉진하기 위한 노력, 예컨대 무장애관광지개발 등은 장애인, 노약자 등의 관광복지를 촉진시킬 수 있다. 이러한 촉진은 관광과 여가에 대한 세대 간, 지역 간 불평등 감소로 이어질 수 있다.

목표 11. 회복력 있고 지속가능한 도시와 거주지 조성

지속가능한 관광은 세계문화와 자연유산의 보호에 기여할 수 있다. 지속가능한 관광은 관광자원의 현세대와 미래세대의 이용 및 편익의 형평성을 추구하기 때문이다. 세계문화와 자연유산의 보호와 동시에 현세대의 경제적 · 사회적 편익을 확대시킬 수 있다. 그리고 관광은 기본적으로 보편적으로 이용가능한 지속가능한 교통체계를 요구한다.

목표 12. 지속가능한 소비와 생산양식의 보장

SDGs 중 지속가능한 관광이 가장 폭넓게 기여할 수 있는 목표 중 하나가 바로 목표 12이다. 지속가능한 관광은 앞에서 여러 목표와의 관련성에서 논의한 바와 같이 자연자원의 효율적인 사용과 지속가능한 관리 달성, 음식쓰레기 반감 및 생산과 공급체인에서 발생되는 식품손실 경감, 예방, 감축, 재활용, 재사용을 통한 폐기물 발생의 실질적인 경감, 지속가능한 개발 및 자연과 조화를 이루는 삶의 방식에 대한 관련 정보와 인식 제고 활동에 기여할 수 있다.

그리고 목표 12에서는 목표 12를 달성하기 위한 이행수단 중 하나로 '일자리를 창출하고 현지 문화와 상품을 알릴 수 있는 지속가능한 관광의 지속가능발전 영향을 모니터링할 수 있는 방법의 개발과 이행(12.b)'을 선정하였다. 이러한 이행수단에 대한 명시는 지속가능한 관광이 SDGs 목표 달성에 있어 중요한 과제가 되었음을 보여준다. 이러한 점은 지속가능한 관광이 MDGs의 많은 목표들과 관련되어 있었지만, 구체적인 언급이 존재하지 않았던 것과 비교하면 매우 중요한 변화이다.

이러한 이행수단을 점검하기 위한 지표로 '지속가능한 관광전략/실행계획, 합의된 모니터링, 개발통제 및 평가방식을 가진 관광지들의 비율, 지속가능 목표들을 관광에 연계하기 위해 채택된 법안, 지속가능 관광 부가가치'를 제안하고 있다. 그러나 목표 12에서는 지속가능한 세부목표는 별도로 논의되지 않고 있다. 이러한 점에 관하여 한국국제협력단(2015)은 "지속가능개발목표(SDGs) 수립현황과 대응방안"에서 김지현(2015)이 "12.b(이해수단)는 지속가능한 관광에 대한 세부목표가 따로 있지 않음에도 불구하고 이행수단 목표에 있는 것은 목표 12 내의 또 다른 부적절한 배열 중 하나로 보여진다"(p. 250)라고 주장한다. 형식적인 논리로 보면 매우 타당한 지적이다. SDGs에서 논의하고 있는 지속가능한 관광의 지표가 아직 구체적이지 못하다는 점에서 많은 논의와 혼란이 존재할 것이다. 현재 제안된 측정지표는 생태계의 서비스와 생태조건을 회계에 포함시키고자 하는 "the System of Environmental-Economic Accounting(SEEA ; 환경경제회계)"을 관광분야에 적용하여 추출된 관광의 직접적인 경제적 효과(GDP)를 제안하고 있다. 이러한 측정지표는 지속가능한 관광업의 측정을 환경문제를 고려한 경제적 측면에만 집중하게 만들 가능성이 높다. 현재 이를 구체적으로 측정할 수 있는 지표 개발은 여전히 과제로 남아 있는 상태이다.

목표 13. 기후변화와 대응

지속가능한 관광자원의 효율적 생산과 소비 그리고 자원의 지속가능한 관리와 보전은 기후변화의 주역인 온실가스의 배출 감소와 흡수에 기여하는 방향으로 이루어질 수 있다. 이러한 방식을 통해서 이루어진 관광상품은 고객에게 선호될 수 있기 때문에 관광기업의 중요 마케팅 대상으로 받아들여질 수 있다. 동시에 소규모 섬지역 등과 같은 지역의 관광지나 관광자원을 보호하기 위해서는 국가단위의 기후변화에 대응하기 위한 전략이나 계획을 요구하게 된다. 몰디브와 같은 섬 지역 관광에서 발생하는 온실가스와 유해가스 발생을 근본적으로 해결할 수 있는 방향으로 관광 가치사슬을 개혁할 수 있는 전략 및 계획과 연계되어야 한다.

목표 14. 지속가능한 발전을 위한 대양, 바다, 해양자원의 보호와 지속가능한 이용

지속가능한 관광은 해양오염을 방지하기 위한 기술개발과 보급, 인식 제고에 기여할 수 있다. 동시에 지속가능한 관광은 해양자원 보호와 지속가능한 이용에 직접적으로 기여할 수도 있다. 예컨대 새우양식으로 파괴되고 있는 맹그로브숲은 훌륭한 관광자원이 될 수 있다. 맹그로브숲을 관광자원으로 활용할 경우, 맹그로브숲 보호를 위한 제도 마련과 맹그로브숲을 확충하기 위한 투자와 환경적 가치 등에 대한 인식 제고에 기여할 수 있다. 이러한 인식 제고는 관광객뿐만 아니라 지역주민을 포함하고 기업들의 사회적 책임활동을 촉진할 수 있다.

목표 15. 육상생태계의 보전, 복원 및 지속가능한 이용 증진, 지속가능한 숲 관리, 사막화와 토지 파괴 방지 및 복원, 생물다양성 감소 방지

지속가능한 관광은 기본적으로 생태자원의 가치를 활용하는 산업이다. 이러한 전략은 육상은 물론 모든 지역의 생태계의 보전, 복원, 지속가능한 이용에 기여해야 한다. 그리고 지속가능한 관광은 이러한 이용을 촉진하기 위한 환경관리를 위한 제도와 기술, 재정 동원을 요구하는 동시에 촉진하도록 관리되고 운영될 수 있다.

목표 16. 지속가능한 발전을 위한 평화롭고 포용적인 사회 촉진, 사법 접근성 확보, 모든 차원에서 신뢰할 수 있는 포용적인 제도 구축

지속가능한 관광은 지역사회의 다양한 이해관계자들 간의 협의와 평가시스템을 요구한다. 이러한 과정을 통해 지속가능한 관광은 지역사회의 여론에 민감하게 반응하게 됨으로써 다양한 이해관계자들의 포용적이며 공개적인 참여를 보장해 나갈 수 있다. 동시에 객관적이며 신뢰성 있는 평가시스템과 정보공개를 통해 의사결정에 대한 신뢰성과 포용성 있는 의사결정제도의 확대에 기여할 수 있다.

목표 17. 이행수단과 글로벌파트너십 강화

지속가능한 관광은 다양한 분야와 이해관계자를 포함하는 통합적 발전전략이다. 이러한 통합적 발전전략은 현지에 적합한 기술과 정보를 필요로 한다. 이러한 기술과 지식이 부족한 국가나 지역에 대한 지원은 지속가능한 관광을 포함한 지속가능한 발전에 필수적인 요소이다. 지속가능한 관광은 현지의 자원과 인력에 기반한 산업으로 발전시킬 수 있는 잠재력이 매우 높은 분야이다. 그러므로 선진국에서 개도국으로 이전되는 기술과 지식을 지역상황에 적합한 방식으로 개발하고 이전할 수 있는 산업이 될 수 있다. 그리고 남남 간의 성공적인 경험과 지식을 교류하고 협력을 강화시킬 수 있다.

지금까지 논의된 내용을 중심으로 SDGs와 지속가능한 관광발전과 관계된 목표와 지표들을 요약하면 〈표 1-8〉과 같다. 이를 통해 다시 한 번 확인할 수 있는 것은 지속가능한 관광발전은 매우 다양한 목표와 직간접적으로 관련성을 맺고 있는 영역이라는 점이다.

표 1-8 SDGs와 지속가능한 관광발전과의 관계목표 및 지표들

목표 1. 모든 형태의 빈곤 종식
절대빈곤(하루 1.25$ 이하 인구) 퇴치 및 국가별 빈곤정의에 따른 인구비율 감축, 빈곤층 및 취약계층에 대한 실질적인 혜택 제공(활용가능한 자원 및 기초서비스에 대한 평등한 권리, 토지 및 유산, 자연자원, 적정 신기술, 소액금융을 포함한 금융서비스 등 기타 형태의 자산에 대한 소유권 및 통제권 보장), 빈곤퇴치에 있어서 성차별 감소
목표 2. 기아의 종식, 식량안보 및 영양개선과 지속가능 농업 강화
소농의 소득증대, 지속가능한 식량생산시스템 보장과 회복력 있는 농업활동 이행 등
목표 3. 건강한 삶의 보장과 모든 세대의 복지 증진
공기, 물, 토양의 공해와 오염에서 기인한 사망과 질병의 감소
목표 4. 모두를 위한 포용적이고 공평한 양질의 교육 보장 및 평생학습 기회 증진
취업, 양질의 일자리, 창업활동에 필요한 전문기술 및 직업기술을 포함한 적절한 기술을 가진 청소년 및 성인의 수 증대, 교육에서의 성차별을 해소하고, 장애인, 토착민, 취약상황에 처한 아동을 포함한 취약계층에게 모든 수준의 교육과 직업훈련에 대한 동등한 접근 보장(직업훈련, ICT, 과학기술 및 공학 분야를 포함한 고등교육에 등록하도록 지원하는 장학금 수혜 확대)
목표 5. 성 평등 및 모든 여성과 여아의 역량 강화
여성과 여아에 대한 모든 형태의 차별 철폐, 여성의 역량 강화를 위해 ICT를 포함한 기술 사용 확대, 모든 수준에서 여성과 여아의 역량 강화 및 성 평등을 도모하기 위한 건전한 정책과 강제력 있는 법안의 채택 및 강화
목표 6. 모든 사람들의 식수와 위생시설에 대한 접근성 및 관리능력 확보
안전한 식수에 대한 보편적이고 형평성 있는 접근성 보장, 개선된 위생시설에 대한 보편적 접근성 보장, 오염물질 감소, 유해폐기물 제거, 위해 화학물질 방출 최소화, 폐수비율 50% 감소, 재활용 및 재사용 증대, 물 사용의 효율성 증대, 산, 습지, 숲, 물 관련 생태계 보호 및 복원
목표 7. 모두를 위한 적정한 가격의 신뢰성 있고 지속가능한 현대적 에너지에 대한 접근성 강화
현대식 에너지 서비스의 보편적 접근성 제공, 재생에너지 비중의 실질적인 증대, 에너지 효율 개선, 지속가능한 에너지서비스 공급 인프라 확대와 기술 업그레이드
목표 8. 포괄적이며 지속가능한 경제성장과 완전하고 생산적인 고용, 그리고 모두를 위한 양질의 일자리 제공
경제성장, 고부가가치와 노동집약적 분야 집중, 다각화 기술 업그레이드, 혁신을 통해 높은 수준의 경제생산성 달성, 마이크로 엔터프라이즈 및 중소기업의 법인화와 성장을 독려하는 개발중심 정책 추진, 소비와 생산에서의 자원 효율성 개선 및 환경의 질 저하와 경제성장을 분리하기 위한 노력, 동일노동 동일임금 원칙 달성, 실업상태 청년 비중 경감, 아동노동 근절, 일자리를 창출하고 지역사회의 문화와 상품을 알리는 지속가능한 관광을 장려하는 정책의 강구 및 이행

목표 9. 회복가능한 인프라 건설, 포용적이고 지속가능한 산업화 및 혁신 촉진
저렴하고 공평한 접근성에 주안점을 두고, 지속가능하면 회복력 있는 인프라 개발, 국내적 상황에 맞춘 포용적이고 지속가능한 산업화 촉진, 개도국에서 소기업과 기타 기업들의 금융서비스에 대한 접근성 향상과 이들의 가치사슬 및 시장으로서의 편입 증대, 정보통신기술에 대한 접근 향상
목표 10. 국내적 또는 국가 간 불평등 경감
소득불평등 경감, 사회적 · 경제적 · 정치적 포용 촉진과 역량 강화 등
목표 11. 회복력 있고 지속가능한 도시와 거주지 조성
높은 접근성의 지속가능한 교통체계 제공, 세계문화와 자연유산 보호
목표 12. 지속가능한 소비와 생산양식의 보장
자연자원의 효율적인 사용과 지속가능한 관리 달성, 음식쓰레기 반감 및 생산과 공급체인에서 발생되는 식품손실 경감, 예방, 감축, 재활용, 재사용을 통한 폐기물 발생의 실질적인 경감, 지속가능한 개발 및 자연과 조화를 이루는 삶의 방식에 대한 관련 정보와 인식 제고, 일자리를 창출하고 현지문화와 상품을 알릴 수 있는 지속가능한 관광의 지속가능발전 영향을 모니터링할 수 있는 방법의 개발과 이행
목표 13. 기후변화와 대응
국가정책, 전략, 계획에 기후변화 대응 포함
목표 14. 지속가능한 발전을 위한 대양, 바다, 해양자원의 보호와 지속가능한 이용
해양오염 예방 및 대폭 경감, 해양 및 해안생태계에 대한 지속가능한 관리 및 보호, 해양자원의 지속가능한 사용
목표 15. 육상생태계의 보전, 복원 및 지속가능한 이용 증진, 지속가능한 숲 관리, 사막화와 토지 파괴 방지 및 복원, 생물다양성 감소 방지
개선된 숲의 녹화율 확대, 황폐화된 땅과 토양 복구, 사막화 방지, 산 생태시스템의 보존, 멸종위기종의 멸종 방지, 유전자원 활용에 따른 이익의 공정하고 공평한 공유, 보호종의 밀렵과 밀거래 근절, 생태계 및 생물다양성 가치의 회계 통합, 지속가능한 사용과 보존을 위한 자원 및 금융자원의 동원과 증진 등
목표 16. 지속가능한 발전을 위한 평화롭고 포용적인 사회 촉진, 사법 접근성 확보, 모든 차원에서 신뢰할 수 있는 포용적인 제도 구축
모든 차원에서(여론에 대한) 반응성이 높고 포용적이고 참여적이며 대의적인 의사결정권 보장
목표 17. 이행수단과 글로벌파트너십 강화
선진국은 개발도상국에 지원하기로 약정한 ODA/GNI 0.7%를 달성해야 하는 등 ODA 활동을 완수해야 하며, 이 중 0.15~0.2%는 최빈국에 제공, 지역 및 국제협력 강화와 상호 합의에 의한 지식공유 증진과 개발도상국에 유리한 조건으로 환경적으로 건전한 기술의 개발, 이전 보급과 확산 등

출처 한국국제협력단(2015), "지속가능개발목표(SDGs) 수립현황과 대응방안"을 참고로 연구자 재작성.

4. 맺음말

지금까지의 논의를 통해 지속가능한 관광은 SDGs 12에서 논하고 있는 '현지 문화와 상품을 알릴 수 있는' 범주에 제한되어 있는 분야가 아님을 다시 한번 확인할 수 있다. 이러한 관점에서 보면, 지속가능한 관광은 이행목표의 좁은 틀 하나로 논의하는 것 자체가 무리일 수 있다. 그럼에도 불구하고 지속가능한 관광은 국제협력 분야에서 중요한 논의를 차지해 왔지만, 실질적인 협력에 대한 투자로 이어지는 경우가 적었던 분야이기도 했다. 매우 다양한 이유들이 존재할 것이다. 이러한 이유에 대하여 여기에서 자세한 논의를 전개할 필요는 없을 것으로 판단된다.

다만 이 장에서 강조하고 싶은 것은 SDGs에서 지속가능한 관광이 이행수단 중의 하나로 명시적으로 기록되었다는 것이 개별적으로 분리된 목표 달성의 문제 차원의 문제로만 이해될 것이 아니라 지속가능한 관광이 지속가능한 발전을 위한 중요한 수단으로 인식되어야만 한다는 국제적 논의와 노력이 반영되었다는 점에 우리가 주목할 필요가 있다는 점이다. 특히 초기자본이나 자원이 부족한 지역이나 매우 불리한 조건에 처한 많은 지역에서 지속가능한 관광은 해당 사회의 지속가능한 발전을 달성하는 매우 효과적인 수단이 될 수 있다는 점 또한 인식할 필요가 있다. 동시에 선진국을 포함한 많은 나라의 지속가능한 생산과 소비의 패턴을 변화시키는 데 있어 시장의 능동적 참여를 유도할 수 있는 가능성을 지닌 분야이기도 하다는 점이 동시에 강조될 필요가 있다.

제2부

관광 ODA와 실천윤리

제4장

공적개발원조(ODA)의 역사

1. 공적개발원조(Official Development Assitance, ODA)의 정의

이번 장에서는 공적개발원조의 의미와 더불어 세계적 흐름 및 우리나라의 흐름을 검토하고자 한다. 특히 우리나라는 공여국에서 수여국이 된 유래를 찾기 어려운 사례이므로, 공여국으로의 역사와 수여국의 역사를 동시에 검토하였다.

지난 세기 동안 국제사회는 기아와 질병으로 인해 인간으로서 기본적으로 누려야 할 기초적인 생활조건들이 박탈되고 있는 빈곤국을 위해 다각적인 지원활동을 수행해 왔다. 그러나 아쉽게도 그동안의 역사를 살펴보면 '원조'라고 통칭되는 다각적인 지원활동의 목적은 정치논리(Lancaster, 2006)와 외교적 목적 및 각 국가가 처한 경제적 상황을 바탕으로 변화하고 있다. 특히 현실주의적 관점에서 보았을 때, 공적개발원조(ODA)가 선진국의 정치경제적 이익추구를 위해 활용되고 있다는 것은 부정할 수 없는 사실이다(손혁상 · 최정호, 2008).

한편 탈냉전시대 이후 국가 간 이해관계 변화가 국제개발협력에 대한 역할을 변화시키면서, 각국은 국제개발협력을 통하여 국제사회의 인도적 활동을 지원하기 위한 핵심재원을 구축하였다(손혁상, 2010). 즉 세계 각국은 상호협력을 통해 발전을 이루는 것이 효과적이라는 인식과 더불어 신자유주의 확산으로 세계경제가 급속하게 통합되면서 지구 반대편의 문제가 더 이상 먼 곳의 문제가 아닌 지금, 선진국과 개발도상국의 협력은 세계 빈곤퇴치의 절대적 필수조건이 되었다(한국국제협력단, 2008).

이러한 공통적 의견 속에서도 국제개발협력은 관점과 관계 분야에 따라 달리 정의되고 있다[1]. 다양한 논의의 출발점은 국제개발협력을 어떻게 이해하고, 실행하는가에 대한 문제라고 볼 수 있다. 흥미롭게도 다양한 논의 가운데서 각 주체는 국제개발협력사업이 '빈곤'문제를 해결하기 위해 인도주의적 목적을 가지고 국제사회에서 일정한 역할을 수행하고 있다고 공통적으로 인정하고 있다(손혁상, 2010). 즉 국제개발협력은 선진국이 개발도상국의 경제발전 및 복지향상을 위해 공적 자금을 지원하여 국제사회의 빈곤퇴치와 불평등 완화를 목표로 한다는 것이다. 이와 같은 목표는 최근 SDGs를 통하여 전 세계가 지속가능한 발전을 도모하기 위한 목표로 전환되고 있다.

공적개발원조(ODA : Official Development Assistance)란 정부를 비롯한 공공기관이 개발도상국의 경제발전과 사회복지 증진을 목표로 제공하는 원조를 의미하며, 개발도상국 정부 및 지역, 또는 국제기구에 제공되는 자금이나 기술협력을 포함하는 개념으로 정의할 수 있다(ODA Korea, 2016). 이와 같은 ODA의 정의는 경제협력개발기구 개발원조위원회(OECD DAC : Organization for Economic Cooperation and Development, Development Assistance Committee)가 출범한 1961년 이후 통일되어 사용되고 있다(ODA Korea, 2015). OECD DAC에 의하면 공적개발원조는 첫째, 중앙 및 지방정부, 그 집행기관 등의 공적 기관에 의해 제공되어야 하며 둘째, 개발도상국의 경제발전과 복지향상에 기여함을 주된 목적으로 해야 하고 셋째, 공여조건이 완화된 원조, 즉 증여율(Grant element)이

1) 대외원조는 국가의 예산을 국제기구를 통한 다자간, 혹은 국가 간 다자간 지원을 의미하며, 공적개발원조(Official Development Assistance, ODA)나 국제개발협력(International Development Cooperation), 대외원조(對外援助, Foreign Aid)와 혼용되어 사용되기도 한다.

25% 이상인 양허성 조건의 자금이어야 한다. 한편 군사적 목적과 관련하여 지원되는 자금은 공적개발원조에서 제외되나, 인도적 원조나 개발도상국을 지원하기 위해 공여국의 군사력을 사용함에 따라 추가적으로 발생하는 비용은 공적개발원조로 간주한다(한국국제협력단, 2008).

참고 **증여율(Grant element)**

증여율은 원조조건의 유연성을 표시하기 위한 지표로 OECD의 개발원조위원회(DAC)가 채택한 것으로 하나의 원조가 상업베이스의 융자에 비하여 개도국에 어느 정도 유리하게 되어 있는가를 나타낸다. 개도국에 대한 원조에는 자금 등을 증여하는 경우와 증여 이후에 상환받는 경우가 있다. 개도국 측에서는 전자, 즉 증여 쪽을 선호한다. 증여율은 원조의 질을 나타내는 지표로 대부의 이율, 상환기간, 거치기간 등의 함수로 표시되며, 증여의 경우 100%이다. 수치가 높을수록 질이 우수한 원조라고 할 수 있다. 개도국에 대한 정부자금의 흐름 중 증여율이 25% 이상인 것이 ODA로 간주된다. 예를 들어 금리 4.75%, 상환기간 10년, 거치기간 4년인 대부의 경우 증여율이 약 25%가 되므로 ODA라 할 수 있다. 그랜트 엘리먼트, 증여상당분, 컨세셔널 엘리먼트 등으로 불리기도 한다(한국국제협력단 페이스북).

2. 공적개발원조의 역사[2)]

1) 세계적 흐름

공적개발원조의 역사를 살펴보았을 때 국가 간의 협력 및 원조를 의미하는 국가 간 대외원조는 18~19세기에도 존재했다고 볼 수 있으나, 오늘날과 같이 구체화된 형태로서 공적개발원조가 존재하지는 않았다(한국국제협력단, 2016). 구체화된 공적개발원조는 세계가 오랜 전쟁을 끝낸 제2차 세계대전 이후로 거

2) 이 글은 한국국제협력단(2008)과 ODA Korea 웹사이트를 바탕으로 자료를 재구성하였다.

슬러 올라간다.

이 시기는 피폐한 전후(戰後)로 각 대륙 및 국가별로 다방면의 피해 복구가 필요한 때였다. 당시는 전 지구적으로 전쟁에 대한 폐해를 공통으로 인식하고, 주요 전쟁 피해국 및 신생독립국 재건이 절대적으로 필요하였다. 또한 이념을 중심으로 전 세계적으로 대결하는 구도가 구성되어 각 국가별로 다양한 이해관계가 맞물려 있었다. 이에 따라 빈곤과 개발문제의 주요 해결책으로 서구를 모방한 근대화 전략과 대규모 자본 및 기술을 투입한 경제성장방식이 제시되었는데, 그 대표적인 사례가 미국이 유럽재건을 위해 실시한 4년(1948~52)간의 마셜플랜이며, 이것은 주로 인프라 개발 및 기술협력 중심으로 이루어졌다(한국국제협력단, 2008).

참고

마셜플랜(Marshall Plan)

유럽부흥계획(유럽復興計劃, European Recovery Program, ERP) 또는 마셜플랜(Marshall Plan)은 제2차 세계대전 이후 유럽의 황폐화된 동맹국을 위해 미국이 계획한 재건, 원조 계획이다. 미국의 국무장관 조지 마셜이 제창했기 때문에 마셜플랜 또는 마셜계획이라고도 불리며, 공산주의의 확산을 막는 것이 목적이었다.

유럽부흥계획은 1947년 6월에 있었던 구-미 회의에서 조직되었다. 미국은 구소련과 그 동맹국에게도 '정치적 개혁과 외부 감독을 받는 조건하에' 동일한 원조계획을 제시했었다. 사실 구소련이 이 계획의 이점을 취할 것을 우려해 미국은 일부러 받아들이기 곤란한 조건을 제시했었다. 물론 소련은 제안을 거절했다.

미국은 경제협력개발기구에 가입한 유럽국가들에게 유럽부흥계획에 따라 1947년 7월부터 4년(회계연도 기준)간 총 130억 달러에 해당되는 경제적 · 기술적 지원을 해 주었다. 이를 현재 가치로 환산하면 약 1,300억 달러에 해당된다. 원조가 끝난 후 독일을 제외한 모든 국가의 경제력은 전쟁 전 수준으로 회복되었다. 그리고 그 후 20년간 서유럽 국가들은 유례없는 성장과 번영을 누렸다.

또한 유럽부흥계획은 유럽 내 국가 간의 관세거래장벽을 철폐하고 각국의 경제수준을 맞추기 위해 설치한 기구 등을 통해 유럽 통합화의 첫 번째 계기가 되었다. 본래 이것들은 미국의 경영방식을 체계적으로 도입하기 위해 만들어진 것이었다(위키백과, 2016).

〈마셜플랜 홍보 포스터〉

출처 마셜파운데이션(http://marshallfoundation.org/marshall/the-marshall-plan/marshall-plan-poster-contest/).

① 1960년대

1960년대 공적개발원조는 당시의 시대적인 배경을 바탕으로 동서진영의 이데올로기 성향(미국 중심의 자유진영과 구소련 중심의 공산진영)에 따라 영향력 확대를 위한 수단의 일부로 원조를 실시하였다. 한편 개발의 주요 전략은 경제성장과 현대적 기술전수가 도시와 농촌 및 빈부격차 감소로 이어진다는 적하 이론(Trickle down theory)을 근간으로 이루어졌다. 즉 개발도상국은 산업화를 통해 해당국가의 경제 전반을 이끄는 성장동력을 구축하고, 이것이 자동적으로 국가 전체의 경제성장을 도모한다는 것이다. 따라서 주요 원조형태는 중앙정부와 협력하는 물리적 인프라 구축이 중심이 되었으며, 이를 위해 선진국은 개발도상국에 재정 지원과 전문가 파견을 활발하게 진행하였다.

한편 1960년대는 아프리카 신생독립국이 증가하였고 많은 개발도상국이 UN에 가입하였다. 또한 남북문제 해결이 국제개발협력의 주요 과제로 대두되었다(한국국제협력단, 2008). 이에 따라 남북문제 해결을 위해서 IDA(International Development Association, 국제개발협회 이하 IDA), OECD DAC, UNDP(United Nations Development Programme, 유엔개발계획 이하 UNDP) 등 주요 공여국 협의체와 국제기구가 설립되어 다자간 협력체계를 이룩하였다. 일부 보고서에서는 이 시기를 개발의 황금기로 보았다. 특히 이 시기에는 사하라 이남의 아프리카 및 개도국의 경제성장률이 높았고, 미국, 영국, 프랑스 등 주요 공여국과 세계은행의 원조규모도 증가한 것으로 보고되었다.

참고 **남북문제(南北問題, North - South Problem)**

남북문제란 이미 고도성장을 이룩한 미국 · 유럽 · 일본 등의 선진국가(北國)와 제2차 세계대전 후에 독립을 성취하여 뒤늦게 경제개발에 착수한 아시아 · 아프리카 · 중남미 등의 저개발국(南國) 사이에는 현격한 경제적 격차가 있으며, 그 격차가 축소되기는커녕 확대되어 간다고 하는 현실인식에서 대두된 경제적 · 사회적 · 정치적 문제를 총칭한 말이다. 남북문제라는 표현은 1959년 2월 영국의 로이드 은행 총재였던 올리버 프랭크스(Oliver Franks)가 처음 사용했고, 이후 일반화되었다(위키문헌, 2016).

② 1970년대

1970년대는 공적개발원조가 빈곤감소 및 실업감소라는 명확한 목적과 연결되기 시작한 시기로 1960년대 개발성과에 대한 한계를 절감한 시기이다(ODA Korea, ODA 포털, 2016). 이는 60년대에 팽배했던 적하이론(Trickle down theory)과 같은 간접적 방법으로는 빈곤감소 및 불평등 해결에 한계가 있으므로, 빈곤퇴치를 위해 보다 더 직접적으로 빈곤층을 대상으로 해야 할 필요가 있다는 인식에 기반하고 있다. 이때부터 세계은행은 '성장과 재분배', ILO 및 UNDP는 인간의 기본적 욕구(BHN : Basic Human Needs) 충족에 초점을 맞추었다. 즉 1960년대의 양적 원조전략에서 '인간의 기본적 욕구'에 초점을 맞추어 의식주, 교육, 위생 등의 기초 생활수준 향상을 위한 질적 원조전략으로 전환되었다.

이러한 관점에 따라 운영된 프로젝트는 소농을 대상으로 하는 지역 기반 통합농촌개발 프로젝트, NGO의 역할이 확대되었으며 저개발국가로 봉사자가 파견되기 시작했다. 그러나 이러한 지역중심 프로젝트는 실제적으로 복잡한 설계와 행정역량 부족 등과 같은 이유로 수행에 한계가 나타났다. 한편 이 시대는 오일쇼크로 원조규모가 일시적으로 감소했으나, 개발도상국이 경제위기를 극복할 수 있도록 원조액이 다시 증가하였고, 원유수출국의 원조가 늘어난 것도 특징이다(ODA Korea, ODA 포털, 2016).

③ 1980년대

1980년대에 공적개발원조 기관들의 주요 관심은 성장의 주요 제약요인을 제거하는 것으로 바뀌었다. 국제적으로는 국제 금융체제의 구조조정이 발생하였다. 당시 레이거노믹스(Reaganomics), 대처리즘(Thatcherism)으로 대표되는 신자유주의 경제관은 개발원조분야에도 영향을 미쳤다. 이들의 주요 정책적 특징은 재정지출 삭감, 공기업 민영화, 규제 완화와 경쟁 촉진 등으로, 작은 정부를 지향하였다(경향신문, 2013; 현대경제연구소, 2004).

선진국에서는 신자유주의적 시각에서 공공부문의 축소가 이루어졌고, 이는 개도국에 대해서도 비슷한 공공개혁을 요구하는 것으로 나타났다. 특히 멕시코와 브라질의 국가지불유예 선언이 계기가 되어 민간부문 확장, 무역자유화, 정부지출 감소를 목표로 한 구조조정프로그램이 실시되었다. 이러한 프로그램은 교육, 보건과 같은 핵심적 공공서비스 제공의 축소를 야기하였고, 수여국의 개발환경을 고려하지 않은 일률적인 처방이라는 비판이 일어나기도 하였다. 80년대 중반 이후에는 공여국들의 경제위기 극복과 공공부문 확장, 저소득국의 상황악화로 인해 ODA가 다시 증가하였고, 일본이 가장 큰 공여국으로 부상하였다. 한편 사하라 이남 아프리카에 대한 주요 보고서들이 출판되었고, 대규모 재난사건이 급증하면서 NGO를 통한 긴급구호가 크게 확대되었다(ODA Korea, ODA 포털, 2016).

참고

긴급구호(인도적 지원) Emergency relief

'긴급구호' 또는 '인도적 지원'의 목적은 인위적 재해와 자연재해 당시 및 직후에 생명을 구하고, 고통을 경감하며 인간의 존엄성을 보장하는 것으로, 이러한 재해상황을 예방하고 대비태세를 강화하는 것이다. 또한 인도적 활동은 민간인과 더 이상 전쟁에 가담하지 않는 비전투원들을 보호하는 것이며, 이재민들에게 식량, 식수, 위생, 주거, 보건 등의 서비스를 제공하는 것이고, 이들이 재난 전의 생계환경으로 복귀할 수 있도록 돕는 것을 말한다(Good Humanitarian Donorship, 2003). 우리나라는 해외긴급구호에 관한 법률(시행 2014.11.19)과 법률시행령을 제정하고 해외 긴급구호에 참여하고 있다.

④ 1990년대

1990년대에는 동서 간 냉전(冷戰)이 막을 내리면서 공적개발원조가 이념적 경쟁수단에서 벗어난 시기이며, 이와 같은 양극화를 벗어나면서 세계화가 이루어졌다. 특히 냉전이 끝나면서 구소련 체제전환국(transformation)과 동유럽 사회주의 국가에 대한 관심도 커졌다. 이들 국가는 공산당독재, 중앙집권 명령경제체제, 이데올로기 독점 등을 특징으로 하는 사회주의 체제가 경제부문뿐만 아니라 정치부문과 이데올로기부문에서 급격한 변화와 단절로 나타났다(김근식, 2010).

한편 1990년대는 민주화 지원과 같이 원조에 있어 정치적 차원이 강화되었으며, 1992년 유엔환경개발에 관한 회의(리우회의)를 계기로 환경과 지속가능한 개발에 대한 관심도 증가하였다. 세계화의 진전과 함께 고채무빈국 이니셔티브(HIPC Initiative) 형성을 비롯하여, 인권, 인구, 아동, 여성, 식량 관련 국제 결의문이 채택되어 추후 국제개발협력의 기반을 다지게 된다. 또한 이 시기는 섹터 프로그램, 정책 대화, 건전한 국가행정(Good Governance)을 갖춘 개도국에의 원조집중현상, 역량개발에 대한 관심증가를 특징으로 볼 수 있다. 이때는 선진국들의 재정적자, 원조효과에 대한 회의감(원조피로), 환경분야로의 재원이동 등으로 원조액수가 감소했으나, 인도적 지원은 늘어났다(ODA Korea, ODA 포털, 2016).

참고

냉전(冷戰, Cold War)

냉전(冷戰, Cold War, Холóдная война)은 제2차 세계대전 이후부터 1991년까지 미국과 소비에트연방을 비롯한 양측 동맹국 사이에서 갈등, 긴장, 경쟁 상태가 이어진 대립시기를 말한다. '냉전'이라는 표현은 버나드 바루크가 1947년에 트루먼 독트린에 관한 논쟁 중 이 말을 써서 유명해졌는데, 이것은 무기를 들고 싸운다는 의미의 전쟁(영어 : hot war 열전)과 다르다. 당시에 냉전 주축 국가의 군대가 직접 서로 충돌한 적은 없었으나, 두 세력은 군사동맹, 재래식 군대의 전략적 배치, 핵무기, 군비경쟁, 첩보전, 대리전(proxy war), 선전, 그리고 우주 진출과 같은 기술개발 경쟁의 양상을 보이며 서로 대립하였다.

제2차 세계대전 당시 종전을 앞두고 4년간 구소련, 미국, 영국, 프랑스, 중화민국은 나치 독일, 대일본제국, 이탈리아 왕국 등의 추축국 세력에 맞서 동맹을 맺고 함께 싸웠으나, 전후 세계 재편성을 놓고 이견을 보였다. 구소련은 자국이 점령한 유럽국가 중 어떤 지역은 일부 소비에트 사회주의 공화국에 병합시키고 그 밖의 지역은 위성국가로 삼아 공산권을 형성하였는데, 이 가운데 상당수 나라는 나중에 바르샤바조약으로 뭉치게 된다. 한편 미국과 여러 서유럽국가들은 전체주의와 공산주의를 봉쇄하는 방어정책을 펴 북대서양조약기구(NATO)를 만들었다. 본격적인 위기의 시작은 그리스 내전, 구소련의 베를린 봉쇄와, 제2차 세계대전 승전국이자 안보리 상임이사국이던 중화민국이 중화인민공화국에 의해 지지 기반이 약해지고 있던 때부터다.

유럽의 여러 나라들, 특히 서독이 마셜플랜의 원조를 받았다. 라틴아메리카나 동남아시아 등 세계 다른 지역에서 구소련은 공산혁명운동을 지원하였는데, 미국과 해당 지역의 동맹 세력은 이에 대항하여 때로 군사적 개입을 감행해서 복잡한 결과를 낳았다. 당시 많은 나라가 북대서양조약기구나 바르샤바조약기구 중 한 곳에 가입하거나 이 기구들을 지지했으며 비동맹운동을 결성한 나라도 있었다(위키백과, 2016).

⑤ 2000년대

2000년대 들어 전 세계는 새천년개발목표(MDGs)가 수립되어 공적개발원조의 핵심목표가 절대빈곤퇴치임을 재천명하였다. 세계은행과 IMF도 부채탕감 및 양허성 차관 지원조건으로, 거시경제개혁, 구조조정, 사회정책전략을 포함하는 빈곤감소 전략 보고서를 요구하게 되었다. 이 시기는 9·11테러 이후 테러리즘, 대량 난민발생과 같은 문제가 대두되는 분쟁/취약국가에 대한 안보지원이 크게 증가했으며, 재난구호에 대한 관심도 확대되었다. 또한 몬테레이 UN

개발재원회의, 항공권연대기금 등 혁신적 개발재원 마련을 위한 회의들이 개최되었다. 원조효과성 향상에 체계적으로 기여할 수 있는 구체적 목표와 지표가 파리선언으로 도출되었으며, 이에 따라 국제사회는 예산지원 등의 프로그램형 접근법과 비구속성 원조를 강화하기로 하였다(ODA Korea, ODA 포털, 2016).

참고 **원조 효과성 제고를 위한 파리선언(Paris Declaration on Aid Effectiveness, 2005)**

이 선언은 원조가 효과적으로 전달되어 개발도상국의 빈곤감소 및 사회 경제적 개발에 기여할 수 있도록 공여국 및 공여기관들의 원조관행을 제고하기 위한 노력의 일환으로 2005년 3월 OECD 파리본부에서 열린 OECD/DAC 원조공여국 고위급회의에서 채택되었다.

동 선언문 채택을 통해 DAC 회원국, 개도국, 공여국 등 91개국 대표, 26개 국제기구의 대표들은 ① 수원국 주도의 개발협력(Ownership), ② 원조제공자 간 협력관계 수립(Harmonization), ③ 수원국의 기관과 제도체계를 사용한 일관된 원조수행(Alignment), ④ 성과중심 원조관리(Management for Results), ⑤ 상호책임(Mutual Accountability) 아래 5개 원칙에 합의하였다.

원조의 효과성 제고를 위한 파리선언은 단순한 선언에 그치지 않고 이행을 위한 성과측정 지표, 목표 및 달성시점 등을 구체적으로 제시하고 있으며 현재 공여국과 수원국이 이행을 위해 노력을 기울이게 되었다. 특히 동 선언문의 이행은 MDG 달성 및 개도국 역량 강화에 긍정적 영향을 미쳤으며, 이 선언은 원조공여 당사자들과 수원국 모두를 아우르는 국제개발 커뮤니티에 모두가 참여하는 국제개발협력 파트너십의 구축을 위한 50개 항목의 구체적인 약속(Partnership Commitments) 및 이 약속을 실질적으로 진전시켜 나가기 위한 지표로서 12개 항목의 발전목표(Indicators of Progress)를 수립하였다(외교부, 2016).

이 선언은 2008년 아크라의 제3차 고위급회의를 통해 아크라 행동 계획(Accra Agenda for Action, AAA)을 통해 주인의식, 포괄적 파트너십, 성과지향의 3개 분야에서 개선점을 제시하였다. 한편 이는 2011년 부산의 제4차 고위급회의의 부산선언으로 이어졌다.

⑥ 2010년대

2010년대에 들어서는 다시 원조가 무역, 투자, 송금 등 다른 재원과 함께 개발 기여에 무게가 실리며 '원조와 원조 이상의(Aid and Beyond)' 논의로 나아가고 있다. 더불어 기후변화, 분쟁취약성, 공정무역 등 최근 부각되는 범지구적 과제를 효과적으로 다루기 위해 중국과 같은 신흥공여국 및 기업, 재단, 시민사회단체를 포함하는 민간개발자금의 비전통적 원조 주체를 효과적으로 활용하는 새로운 원조체제에 대한 구상도 진행되고 있다(ODA Korea, ODA 포털, 2016).

2) 한국의 흐름

한국은 수여국에서 공여국이 된 흔치 않은 사례이다. 이에 따라 수여국 역사와 공여국 역사가 공존하고 있다. 한국의 수여국 역사는 일제강점기와 한국전쟁 직후 복구를 위하여 시작되었다. 실제적으로 한국은 경제발전의 재원(財源)을 전적으로 ODA에 의존했다(손혁상 · 최정호, 2008). 한편 공여국으로서의 역사는 수여국 지위에서 적극적인 프로그램 운영을 통한 원조효과가 우수한 국가로서 시작되었다고 볼 수 있다. 이를 1950년대부터 살펴보면 다음과 같다.

① 1950년대

1950년대 한국전쟁 직후에 이루어진 원조는 전쟁으로 초토화되어 민간투자의 유인이 취약했던 우리나라로 유입되는 유일한 외국자본이었다. 이 시기의 원조는 한국에서 벌어진 재난에 대처하기 위한 긴급구호에 집중되었다. 미국정부는 1952년부터 시작된 한국에 대한 원조가 군사적 방어, 안정 및 재건에 초점을 맞추어져 이루어졌다고 논의하였다. 또한 의식주를 해결할 수 있는 물자 및 식량원조 중심의 소비재 지원이 주를 이루었고, 경공업 육성을 위한 중간재 지원도 있었다. 이 시기 한국은 원조자금에 높은 의존도를 보였으며, 주요공여국은 미국으로, 우리나라는 미국으로부터 5억 5천30만 달러에 이르는 원조를 받았다. 1953년부터 1962년까지 미국의 원조는 한국 수입 평균 69%를 차지하였다(ODA Korea, 2016; US Embassy, 2016).

② 1960년대

1960년대는 경제구조 전환기로 성장 및 투자가 화두였다. 대부분이 무상원조였던 이전 복구시기와는 달리, 1960년대부터는 양허성 차관이 도입되어 대기업 등을 중심으로 사회간접시설 구축과 전략적 수출 및 수입대체산업 육성을 위한 프로젝트 원조와 자본재 지원이 이루어졌다. 개발 재원으로써 원조의 상대적 중요성이 줄어들었으며, 공여국도 미국 외에 일본의 비중이 증가하였다.

한편 우리나라는 1963년부터 개발도상국을 대상으로 개발원조를 시작하는 원조공여국으로 활동하고 있었다. 한국은 성공적인 경제발전에 대한 국제사회의 관심에 대응하여 1963년 미국국제개발처(USAID)의 원조자금에 의한 개발도상국 연수생의 초청사업을 시작하였다. 이후 1965년부터는 우리 정부 자금으로 개발도상국 훈련생 초청사업을 실시하였으며, 1967년에는 해외로 전문가를 파견하기 시작했다. 1967년에도 외무부 주관으로 UN 및 기타 국제기구와의 협력사업으로 외국인 초청프로그램을 실시했다.

③ 1970년대

우리나라는 1970, 80년대 대규모 개발사업과 중화학공업 발전의 추진을 위해 도입된 과도한 외채부담에 대한 우려 속에서, 과거 단위사업 중심의 프로젝트 차관을 특정 부문의 종합적 개발을 위한 섹터차관 및 경제 · 산업 전반의 구조를 조정하기 위한 구조조정 차관으로 전환하였다. 특히 1970년대 후반부터 1980년대까지 한국이 지원받은 차관 중 비양허성 자금의 비율상승과 함께 원조규모가 감소하였다. 주요 공여국이던 미국을 대체하는 일본의 역할 대두와 독일, IBRD, ADB 등 공여기관의 다원화가 나타났다.

한편 1970년대 중반까지는 주로 유엔기구 등의 자금을 지원받아 개발원조를 실시하였으나, 우리 경제가 성장하자 개도국으로부터의 원조수요가 매년 증가하여 점차 우리 정부 자금에 의한 원조 규모가 확대된 시기이다. 특히 1975년

노동부가 개도국 기능공 초청연수를 시작했다. 1977년 외무부가 최초로 9억 원의 예산을 확보하여 우리나라 기자재를 개도국에 공여하여 물자지원사업이 시작되었다.

④ 1980년대

1982년부터 한국개발연구원(KDI)이 개도국 주요 인사를 초청하여 우리의 개발경험에 대한 교육을 실시하는 국제개발연찬사업(IDEP)을 시작했다. 1984년에는 당시 건설부에서 현재의 개발조사사업에 해당하는 무상건설기술 용역사업을, 노동부에서는 직업훈련원 설립 지원사업을 시작하였다.

1986년 아시안게임과 1988년 서울올림픽에 즈음하여 외채 감축과 국제수지 흑자의 실현으로 우리나라의 개발원조가 본격화되었다. 우리나라의 경제규모 증가와 국제무대에서의 위상 제고로 그에 상응하는 국제적 책임 수행이 요청되는 시기이다. 이와 더불어 대외 무역의존도가 높은 우리나라로서는 개도국에 대한 수출증진 및 우리 기업의 진출기반을 마련하기 위해서도 ODA 증대를 통한 개도국과의 협력강화 필요성이 증대되었다. 또한 1987년 재무부가 300억 원을 출연하여, 대외경제협력기금(Economic Development Cooperation Fund, 이하 EDCF)을 창설하고 기금의 운용을 한국수출입은행에 위탁하였다.

특히 1989년 EDCF는 나이지리아에서 최초 차관계약 체결되었다. 이와 더불어 1989년 우리나라 정부는 UNESCO 한국청년해외봉사단원 파견사업을 시작하였다.

⑤ 1990년대

1990년대는 원조 수원국에서 순수 원조 공여국으로의 원조지위전환기라고 할 수 있다. 1991년에는 무상원조 전담기관으로 외무부 산하 한국국제협력단(Korea International Cooperation Agency)을 설립하여 개도국에 대한 본격적인 원조제공의 기반을 구축하였다. 그리고 KOICA가 1992년 프로젝트사업과 1995년 국제협력요원파견 및 민간원조단체(NGO) 지원사업을 시작하였다. 한국은 1995년 세계은행의 차관 졸업국이 되었으며 2000년 DAC 수원국 리스트에서도 제외되었다.

한편 우리 정부는 1992년 세계은행(World Bank) 및 1993년 아시아개발은행(ADB)과 협조융자협약을 체결하였다. 이에 따라 1995년에 한국국제협력단 주관으로 국제협력연수센터(ICTC)가 개원하였고, 베트남에서 KOICA와 한국수출입은행 간 최초 연계 지원 승인을 얻었다.

한국은 1996년 29번째 회원국으로 OECD에 가입하여 빈곤저개발상태의 신생개발도상국 중에서 최초로 경제협력체 회원국에 합류하였다.

⑥ 2000년대

2000대에 우리나라에서는 원조 공여에 대한 국민적 관심이 제고되면서 원조의 급격한 양적 확대가 이루어졌다. 2005년에는 우리나라의 미주개발은행(IDB : Inter-American Development Bank) 가입으로 다자간 원조 확대를 위한 새로운 전기가 마련되었으며, 우리나라 공적개발원조 규모는 7억 달러를 돌파하였다.

또한 2006년 최초로 한-아프리카 장관급 경제협력회의(KOAFEC)를 개최하여 아프리카에 우리나라의 경제개발경험을 전수하고, 한국-아프리카 간 경제협력 활성화에 이바지하게 되었다. 이와 더불어 2006년에도 국무총리실 산하 국제개발협력회가 설치되었으며, 한국수출입은행 설립 이래 2008년에 대외경제협력기금 연간승인액이 초과하였다. 한편 2009년에는 대한민국 정부파견 해외봉사단 단일 브랜드인 'World Friends Korea'가 출범하였다.

참고 **World Friends Korea**

2009년 정부에서 분산되어 있던 각 행정부처의 해외 봉사단사업을 통합하여, 'World Friends Korea'가 출범하였다.

당시 외교통상부(現 외교부)의 KOICA해외봉사단, 행정안전부(現 안전행정부)의 대한민국 IT 봉사단, 교육과학기술부(現 교육부)의 대학생 봉사단 및 개도국 과학기술지원단이 하나로 통합되었고, 이듬해 2010년 외교통상부(現 외교부)의 중장기 자문단, 지식경제부(現 산업통상자원부)의 퇴직 전문가, 그리고 문화체육관광부의 세계태권도 봉사단이 WFK로 세계 각지에서 함께 활동하게 되었다.

⑦ 2010년대

2010년 한국은 선진 공여국의 포럼인 DAC의 24번째 회원국이 되었으며, G20에서 서울개발컨센서스(2010)를 이끌어내는 데 주도적인 역할을 하였다. 또한 2011년 부산 세계개발원조총회를 주최하여 효과적인 개발을 위한 새로운 글로벌 컨센서스 형성에 기여하고 있다.

표 2-1 한국의 수원 역사 : 원조 전환기에 따른 구분

기간	목적	형태 및 양식	분야 및 구성	원조 의존도	주 공여자
1945~1952 해방 직후 ~전쟁기	• 긴급구호 (인도적 지원)	• 증여(100%) • 구호물품	• 구호물품 • 교육 • 토지개혁	• 원조가 주요 외화유입 수단	• 미국
1953~1962 이승만 대통령 재임기	• 군사방어 • 안정 전후 재건	• 증여(98.5%) • 구호물품 • 기술협력	• 농업 • 물자, 식량 지원 • 군사원조 • 소비/중간재	• 원조의존도 높음	• 미국 • UN
1963~1979 박정희 대통령 재임기	• 전환기 • 성장/투자	• 양허성 차관 (70%) • 경제원조	• 사회간접 자본 • 수입대체 및 수출지향적 사업 • 프로젝트 원조 및 중간 및 자본재	• 절대/상대적 원조 중요성 감소	• 미국 • 일본
1980~1992 전두환, 노태우 대통령 재임기	• 안정 및 성장 균형	• 비양허성 차관	• 섹터 차관	• IDA 수원국 명단 졸업	• 일본 • 독일 • 국제금융 기구
1993~2003 김영삼, 김대중 대통령 재임기	• 금융위기	• IMF 구제 금융	• 구조조정 프로그램	• ODA 수원국 명단 졸업	• IMF • IBRD

출처 정우진(2010), "Successful Asian Recipient Countries : Case Studies of Korea and Vietnam", 국제개발협력, 2010년 3호를 바탕으로 재구성.

3. 우리나라 공적개발원조 현황

1) 우리나라 공적개발원조 역사

1945년 해방 직후부터 1990년대 후반까지 우리나라가 지원받은 원조금액은

약 126억 달러에 달하며 이는 우리나라가 절대적 빈곤을 탈피하고 경제성장을 이룩하는 데 중요한 기반이 되었다.

이에 반하여 우리나라의 공여국으로서의 역사는 아직 짧은 편이다.

우리나라의 대외원조는 1987년 대외경제협력기금(EDCF : Economic Development Cooperation Fund)이 설치되면서 시작되었으며, 1991년 대외원조 전문기구인 한국국제협력단(KOICA)이 설립되면서 추진체계가 확립되었다. 이와 함께 우리나라는 국내외적으로 국제개발원조의 효율적 추진을 위해 노력하기 시작했는데, 그 노력의 결실은 크게 'OECD DAC 가입'과 '「국제개발협력기본법」 제정'의 두 가지로 요약할 수 있다. 우리나라는 1997년부터 DAC 옵서버(Observer) 자격을 취득해 주요 회의에는 계속 참석해 오다가 정식 가입을 추진하였으며 2007년 11월에 DAC는 한국개발협력에 대한 특별검토 실시를 결정하고, 2008~2009년 동안 엄격한 심사와 방한 실사를 거쳐 마침내 2009년 11월 DAC 회원국 전원합의로 우리나라의 OECD DAC 가입이 확정되었다. 우리나라가 DAC 회원국이 됨에 따라 정부는 2010년 1월에 「국제개발협력기본법」을 제정하였다. 이 법의 제정목적은 그동안 행해지던 우리나라의 ODA를 좀 더 체계적이고 효율적으로 수행하기 위한 것으로 국제개발협력의 기본정신과 목표, 원칙, 추진체계 등이 담겨 있다. 「국제개발협력기본법」에서는 '공적개발원조'를 '국제개발협력'이라는 용어로 표현하고 있는데 이 법에서는 '국제개발협력'이란 "국가·지방자치단체 또는 공공기관이 개발도상국의 발전과 복지증진을 위하여 협력대상국에 직접 또는 간접적으로 제공하는 무상 또는 유상의 개발협력과 국제기구를 통하여 제공하는 다자간 개발협력"으로 정의하고 있어, '원조'보다는 '협력'의 의미를 더욱 강조하고 있다.

2) 우리나라 공적개발원조 현황

우리나라는 ODA 관련 정책적 인프라를 구축하려는 노력과 함께 규모도 증가시켜 왔다. 2000년에는 2억 달러 정도에 불과했지만, 2009년에는 8억 달러가 넘어 10년 사이에 규모가 4배 정도로 확대되었다. 특히 2005년에는 아프가니스탄, 이라크 등의 전후복구지원 증가, 미주개발은행(IDB) 가입에 따른 신규 출자 등의 예외적인 요인으로 원조규모가 급증하여 752.3백만 달러, GNI의 0.1%까지 성장세를 보였다. 또한 2010년 OECD/DAC에 가입하게 되면서 총 ODA 약 12억 달러를 기록하며 절대 규모 면에서 큰 증가를 보였다.

우리나라는 신흥원조공여국으로 지속적으로 ODA를 증대시켜 왔다. 그러나 총 국민소득 대비 ODA 비율(ODA/GNI)이 2011년을 기준으로 0.12%에 머물러 세계 13위인 경제규모에 비해 낮은 수준이다. 이는 DAC 회원국의 2011년도 평균 ODA/GNI 비율인 0.31% 및 UN 2015년 목표치 0.7%에 못 미치는 수준이고, 2015년에는 0.140을 달성하여 달성목표 0.25%의 절반 수준에 머무르고 있다.[3)]

한편 한국의 ODA 운영체계는 양자 간 협력과 다자간 협력으로 나뉘고, 양자 간 협력은 기본적인 실시체계가 무상원조와 유상원조로 이원화되어 있다(외교통상부, 2010).

양자 간 ODA의 분야별 지원은 사회 인프라와 서비스, 경제 인프라와 서비스, 생산부문(농림축산, 광공업, 무역 및 관광 등), 인도적 지원, 행정비용 및 기타로 구분된다. 2008년의 원조 분야별 지원은 사회 SOC에 696.0백만 달러로 양자 간 ODA(승인액 기준)의 47.8%가 지원되었으며, 경제 SOC에 544.5백만 달러(37.4%), 생산부문에 77.44백만 달러(5.3%) 순으로 지원되었다. 관광분야는 생

3) 한국은 2010년 0.120, 2011년 0.120, 2012년 0.140, 2013년 0.130, 2014년 0.130, 2015년 0.140을 기록하고 있다.

산부문에 분류되어 있으며, 사업규모 및 내용에 따라 다른 부문과 비교하여 낮은 비율로 지원되고 있으나 점차적으로 증가하는 추세에 있다.

표 2-2 양자간 ODA의 분야별 현황[2004~2008] (승인액 기준) (단위 : 백만 달러)

구분	2004	2005	2006	2007	2008
Ⅰ. 사회 인프라와 서비스 ①	314.32	398.25	403.09	410.50	696.00
Ⅱ. 경제 인프라와 서비스 ②	113.12	138.12	170.95	402.86	544.52
Ⅲ. 생산부문 ③	18.80	50.25	33.50	128.99	77.44
- 관광	0.1	0.21	0.2	3.87	0.52
Ⅳ. 인도적 지원 ④	12.90	36.87	24.62	35.51	55.78
Ⅴ. 행정비용	17.51	19.38	25.31	31.54	31.51
Ⅵ. NGO에 대한 지원	1.75	4.54	5.34	6.83	9.10
Ⅶ. 기 타 ⑤	5.06	10.39	12.69	37.03	40.60
합계(Ⅰ~Ⅶ)	483.45	657.79	675.50	1,053.26	1,454.95

출처 OECD(2010), http://stats.oecd.org/Index.aspx?DataSetCode=ODA_SECTOR
참고 ① 교육, 보건, 인구정책, 식수공급 및 위생, 공공행정, 기타 사회 인프라 등, ② 운송, 통신, 에너지 개발 및 공급, 금융 및 재정서비스 등, ③ 농림수산, 광공업, 무역 및 관광 등, ④ 재난구호, 긴급식량원조, 재건구호 등, ⑤ 환경보호, 여성개발, 개발인식 증진 등.

표 2-3 양자 간 ODA의 분야별 현황[2009~2014] (승인액 기준) (단위 : 백만 달러)

구분	2009	2010	2011	2012	2013	2014
Ⅰ. 사회 인프라와 서비스 ①	522.92	1,034	749.89	833.49	1,373	967.08
Ⅱ. 경제 인프라와 서비스 ②	1,139	697.15	643.68	529.68	588.91	812.92
Ⅲ. 생산부문 ③	74.31	114.71	252.19	315.85	148.7	256
Ⅳ. 인도적 지원 ④	18.38	23.67	22.85	18.05	38.51	72.92
Ⅴ. 기 타 ⑤	52.99	59.77	96.31	91.14	111.93	119.04

출처 https://data.oecd.org/oda/oda-by-sector.htm

표 2-4 연도별 ODA 지원현황 (순지출, 달러기준) (단위 : 백만 달러, %)

구분	2003	2004	2005	2006	2007	2008	2009	2010	2011	2012	2013	2014
총 ODA	365.9	423.3	752.3	455.3	696.1	802.3	816.0	1173.8	1324.6	1597.5	1755.3	1856.7
양자 간 원조비중 (%)	245.2 (67.0)	330.8 (78.1)	463.3 (61.6)	376.1 (82.6)	490.5 (70.5)	539.2 (67.2)	581.1 (66.1)	900.6 (76.7)	989.6 (74.7)	1183.2 (74.1)	1309.5 (74.6)	1395.8 (75.2)
무상원조 비중 (%)	145.5 (59.3)	212.1 (64.1)	318.0 (68.6)	259.0 (68.9)	358.3 (73.1)	368.7 (68.4)	367.0 (68.1)	573.9 (63.7)	575.0 (58.1)	714.9 (60.4)	809.0 (61.8)	883.7 (63.3)
유상원조 비중 (%)	99.7 (40.7)	118.7 (35.9)	145.3 (31.4)	117.1 (31.1)	132.2 (26.9)	170.6 (31.6)	214.1 (39.7)	326.7 (36.3)	414.6 (41.9)	468.3 (39.6)	500.5 (38.2)	512.1 (36.7)
다자간 원조비중 (%)	120.7 (33.0)	92.6 (21.9)	289.0 (38.4)	79.2 (17.4)	205.6 (29.5)	263.1 (32.8)	234.9 (28.8)	273.2 (23.3)	335.0 (25.3)	414.3 (25.9)	445.8 (25.4)	461.0 (24.8)
ODA /GNI (%)	0.06	0.06	0.1	0.05	0.07	0.09	0.1	0.12	0.12	0.14	0.13	0.13

출처 ODA Korea(OECD Stats, EDCF 통계 DB/자료 업데이트 : 2016.02.04).
기타 ODA 통계 관련 문의 : 수출입은행 경협총괄부.[4)]

3) 우리나라 공적개발원조 운용시스템

한국의 ODA 담당 기관은 총괄 및 조정기구, 주관기관, 시행기관으로 구성되어 있다. 먼저, 국제개발협력위원회는 총괄 및 조정기구로서, ODA에 관한 정책들이 종합적 · 체계적으로 추진될 수 있도록 주요 사항에 대하여 심의 · 조정을 실시한다.

또한 국무조정실에 개발협력정책관실을 신설(2010년 1월)하여, 국제개발협력위원회의 사무국 역할을 수행하도록 하고 있다. 한편, 기획재정부와 외교부는 각각 유상원조와 무상원조의 주관기관으로, 이들은 각 분야별 5개년 기본계획과 연간 시행계획안을 작성하여 이행을 점검하고 있다. KOICA와 한국수출입

4) 한국의 총 ODA 규모는 2014년에는 1,856(백만 달러), 2015년에는 2,010(백만 달러)로 집계되었다.

은행은 각각 무상원조와 유상원조를 집행하는 시행기관의 역할을 하며, KOICA 이외의 30여 개 정부부처 및 지방자치단체에서도 무상원조를 수행하고 있다.

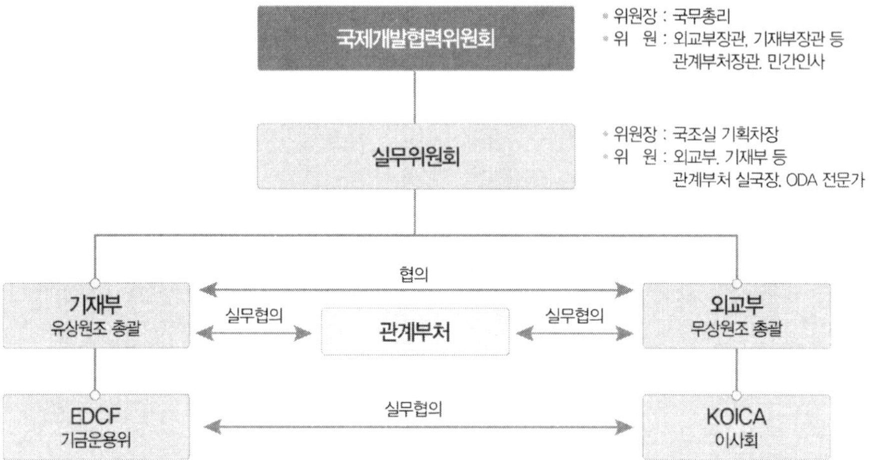

그림 2-1 현 행정부의 ODA 정책 추진체제

출처 외교부 웹사이트(www.mofa.go.kr).

제5장

관광 ODA의 역사와 사례

1. 관광 ODA의 역사

지난 세기 동안 관광은 산업의 발달과 더불어 소수를 위한 특권에서 대중을 위한 권리로 변화하며 대중의 기대를 충족시키는 활동으로 인식되었다(Franklin, & Crang, 2001; 최영희, 2010).

관광에 대한 대중의 인식전환은 포디즘과 맞물려 북반부 국가들의 대량 관광 유발로 이어지면서 일반인의 관광기회를 확대한 바 있다. 그러나 아쉽게도 이와 같은 대규모 관광객 유입을 도모하기 위한 대규모 관광지 개발은 관광지의 사회문화와 자연환경을 파괴하며, 지역과 계층 간 격차를 확대하는 부정적 결과를 초래하고 말았다. 이러한 현상은 다양한 분야를 연구하는 학자들에 의하여 논의된 바 있다. 특히 Britton(1982)은 이 같은 현상을 '종속모델(dependency model)'에 의거하여 논의하였다. 즉 선진국 출신의 관광객이 후진국 또는 개발도상국에 위치한 관광지에 방문하고 소비하면서 선진국과 개발도상국의 경제적 격차를 유지하게 되는 현상을 나타낸다고 보았다. 따라서 그는 관광산업 그 자체가 남북문제를 갖고 있으며, 대량적 관광형태가 이를 강화시킨 측면이 있다고 논의하였다.

한편 최근 전 인류의 경제적 발전과 사회적 통합 및 환경보전을 도모하고자 하는 지속가능한 발전(sustainable development)이 핵심 의제로 부상하면서, 관광분야에서는 기존의 대량관광의 부정적 효과를 비판하며 관광산업을 구성하는 각 주체에게 반성과 책임감 있는 행동을 요구하게 되었다(Mowforth & Munt, 1998; Singh & Singh, 2004).

이와 같은 전 지구적 관광문화의 변화는 결과적으로 관광과 관련된 각국의 정책과 국제협력 정책 및 방향에 영향을 미친 것으로 판단된다. 특히 정책적 변화는 다음과 같은 경향성을 바탕으로 구성되고 있다.

첫째, 관광문화는 관광이 지역사회 문화와 자연자원의 가치회복을 도모하는 가치 중심적 현상이며, 관광객의 도덕적 신념을 실천하는 하나의 방안이 되는 도덕적 관광(ethical tourism)이 확대되고 있다. 또한 관광에 대한 인식과 역할 변화는 관광분야에서는 지속가능한 관광(sustainable tourism), 생태관광(ecotourism), 지역주민 중심의 관광(community based tourism, 이하 CBT)이라는 새로운 개념의 관광상품 및 개발 방안이 제시되고 있으며, 순이익(net benefits) 달성을 통한 빈곤 감소에 기여하는 관광(Pro-Poor Tourism, 이하 PPT)이라는 접근법이 제시되고 있다(DFID, 1997; Goodwin, 2009). 이와 같은 흐름을 파악하기 위해 다음의 관광분야 ODA를 논의하고자 한다.

둘째, 전 지구적 관점에서 지역 · 계층 간 격차를 줄이고, 인류의 동반적 발전을 위해 공적개발원조 규모 확대에 대한 세계적 공감이 확산되는 추세이다. 1990년대 이후 세계경제체제의 상호 의존성 증대에도 불구하고 세계화 가속에 따른 개도국(developing country)의 주변화와 빈곤화가 심화되면서 개도국 지원을 위한 국제사회의 공동 노력이 확대되어 왔다. 특히 전 지구적 단위에서 높은 비율의 생물다양성을 보유하고 있는 개도국은 ODA를 통해 관광산업의 확대가능성을 모색하고 있다(SCBD, 2004, 2007). 이와 관련하여 빈곤 감소를 목표로 하는 관광분야 ODA는 지역주민 역량강화와 생태관광 이니셔티브가 핵심이 되어왔다.

셋째, 앞서 논의한 PPT는 관광을 통한 빈곤감소에 대한 논의를 지속가능한 관광과 발전이라는 개념을 통하여 좀 더 통합적이며, 현실적인 관점에서 논의하고 있다. 이와 같은 논의는 전 지구적 차원에서 인류의 '지속가능성'을 논의하고 관광산업을 비롯한 전체 산업분야 간 협력을 통하여 지속가능성을 확대하고자 하는 형태로 발전하고 있다.

넷째, 무엇이 어떻게 '지속가능성'을 확보할 수 있는가에 대한 심도 깊은 논의가 이루어지면서 '관광산업'에 대한 현실적이고도 구체적인 관광분야 ODA 방안이 논의되고 있다.

1) 관광분야의 ODA 흐름

지금까지의 다양한 통계수치와 선행연구를 결과를 바탕으로 하여 보면 관광분야의 ODA는 낮은 비율을 차지하고 있다. 그러나 개도국이 풍부한 생물다양성과 문화자원을 바탕으로 시장진입과 경제적 편익을 비교적 얻기 쉽다는 측면에서 관광분야 ODA는 점차적으로 증가하고 있다.

세계은행(World Bank) 조사보고서에 따르면 저소득국가(Low income countries)가 MDGs를 달성하기 위하여 만든 전략서에서 56개국의 80%가 경제성장, 고용 등을 통한 빈곤감소에서 관광산업을 논의하고 있다. 특히 관광산업을 통하여 많은 외화를 획득하고 있는 일부 국가(에티오피아, 탄자니아, 우간다, 가나, 나이지리아, 모잠비크, 케냐, 캄보디아, 온두라스 등)에서는 관광산업을 농업 및 공업과 동일한 수준에서 논의하고 있다(Hawkins & Mann, 2007).

최근 관광분야의 ODA 형태는 지속가능한 관광(sustainable tourism)을 바탕으로, 관광자원의 유지보호와 인적 역량강화를 핵심으로 한다. 특히 우리나라의 관광분야 ODA는 다른 나라와 비교하였을 때 금액과 섹터에 있어서 시작단계로, 현재까지의 ODA사업의 평가에 따라 확산가능성이 있다고 판단된다(최영희, 2010). 다양한 형태의 관광분야 ODA사업 사례분석 결과에 따르면 관광분야 ODA는 종합적으로 ① 지역주민과 지역사회의 협력을 바탕으로 한 시설개발, ② 생태계관리(쓰레기 관리와 자연자원관리), ③ 인적자원의 역량강화를 위한 교육기회 확대, ④ 관광정책 개발, ⑤ 관광홍보 관리로 요약할 수 있다. 이와 같은 관광사업의 형태는 관광객 유치를 위한 기본적 활동부터 자원의 관리까지 포괄하며, 해당국가에서 지속적으로 관광사업이 가능하도록 상황을 변화시키기 위한 노력을 포괄하고 있다.

대량의 하드웨어를 중심으로 하는 관광개발보다는 소프트웨어적 측면에 집중하고 있으며, 관광개발과 자원관리에 있어서 공여국의 지식 및 기술을 전수하고 있다. 그러나 관광산업 자체가 각 국가별 · 지역별 · 사회문화적 · 환경적 차별성을 바탕으로 성장하고 있으므로, 관광분야 ODA는 표준화된 형태의 지원으로만 이루어지기 어렵다. 따라서 수혜국의 정부 및 주민의 전방위적 협조가 필수적인 사항이다.

이들 사업의 특성을 현재의 관광추세와 연계하여 보면, 지역의 빈곤감소를 목표로 한다는 측면에서 '빈곤감소를 위한 관광PPT'이고, 지역주민의 참여를 바탕으로 하는 '지역주민중심의 관광CBT'이며, '지역의 생태 · 문화 · 경제적 지속성을 추구한다는 측면에서 생태관광'과 맞닿아 있는 경우가 다수를 차지한다.

특히 지속가능한 발전을 위한 SDGs가 MDGs를 대체하면서, 인류의 공존과 발전을 위하여 구체적으로 실천되어야 할 목표가 설정되었다. 이러한 목표는 관광산업 자체만을 통한 수원국의 단편적인 빈곤감소보다는 지속가능한 발전을 위한 각 산업 간 연계와 현실적 문제해결의 측면에서 수원국의 관광산업문제를 재진단할 수 있는 기회를 맞이하게 되었다. 그러나 이를 위한 각 산업 관계자 간 통합논의가 필요한 실정이다.

표 2-5 OECD DAC 국가의 관광분야 ODA 추이 (단위 : 백만 달러, %)

구분	연도					
	2006년	2007년	2008년	2009년	2010년	2011년
관광분야 ODA(A)	417.91	51.94	59.11	134.13	65.03	100.67
양자 간 ODA 총액(B)	99,214.03	93,901.32	116,251.29	105,073.84	117,654.73	113,388.27
관광분야 ODA 비중(A/B)	0.42%	0.06%	0.05%	0.13%	0.06%	0.09%

출처 신용석(2013), 관광분야 ODA 확대방안, KCTI 정책리포트, 한국문화관광연구원.

2) 관광 ODA의 역사

세계은행은 1960년대 중반 이후 개발(development)의 기재(tool)로 관광사업을 활용해 왔다. 이들이 보고한 보고자료를 보면, 개발의 기조가 어떻게 구성되느냐에 따라 정부기관, 민간사업자, 그 외 개발관계자에 따라 관광개발의 형태는 변화를 거듭하고 있다. 이와 더불어 다자간의 협력은 각 기관의 개발목표에 따라 국제협력분야에서 관광개발의 형태를 달리하고 있다. 즉 관광개발에 대한 각 기관의 목표가 설정되어 있는 것이다(Hawkins & Mann, 2007). 따라서 각 기관 간 이해관계는 차이를 나타낼 수밖에 없게 되었고, 이러한 현상 자체는 관광분야 ODA가 다소 단편적인 형태로 이루어지는 한계로 나타난 것으로 판단된다.

관광개발의 형태는 직접적인 관광개발을 비롯하여, 관광개발과 관련한 기술적 지원(technical advice)을 포함하고 있다.

이와 같은 관광 ODA의 형태적 변화에 대하여 세계은행은 관광을 통한 ODA를 대량 개발(Macro development), 이탈(Disengagement), 지속가능한 개발(sustainable development), 소규모 개발(Micro development)의 4단계로 나누어 논의하고 있다. 각 개발단계별 연도는 1960년대 후반부터 2000년대 초반을 포괄하고 있다.

▌표 2-6▌ 관광 ODA의 형태 변화

구분	연도	주요 특징
대량 개발 (Macro development)	1969~1979	• 경제개발이 주요 목표 • 관광분야의 하드웨어 구축 • 패키지 투어 등 대량관광 도모
이탈(Disengagement)	1980~1990	• 관광개발투자의 감소 • 관광하부시설, 인적자원 개발 집중
지속가능한 개발 (sustainable development)	1991~1999	• 환경의 중요성에 대한 공감대 형성
소규모 개발 (Micro development)	2000~2006	• 지역주민 중심의 관광개발 도모 • 도덕적 관념 중심의 관광행태 확대

① 1970년대 대량 개발(Macro development)

앞서 논의한 Britton(1992)의 관점에서 보면, 관광은 그 자체가 남북문제를 갖고 있다. 이들의 논의를 바탕으로 하여 보면 70년대 후반의 관광관련 사업은 이를 강화시킨 시기였다. Clancy(1999)는 종속이론(dependency)과 근대화(modernization) 패러다임을 1970년대에서 80년대까지 관광의 정책적 경제발전을 분석하는 데 집중하였다. Britton(1982)은 자연과 문화자원에 대한 과밀 및 집중현상과 조절되지 않는 성장전략으로 자연의 퇴행성을 논의하였다(Hawkins & Mann, 2007).

세계은행 보고서에 따르면, 관광개발은 1966년 모로코와 튀니지에 차관협정을 통하여 지원되면서 시작되었다. 1966년부터 1979년 동안 19개 기관이 17개의 국가에 5억 9천만 달러를 지원하였다. 대부분의 차관은 제조업과 관광산업에서 필요로 하는 하드웨어 구축에 집중되었다. 따라서 주요 개도국에서 관광개발이 적극적으로 이루어졌다고 판단할 수 있으며, 이는 동시대의 관광형태를 반영하고 있다.

② 1980년대 이탈(Disengagement)

1970년 생산적인 경제활성화 전략으로 급성장한 관광산업(Harrison, 1992)은 더 이상의 지원이 필요하지 않을 수 있다는 세계은행의 결정으로 귀결되고, 결과적으로 월드뱅크 내에서 관광산업 ODA와 관련된 해당부서는 더 이상 지속되지 않았다. 즉 관리자는 시장과 개별섹터가 최적의 성장 엔진이며, 더 이상의 차관은 필요치 않다고 판단한 것으로 보인다. 또한 관광과 관련된 분야가 매우 높은 인력비용을 비롯하여, 자연자원개발과 관련한 다양한 크로스커팅 이슈를 포괄하고 있는 것 또한 문제점으로 지적되었다. 즉 관광을 통한 자연의 손상에 대한 우려가 컸던 것이었다. 이에 따라 월드뱅크의 경우, 1981년부터 1990년까지 매우 적은 관광관련 프로젝트를 진행하였다. 물론 많은 개발도상국에서 관광개발 분야의 협력 요청이 이어졌으나, 이들 프로젝트는 1980년대에 UNDP 및 세계관광기구(UN World Tourism Organization, 이하 UNWTO)로 이관되었다. 이들 기구는 재정지원을 비롯하여, 기술지원, 마스터플랜(Master plan) 등을 포괄하여 지원하였다. 또한 이 기간 동안 유럽이 새로운 개발지원 세력으로 등장하여 84개국(아프리카, 남미, 태평양 국가 등)을 지원하였다.

이것을 배경으로 하여 보면 1980년대에 관광산업은 개발도상국과 공적개발원조를 통하여 성장하였으며, 관광하부시설, 인적자원의 개발, 관련 정책 및 제도의 개선이 이루어졌다.

한편 잠비아, 튀니지, 케냐의 경우 주요 유럽여행 대행사(숙박시설, 교통시설에 투자함)가 관광목적지의 과밀화로 인한 관광매력성 감소로 여행사가 밀려나는 현상이 발생하였다. 1980년대에 프로젝트를 진행한 이들의 완료 리포트에서 프로젝트 초과량은 수여기관과 수혜국에서 비용초과로 이어졌다. 즉 잘못된 관리방침이 프로젝트 결과에 절대적으로 영향을 미치는 현상을 설명하는 사례로 남게 되었다.

③ **1990년대 지속가능한 개발(Sustainable development)**

1990년대는 개발도상국의 관광 개발, 정책 등에서 확연히 차이가 나타나는 것을 밝힌 시기이다.

워싱턴 컨센서스(Williamson, 1999)가 있었던 90년대 초반은 MDGs가 빈곤감소를 위하여 첫 번째로 이행되어야 하는 목표로 받아들여지는 시기였다.

세계은행은 저소득 국가(Low income countries)의 MDGs 달성 전략서에서 56개국의 80%가 '관광산업'이 필요함을 논하고 있다(Hawkins & Mann, 2007).

이 시기에는 지속가능한 '개발'에 대한 논의가 지속가능한 '관광'의 논의로 이어지게 되었다. 환경적 · 사회적인 지속가능성에 대한 논의는 세계은행 및 수여기관에 새로운 기회를 제공하였다. 특히 환경과 빈곤에 대한 논의는 개발수여기관이 환경에 대한 이슈를 이해하고, 정부차원의 어젠다임을 인식하게 하였다. 즉 환경문제는 빈곤으로 인하여 발생하고 또 영향을 미치게 된다는 것이다. 또한 관광산업이 이 악순환을 해결할 수 있는 주요한 해결책으로 제시되었다.

이 시기의 프로젝트는 주로 환경적 · 문화적 · 사회적 주제를 중심으로 진행되는 양상을 나타냈다. 세계은행에 따르면 44개 프로젝트가 34개 국가에서 수행되었는데, 핵심주제는 생물다양성이었고, 10%는 문화유산 보전을 위하여, 나머지 단 1개의 프로젝트가 '명확한' 관광산업 프로젝트였다. 그러나 아쉽게도 이 시기의 프로젝트는 당면문제 해결에만 집중하고 있으며, 거시적 관점 또는 크로스섹터적인 전략적 사고나 계획과는 다소 거리가 있었다(Markandya, Pedroso, & Taylor, 2003; Hawkins and Mann, 2007에서 재인용).

④ **2000년대 소규모 개발(Micro development)**

세계은행의 경우, 이 시기에 관광산업과 관련된 프로젝트는 3천5백만 달러가 넘는 것으로 나타났다. 이에 따르면 94개국에서 진행 중인 프로젝트가 16개의 GEF(Global Environment Facility)로 관광분야를 포괄하여 운영되고 있는 것이다.

특히 개별사업분야에 대한 기술적 지원, 소액금융지원은 70여 개의 프로젝트가 진행 중에 있으며(Hawkins & Mann, 2007), 이러한 형태의 지원은 거대한 자본과 소규모 사업 공급자 간의 연계(linkages)를 확대하기 위한 것이다. 결과적으로 다자간 투자보증기관은 정치적으로 불안정한 관광개발 목적지에서도 위험완화를 보증하여 주며, 이는 투자 홍보를 확대시켜 주는 것이다.

표 2-7 세계은행의 관광산업 관련 프로젝트

구분	프로젝트 수	예산규모(백만 달러)
동아시아와 태평양	11	1,085
유럽과 중앙아시아	13	230
라틴아메리카와 캐리비안	30	515
중동과 북아프리카	9	495
남아시아 지역	2	19
사하라 지역	29	640
국제금융회사	70	544
총계	164	3,528

출처 Mann, S.(2005), Development through tourism : The world bank's role, Washington DC : World Bank.

세계은행이 시행한 프로젝트 중 잠비아의 'Support for economic expansion and Diversification project', 니카라과의 'Competitiveness Project', 요르단의 'Second tourism Project'는 관광산업 투자와 관련한 장애 및 제약요인을 밀도 있게 검토하였다. 이는 소액투자 정책조정, 공공-개별 사업연계를 확장하기 위해 논의되었으며, 결과적으로 '가치사슬(Value Chain)'방식을 활용하여 구성되었다. 가치사슬방식은 소규모 사업 공급자와 지역주민에게 경제적 혜택을 집중시켜 지역을 직접적으로 발전시키는 내용을 중심으로 하고 있다. 관련 연구와 분석에 따르면, 가치사슬방식 적용에 따른 변화는 공급사슬 내에서 중요성 인지, 국제협력에 따른 효율성 및 경쟁력 측정 등이다. 이전의 관광산업 분석이 산업구조 및 국가중심의 전체 비교적 수익 관점의 분석에 집중하는 경향을 보이는 것과는 차이를 보이는 것이다. 물론 가치사슬방식의 적용이 관광산업과 연관된 전 분야를 바꾸기에는 어려움이 있으나, 지역중심의 직접적 관광사업 활성화를 도모하고 있다는 점은 매우 긍정적인 변화로 판단된다.

즉 이 시기의 관광산업ODA 형태는 거시적 관점보다 미시적 관점에서 현실적인 문제를 해결하는 것에 집중하고 있으며, 이는 관광산업의 소규모 분야의 발전을 도모하는 것으로 귀결된다. 이는 각 관광산업 분야를 직접적으로 발전시키며, 이것이 지역의 발전을 도모하는 형태로 연계되어, 지속가능한 발전으로 이어지도록 하는 것이다.

⑤ 2000년대 관광 ODA 논의 : 빈곤 감소에 기여하는 관광(Pro-poor tourism)

관광산업을 통한 경제적 편익은 관광의 형태, 관광객의 기대수준과 관광사업 운영자(host)의 능력이 이에 부합할 때 발생하는 것으로 볼 수 있다(Smith, 1978). 따라서 관광의 효과는 모두를 위한 편익과 같은 매우 긍정적인 관계부터 매우 파괴적이고 부정적인 갈등까지 일련의 연속체를 평가해야 한다.

이와 더불어 카트(Emanuel de Kadt, 1984)는 관광을 다음과 같이 논의하였다. "관광산업은 직업을 창출하고, 농업과 다른 분야와의 연계를 도모하고, 기회를 창출하며(특히 젊은이와 여성), 기업활동을 장려하고, 기본시설과 직업훈련 및 교육에 대한 투자를 통하여 빈곤층의 삶의 질을 개선할 수 있다. 그러나 '성장(growth)'만으로는 특별한 관심을 필요로 하는 빈곤층에게 적정한 시간과 물질적 편익의 분배를 통한 빈곤 극복의 가능성은 충분하게 설명되지 못하는 한계를 나타내고 있다."

국제협력기관 및 학계에서는 관광산업의 도입에 따라 PPT가 논의의 관점을 초반기에는 '행위(doing)'에 집중하다가 이후 이론(theory)과 비경제적 요소(non economic)인 전통, 진정성, 상용화 등에 집중하게 되었다고 한다. 아쉽게도 이 과정에서 빈곤은 무시되기도 한다.

실제적으로 지금까지 논의된 대안관광은 지속가능한 관광, 생태관광, 지역주민 중심의 관광 등으로 볼 수 있으나, 각 개념이 지향하고 있는 목표는 규모 및 형태상의 차이를 나타낸다고 할 수 있다. 이와 달리 PPT는 MDGs에 부응하는 것으로 관광의제 중심에 '빈곤'을 위치시킨 것으로 볼 수 있으며, 주요 대상자는 관광기획자, 개발실무자라고 할 수 있다(DFID, 1999). 즉 '관광'을 통하여 직접적으로 달성하고자 하는 목표를 분명히 하고 있는 것이다. 또한 PPT의 특성상 SDGs와의 연계성, 전략적 활용 등에 대하여 구체적으로 논의할 수 있을 것으로 판단된다.

참고

무엇이 PPT인가?

PPT는 빈곤층을 위한 순이익을 창출하는 관광을 의미한다.
즉 PPT는 특별한 상품 또는 관광분야가 아니라 전체적인 접근법을 의미하며, PPT 전략은 관광분야의 크기를 확장하는 것이 아니라, 경제적 소득 증대와 생계를 위한 편익 또는 빈곤층을 위한 의사결정 협정과 같은 기회 획득을 목표로 한다(Ashley, Roe, & Goodwin, 2001).

이를 각 단계별로 살펴보면 다음과 같이 논의할 수 있다.

1단계 : 관광은 빈곤감소에 기여
2단계 : 그리고 관광은 빈곤감소에 좀 더 기여할 수 있도록 기획 가능
3단계 : PPT는 어떠한 관광분야에도 적용될 수 있으며, 실제적으로 PPT는 단순히 틈새시장(niche)이 아니라고 할 수 있다.

즉 PPT의 3단계는 실제적으로 지속가능한 관광이 될 수 있도록 각 분야를 연계하는 조직적 과정을 과제로 갖고 있다고 할 수 있다. 전략적으로 이와 같은 과정을 해결할 때 지역주민의 역량 강화를 통한 빈곤감소라는 측면에서 SDGs와도 연계될 수 있을 것으로 판단된다.

SDGs와 PPT 전략

PPT는 관광산업을 통하여 지역의 빈곤감소와 발전을 추구한다는 측면에서 매우 중요한 발전전략으로 PPT는 전략적 측면에서 다음과 같은 측면을 고려할 때 SDGs와의 연계가 강화될 수 있다. 이를 구체적으로 살펴보면, 첫째, 수여지역의 경제발전을 통한 경제적 소득 확대 둘째, 비금융방식의 생계 확대 셋째, 지역주민의 참여와 공여 주체와의 파트너십 강화로 구분되어 제시될 수 있다.

표 2-8 PPT 전략의 형태

경제적 소득 확대	비금융방식의 생계 확대	참여와 파트너십 강화
• 현지 고용 및 임금 확대 • 현지 기업의 참여기회 제공 • 공동수입 창출 : 입장료, 요금 등 분배	• 역량 강화 및 직업훈련 강화 • 환경 영향 완화 • 자연자원의 경쟁적 사용 제한 • 사회적 · 문화적 영향 개선 • 인프라와 서비스에 대한 지역 접근 증대	• 지지하는 정책 또는 계획기구를 창출 • 의사결정(정책결정)에 있어 빈곤층의 참여 확대 • 민간부문과 빈곤감소를 위한 파트너십 구축 • 정보 및 의사소통 교류 확대

출처 www.propoortourism.org.uk/strategies.html

이와 더불어 PPT 전략은 다양화될 수 있다. 특히 지역주민 고용확대부터 전문가와의 자문을 위한 메커니즘 형성까지 이어질 수 있다. 따라서 어떠한 형태(규모)의 관광기업도 PPT에 참여할 수 있다. 결과적으로 핵심은 관광을 통해 빈곤층의 순이익을 확대시키는 것이다. 이제 우리에게는 다음의 과제가 남게 된다.

1단계 관광기업과의 연계 메커니즘 창출

2단계 관광 목적지 수준에서 시장 접근 도모

3단계 창의적 사고의 제휴(연계) : 공급자 측면, 수요자 측면, 시장기능, 국제적 연대

표 2-9 PPT의 과제

과제	현상 확인
• 좁고 국지적인 정의	• 사실, 금융제약 있음
• 빈곤층에게 많이 전달되지 못함	• 사실에 가까움
• 빈곤감소와 PPT 간의 불명확한 연계성	• 사실에 가까움
• 균등과 변화에 대한 시도가 저조	• 명시적으로 사실
• 시장 또는 상용 가능성 무시	• CBT가 그런 특성을 지님
• 대량 관광에 대한 무시	• 어느 정도 사실

관광산업을 중심으로 하는 ODA는 개도국에서 여타 공업이 발달하지 못한 한계로 수려한 자연원시의 모습을 간직하고 있어, 자연자원과 생물다양성을 바탕으로 발전할 수 있다는 측면에서 매우 유리하다. 그러나 사업의 지속성을 확보하기 위한 지역주민의 역량강화 교육이 다른 사업과 비교하였을 때 다소 장기간의 노력이 필요하다는 측면과 자본투여 이후 인명구조 효과와 같은 극적인 결과를 기대하기 어렵다는 측면 등에서 소외되어 온 것으로 보인다.

그러나 지역주민의 역량강화에 따른 지속가능성 확보가 선행되어야 하며, 이는 관광산업이 직접적으로 지역주민과 소규모 개별 사업자에게서 발생하고 연계되어야 한다는 가치사슬방식과도 맞물려 논의될 수 있을 것이다. 이는 국제개발협력사업에서 관광사업이 지향해야 하는 일종의 목표점을 나타내고 있다.

2. 관광 ODA 사례

표 2-10 국가별 관광분야 ODA 사례

공여국(기관명)	수원국	주요 사업명	사업내용
한국(KOICA)	에콰도르	• 지역주민 중심의 생태관광(갈라파고스)	인적 개발, 관광자원개발
	카자흐스탄	• 관광 마스터플랜	관광개발계획 수립, 인적 개발
	인도네시아	• 인도네시아 산림환경보전 및 생태관광역량강화	관광자원 유지 보호, 역량 강화
일본(JICA)	요르단	• Amman 도심지 관광지구 개발 • 사해 파크웨이, 파노라믹 콤플렉스 개발 • 암만 국립박물관 개발 • Karak 관광 개발 • Raghadan 버스터미널	인적 개발, 관광자원 유지 보호, 고대유물 보호
미국(USAid)	나미비아	• 나미비아 관광분야 지식 및 기술 개선프로그램 • 생태관광 가이드 훈련 프로그램	관광기술 개발
	브라질	• 환대사업과 관광분야 개발 프로그램	관광기술 개발
	필리핀	• 생태관광자원 보호 프로그램	관광자원 유지 보호, 역량 강화
	스리랑카	• 생태관광자원 보호 프로그램	관광자원 유지 보호, 역량 강화
아시아 개발은행 (ADB)	캄보디아, 라오스, 중국, 미얀마, 태국, 베트남	• 메콩강 유역 관광 개발사업	관광자원 유지 보호, 인적 개발

출처 최영희(2010)를 참조하여 재구성.

1) 에콰도르 갈라파고스 국립공원

사업개요

- 사 업 명 : 지역주민 중심의 생태관광, 갈라파고스 휴(休) 까사호텔 건축
- 사업기간 : 2009년 2월~2009년 8월(6개월)
- 사업규모 : 총 투입금액 $78,720.24(한국 투입금액 $29,920.24)
- 수원기관 : 갈라파고스 주정부
- 지원내용 : 관광인력 교육, 관광숙박시설 건축, 관광홍보 활동

사업대상지의 특성

갈라파고스 군도(The Galápagos Archipelago)는 에콰도르 연안에서 서쪽으로 약 1,000㎞ 떨어진 태평양에 위치하고 있으며, 이곳에 존재하는 파충류의 91%, 포유류의 79%, 곤충의 57%, 조류의 49%, 식물류의 42%가 고유종(endemic)으로 갈라파고스의 생물학적 가치를 나타내고 있다. 특히 '갈라파고스'로 불리는 코끼리거북이는 출생 섬의 환경에 따라 14종으로 구분되고 생물보전 중요성의 징표가 되어 지역의 생물학적 가치가 생태관광지로서의 명성으로 이어지고 있다.

갈라파고스 관광산업은 1970년대 58명의 관광객을 태운 배가 정차하면서 공식적으로 시작되어, 1970년대 말까지 관광객은 4,500명으로 증가하였고, 2007년에는 연간 145,000명 이상의 관광객이 방문하면서, 지역경제의 원동력이 되었다. 그러나 갈라파고스의 관광수익은 아쉽게도 북미 또는 유럽의 자본가에게 유출되는 것으로 다양한 보고서를 통하여 알 수 있다. 결과적으로 갈라파고스 관광객은 증가하였지만, 지역의 수익은 감소하는 현상으로 이어지고 있다.

사업목적

관련 사업의 목적은 다음의 세 가지로 요약할 수 있다. 첫째, 관광객을 위한

관광숙박시설(펜션) 5개동 신축 및 홍보, 지역주민 교육을 실시하는 것이다. 둘째, 관광객과 여행사 홍보를 통해 관광객 모객 및 지역주민의 소득향상이다. 셋째, 지역주민 중심의 생태관광 모델을 구축하고, 관광사업에 따른 지속가능성을 확보하는 것에 있다.

사업의 주요 내용

- 지역주민 농장에 생태관광 중심의 '휴(休)' 까사호텔 5개소 신축
- 휴(休) 까사호텔의 전략적 홍보
- 지역주민 대상 관광사업 교육

표 2-11 갈라파고스 휴 까사호텔 예산 투입내역

구분	지역주민		갈라파고스 주정부		KOICA	
예산 투입내역	목재	9,000	건축 자재	31,000	건축자재	25,020.24
	인건비	3,000	홍보이벤트	2,200	웹페이지·홍보	4,000
	교육참여비	600	교육과정운영	3,000	교육과정개발	900
	합계	US $12,600	합계	US $36,200	합계	US $29,920.24

* 지역주민의 경우, 현금을 투입한 것이 아니라, 위 금액에 상당하는 노동력, 보유자원(목재 등) 등을 투입했음.

사업 산출물

이 사업을 통하여 관광객을 위한 다섯 채의 펜션(통나무집)이 건축되었다. 다섯 채의 펜션은 갈라파고스 국립공원에서 허가를 통하여 건축을 위한 최소한의 목재만을 사용하였다. 특히 화장실에만 시멘트와 타일을 사용하여, 전체 건축물 중 시멘트 비율을 최소한으로 유지하고자 하였다. 또한 자연자원을 최대한 응용하기 위하여 빗물정수 시스템을 설치하여 빗물을 상수로 사용하였고, 하수 및 분뇨처리도 지역주민만의 자연적 방식을 응용하여 건축하였다.

한편 사업운영을 위하여 지역주민은 자신들의 거주지역 명칭을 응용하여 'Santa Rosa 지역주민 생태관광협회'를 만들고 사업운영체제를 구축하였다. 이와 더불어 지역주민은 생태관광에 대한 이해, 관광객 응대를 위한 영어 및 서비스 교육, 갈라파고스 고유 요리 등을 총 50시간 동안 전문가를 통하여 교육받았다. 또한 지역주민은 관광분야 홍보를 위하여 사업에 대한 웹사이트를 개설하는 동시에 페이스 북을 이용한 개별적 홍보를 진행하였다.

지역주민 회의 / 지역주민 교육 / 사업홍보 인터뷰

호텔용 식기 / 호텔 내부 1 / 호텔 내부 2

그림 2-2 갈라파고스 사업관련 사진

참고 이 사례는 저자(최영희)가 참여한 사업이고, 사진은 직접 촬영하거나 지역주민과 회의 및 인터뷰하는 모습임.

사업 효과

이 사업은 KOICA - 갈라파고스 주정부 - 지역주민이 동시에 참여한 새로운 사업모델을 제시하였다는 데 가장 큰 의의가 있다. 또한 지역주민의 건축사업과 지역주민 대상 교육사업, 관광홍보를 동시에 진행하여 하드웨어와 소프트웨어가 동시에 개발되는 통합적 현장사업의 형태이며, 특히 지역주민의 역량강화에 중점을 두고 있다. 원활한 사업의 실현을 위하여 관련 기관 및 관계자들과 협력적 관계를 수립하여 전략적 다각화를 도모하였으며, 직접적으로 지역주민의 교육과 참여라는 '지속가능한 생태관광' 및 '지역주민 중심의 생태관광' 사업을 실천하였다.

이 사업은 향후 개도국 지원 시 통합적 시스템(하드웨어 및 소프트웨어)의 방향을 제시하는 의미를 갖고 있다고 평가되고 있다.

2) 인도네시아 산림환경보전 및 생태관광학교 역량강화사업

사업개요

- 사 업 명 : 인도네시아 산림환경보전 및 생태관광학교 역량강화사업
- 사업기간 : 2007~2009년
- 사업규모 : 1,000천 달러
- 수원기관 : 인도네시아 산림부(Ministry of Forestry)/ 산림교육훈련원(Center for Forestry Education and Training, 이하 CFET)
- 지원내용 : 산림중앙교육훈련원 건축 및 개보수, 기자재 공연, 전문가 파견, 연수생 초청

사업목적

인도네시아 산림부 산림중앙교육훈련원을 활용하여 산림부 산하 산림보호자연보전청 소속 공무원(특히 국립공원 등 보호지역 관리자와 산림보전 담당

공무원들) 중에서 중앙관리자급을 주 대상으로 산림환경의 보전과 생태관광을 통한 소득증대 등 지속가능한 산림관리를 위한 교육·훈련 프로그램을 구성하였다. 특히 교육교재 및 교육훈련체계를 수립하였고, 우리나라 정부는 교육효과 확대를 위한 강의실 증축 및 관련 기자재를 제공하였다.

사업의 주요 내용

이 사업은 2단계로 나뉘어 총 2년(24개월) 동안 운영되었다.

먼저 1단계(12개월)는 SECEM(School of Environmental Conservation and Management, 네덜란드 지원사업, 이하 SECEM) 교육과정에 활용할 수 있는 교육프로그램 및 교재개발, 교안 작성, 강의실 개·보수 시작, 교육·훈련 시 필요한 기자재를 제공하였다.

2단계(12개월)는 개발된 교육프로그램의 시범시행(인도네시아 측에서 시범사업관련 모든 경비 부담)에 대한 평가를 통해 최종 프로그램 및 교재 확정, SECEM 운영을 위한 지침 등을 제안하여 운영하였다.

사업 산출물

이 사업은 인적자원 파견, 기자재 지원, 국내 연수 등 다양한 분야의 산출물을 기록하고 있다.

먼저, 전문가 파견이다. 이 사업은 전문가(산림환경보전 2명, 생태관광 2명, 환경교육 1명, 현지 연구원 1명) 파견을 통하여 교육훈련 프로그램과 교재 작성 및 시범교육을 통해 최종 프로그램을 구성하고 교재를 제출하였다.

두 번째는 기자재 지원이다. SECEM 강의실 개·보수 및 교육 훈련관련 기자재 32개 품목을 제공하고, 인도네시아 현지에 한국 측 GIS 및 컴퓨터 전문가를 활용하여 컴퓨터 배치 및 교육 시스템 구축에 필요한 자문을 제공하였다.

✓ 국내 초청 및 현지 연수

국내 초청 및 현지 연수는 고위급 연수와 일반연수로 구분하여 진행[5]하였다. 연수내용은 강사진의 역량강화를 목적으로 하며, 생태관광 프로그램 개발 및 국제환경 이슈와 동향에 대한 파악을 위한 정보 및 자료 수집과 홍보로 구성하였다.

현지 연수는 인도네시아 현지에서 국내 전문가와 교재개발 전문가, SECEM 강사, CFET 관계자, SECEM사업 관계자 등이 보전지역 관리, 생태관광 등에 대한 현장 토론을 통해 실질적인 문제에 대한 해결방안을 논의하여 제시하였다.

✓ SECEM 건물 증축

보고르(Bogor)에 위치한 산림중앙교육훈련원의 경우 교육장소가 협소하므로 새로 설치되는 SECEM사업의 원활한 진행을 위해서 강의실, 컴퓨터 교육실, 강사실 등을 증축하였다.

✓ 강의용 교재 개발

SECEM 강의에 필요한 과목을 총 5개 과목으로 선정하고, 5개 과목 중에서 생태관광관리는 6개의 모듈로 구성하고 나머지 4개 과목은 3개씩 교재를 만들었다. 또한 모든 교재는 100페이지 이상의 분량으로 작성, 각 교재별로 전문가가 포함되어 교재 집필, 교재내용은 다른 전문가의 검토, 교재 디자인 및 인쇄, CD 제작 및 제반경비를 사업에서 지원하였다.

---

5) 고위급 연수는 인도네시아 산림부, 산림교육훈련원, SECEM 예비강사 등 5명을 1주의 프로그램으로 2회 진행하였고, 일반연수는 SECEM 교재 작성자, 예비강사 등 10명을 2주 프로그램으로 2회 진행하였다.

표 2-12 강의교재 과목 및 구성 모듈

과목명	구성 모듈
보전지역관리	conservation areas planning, conservation areas management activities, buffer zone development and management
생물다양성 보전	biodiversity and ecology, management of biodiversity, utilization of biodiversity on sustainable basis
산림보호 및 산불 관리	forest protection, forest fire management, forestry law enforcement
해양 및 연안 관리	ecological of tropical marine ecosystem, marine ecosystem conservation and economic valuation, integrated coastal and marine management
생태관광	introduction to ecotourism, ecotourism product, ecotourism market, ecotourism planning and design, ecotourism impact, operating and management of ecotourism

사업효과

수여국의 특성에 따른 인적역량 강화전략 등과 같이 양국 간의 협력을 바탕으로 진행되는 관광 ODA사업의 특성상 수여국뿐만 아니라 공여국에서도 사업의 효과가 있는 것으로 판단되어 다음의 형태로 사업효과를 기술하였다.

✓ 인도네시아 측

첫째, 인도네시아 정부의 산림환경 보전 및 생태관광분야의 고위 관리자를 양성하고 둘째, 산림관계자의 산림분야 관리기법에 대한 역량제고를 통해 인도네시아 산림환경을 개선하였으며 셋째, 생태관광 개념에 기반을 둔 지역주민 참여를 통한 지속가능한 산림자원관리 및 자원 이용방안을 강구할 수 있었다.

✓ 한국 측

첫째, 인도네시아의 지속가능한 산림자원 활용계획 지원 및 훈련 프로그램을 개발하고 둘째, 정착을 통한 관련분야의 인적 · 제도적 네트워크 확대 셋째, 천연자원이 풍부한 인도네시아와의 협력 증대 및 관련 자료 수집 넷째, 산림부 및 관계부처(환경부, 문화관광부, 해양수산부) 중간 관리자의 교육 및 훈련을 통한 인적 네트워크를 확보할 수 있었다. 다섯째, 인도네시아를 중심으로 전개되는 열대림보호 등 국제 연대활동에 참여 여섯째, 기후변화협약 등 환경협약 이후 증대되는 산림자원의 보전과 녹색성장을 위한 인도네시아와의 산림분야 협력 강화를 위한 토대를 마련하였다.

3) 카자흐스탄 관광산업진흥 마스터플랜 수립사업

사업개요

- 사 업 명 : 카자흐스탄 관광산업진흥 마스터플랜 수립사업
- 사업기간 : 2007~2009년
- 사업규모 : US$ 1,000,000
- 수원기관 : 카자흐스탄 정부
- 지원내용 : 카자흐스탄 관광산업 마스터플랜을 위한 전문가 파견, 연수생 초청, 공동 세미나 등

사업배경

카자흐스탄은 원유가 상승에 따른 외화 유입의 확대를 계기로 관광산업분야의 육성을 구상한 바 있다. 특히 2011년 동계 아시안게임의 개최를 계기로 대규모 관광레저단지 건설을 위한 관광분야의 개발경험과 노하우의 필요성을 실감하고 있다. 그러나 관광분야에 대한 개발경험이 부족한 카자흐스탄 정부는 한국에 관광개발 경험 전수를 공식 요청하였으며, 이에 따라 이 사업이 실행되었다.

▎사업목적

이 사업은 다음의 세 가지 목적을 바탕으로 시행되었다.

첫째, 카자흐스탄 관광행정 및 관광정책의 체계적 개선에 기여 둘째, 기존 국가관광 프로그램 검토를 토대로 신규 특정지역에 대한 관광 마스터플랜 수립 셋째, 부족한 관광인프라 확충 및 전문인력 양성에 기여하는 것이다.

▎사업의 주요 내용

✓첫째, 관광자원조사 연구수행

카자흐스탄 정부의 관광정책과 관광개발 현황분석 및 체계적 개선방안에 관한 조사연구를 수행하는 것으로, 관광정책의 연구범위는 법제도(비자 · 세금 · 투자 · 출입국), 관광행정(조직 · 기능 · 예산), 관광교육(전문교육기관 설립, 자격 인증), 관광통계(세계관광기구의 관광위성개정(TSA) 모델 적용, 지식 정보화) 분야이다.

관광개발의 연구범위는 기존 마스터플랜 검토, 관광개발전략, 지역관광 개발, 국제협력, 홍보마케팅(이미지, 브랜드), 테마관광(생태 · 농촌 · 모험 · 문화 · 스포츠), 관광인프라(관광안내 · 교통 · 숙박 · 쇼핑 · 서비스 표준화) 등이다.

✓둘째, 관광산업 개발 마스터플랜 수립

선행연구 및 기존 계획을 검토하고, 현지조사 등을 통해 마스터플랜을 검토하였다. 이와 더불어 카자흐스탄의 특정 지역(동부 및 남부권)에 대한 신규 마스터플랜을 수립하였다. 또한 이를 바탕으로 중앙아시아 국가 간의 국제개발 협력 방향을 제시하였다.

✓셋째, 관광관련 인력 연수과정 운영

이 사업은 카자흐스탄 현지 종사원 교육 및 한국에서의 초청교육을 실시하고, 대상국의 현지 연수과정에서 대상자는 여행업 · 호텔 · 관광 가이드 등 카자흐스탄 관광업계 종사자로 연수기간은 총 1개월 기간 동안 다양한 분야의 단기 코스로 운영하였다. 국내 초청 연구과정은 카자흐스탄 중앙정부, 지방정부 공무원(총 20명)을 대상으로 약 10일 동안, 2회 진행하였다.

✓넷째, 관광관련 공동세미나 개최

마스터플랜 수립과 연계하여 세미나를 개최하였다.

1차 공동 세미나는 동 사업의 중간 보고회 역할을 겸하는 것으로 한국 전문가단, 한국정부(KOICA 등) 관계자, 카자흐스탄 관광체육부 관계자 등이 참석하였다.

2차 공동 세미나는 최종 마스터플랜(안)에 대한 각계의 의견을 수렴하고 동 사업의 주요 결과를 공유하기 위한 것으로 양국의 사업 실시기관을 비롯하여 카자흐스탄 현지 관광 전문가, 관계부처 담당자 등이 참석하였다.

사업 산출물

한국연구진은 카자흐스탄의 관광산업 진흥을 위한 체계적인 분석을 시행하였다. 특히 중앙 관광행정체계 · 관광관련 법제도 · 관광 통계체계 · 관광인력 양성체계 등 관광 시스템을 개선할 수 있는 방안을 수립하였다는 데 주요한 의의가 있다.

또한 알마티-쉼켄트 지역, 크질오르다 지역의 코르크다타, 바이코누르, 캄바쉬, 아티라우 지역의 사라이칙 등 실크로드 지역의 관광개발계획과 사업 추진계획, 마케팅 계획을 포함시켜, 한국의 정책과 관련 노하우를 전수할 수 있는 계기를 마련하였다.

▮ 사업효과

✓카자흐스탄

사업의 산출물은 카자흐스탄 정부의 관광법제 및 관광정책 개선과 관광개발 추진에 유용한 지침으로 활용될 수 있다.

거시적 관점에서 카자흐스탄 관광산업의 성장과 더불어 고용 창출, 관광수입 증대, 관련 인프라 확충을 통한 카자흐스탄 국가경제 발전에 기여하였다. 관광산업은 카자흐스탄 7대 미래 성장산업으로 선정되어 정부차원에서 적극 육성하고 있으며, 한국의 지원이 관광산업 육성의 계기가 될 것으로 기대된다.

✓한국 측

한국의 관광정책 및 관광개발 노하우와 지식을 전수하고, 양국 간 관광산업 분야의 협력을 확대하는 데 기여하였다. 이에 따라 관광과 관련된 각종 개발사업에 한국기업 진출을 도모할 수 있을 것이며, 특히 동 사업 추진 결과를 바탕으로 국가 인프라가 구축될 경우, 도로 건설 · 관광시설 개발 · 관광정보화 등 관련 사업 추진에 우리나라 기업이 유리할 것으로 기대된다.

4) 사례분석 시사점

▮ 한국의 ODA에서 관광분야의 특성

앞서 논의한 바와 같이 이번 장에서는 KOICA에서 실시한 관광분야 ODA를 분석하되, 하드웨어 사업보다는 소프트웨어 사업을 중심으로 논의하고자 하였다. 한국의 관광사업과 관련한 ODA는 KOICA의 사업분류상 산업 에너지에 분류되어, 관광사업을 통한 소득증대 등과 같은 분야에 중점을 두고 있다.

한편, 관광사업의 경우, 다른 분야의 지원과 비교하였을 때 사업의 규모가 작고, 그 예산의 운영이 매우 세부적으로 구분되어야 하는 특성을 갖고 있다. 즉 관광사업이 지속가능성을 갖기 위하여 필요한 여러 사업의 분야에서는 개도국의 인적 역량강화를 위한 교육 및 연수가 중요 요소로, 관리나 시행이 하드웨어를 중심으로 하는 타 산업과 비교하였을 때, 규모가 작고 관리가 용이치 않다는 한계가 발생하고 있다. 이와 더불어 관광사업에 대한 가치사슬을 이해하고 이를 통하여 지역의 소규모 영세상인을 비롯한 지역주민에게 실제적인 경제소득이 발생할 수 있도록 전략을 구성할 필요성이 대두된다. 그러나 한국의 국제개발협력사업 분야에서 관광사업에 대한 이와 같은 분석과 조치는 아직 적극적으로 이루어지지 못하고 있으며, 다소 거시적인 관점에서 관광개발 국제협력이 이루어지고 있다. 따라서 다음과 같은 측면에서 관광개발사업을 확장 및 조정해야 할 것으로 판단된다.

국제개발협력에서 관광사업 전문가와 시스템 개발의 필요성 대두

도입부에서 논의된 바와 같이 개도국은 미개발에 따른 자연자원의 보전이 잘 이루어져 있고, 독특한 문화적 특성을 보유하고 있다. 이는 매우 유용한 관광자원으로 판단된다.

특히 비교적 적은 투자 금액으로 국제개발협력에서 지향하는 '지속가능성'을 확보할 수 있는 유용한 사업이 관광사업이나, 실제적으로 국제개발협력사업에서 관광분야 전문가의 부족 및 관계자의 인식 부족으로, 관광사업은 그 가능성이 저평가된 측면이 있다. 또한 관광사업의 하드웨어 개발을 주로 하는 사업과 비교하여 사업의 효과를 측정할 수 있는 기간 및 지표 측정이 용이하지 않아, 사업수행 결과에 대한 측정이 어려운 사업으로 논의되고 있다.

따라서 개도국에서 관광사업의 가능성 및 효율성에 대한 인식개선과 더불어 사업의 효과를 측정할 수 있는 시스템의 개발도 요구된다.

국제개발협력 대상 지역에 대한 적극적 이해와 분석

관광사업은 개도국의 관광자원을 바탕으로 개도국의 인적 역량개발, 소프트웨어 개선을 도모하여, 지속가능성을 확보하고자 하는 것으로 최근 성과와 프로그램 중심으로 변화하고 있는 ODA의 방향에 부합하는 사업분야라고 할 수 있다.

그러나 관광분야에 대한 국제개발협력 관계자의 인식 부족 및 성과 측정의 모호성을 비롯한 시스템적 측면에서 다양한 형태의 관광사업 추진 장애를 파악할 수 있다. 또한 관광사업의 특성상 해당 지역에 대한 사회, 문화, 경제적 특성을 이해하고 개발해야 하므로, 관련 지역 전문가가 부족하다는 측면에서 사업 운영의 어려움이 대두되고 있다. 따라서 관광분야의 국제협력사업을 진행하기 위하여, 관계자 인식개선 및 평가관련 시스템 구축이 요구된다고 할 수 있다.

특히 SDGs라는 새로운 ODA 목표가 제시되고 있으므로, 각 산업분야를 어우르면서도 실제적으로 수혜국과 수혜분야에 현실적인 편익을 발생시킬 수 있는 전략적 분석과 접근이 필요한 것으로 판단된다.

제6장

국제개발협력 프로젝트 실천윤리

이번 장은 국제개발협력사업에서 논의되는 윤리와 규범을 습득하고, SDGs를 효율적으로 달성하기 위하여 국제개발협력사업을 어떠한 가치와 원칙에 따라 수행할 것인지 이해하기 위하여 구성되었다.

국제개발협력사업 분야에서 '원조효과성(Aid Effectiveness)'에 대한 논의가 활발해지면서, 국제기구 및 관련 기관의 사업원칙, 규범이 변화하고 있다. 실제적으로 지금까지 다자·양자 기구 및 NGO에 의해 개발도상국의 현실을 반영하지 못한 채, 일방적으로 구상된 사업은 현장에서 수십 년간 논란이 되어 왔지만, 냉전 이후까지도 근본적인 변화는 거의 이뤄지지 못했다. 따라서 이러한 문제점을 근본적으로 해결하고 변화시키기 위한 새롭고, 구체적인 접근방법이 제안되어 현장에서 실행되고 있다(정주진, 2006). 또한 SDGs를 실천하기 위하여 이와 같은 노력은 필수적이라고 할 수 있다.

이 가운데 가장 두드러진 것은 사업수행원칙 변화와 사업수행자를 위한 윤리원칙의 대두이다. 먼저, 국제개발협력사업을 구상하고 실행하는 기관 및 사업수행자의 윤리적 책임감을 강조하며, 프로그램이 수원국에 미치는 영향을 보다 세심하게 배려하는 쪽으로 방향전환이 이루어지고 있다. 이러한 변화는 국제개발협력사업이 수원국의 실제적 상황과 필요를 고려하는 협력적인 방향 모색으로 이어지고 있다.

두 번째로 국제개발협력사업의 증대는 관련분야 종사자와 인력수요의 증대로 이어져 왔다. 이에 따라 '국제개발협력사업' 자체가 산업화되었고, 관련 인력은 사업을 수행하는 데 있어 알맞은 규정과 전문적 업무실행지침 등의 필요성이 대두되었다. 이에 따라 각 기관은 국제개발협력에 대한 관점과 역할에 따라 기관별 사업운영 규정 및 윤리지침을 설정하였다.

이러한 논의의 핵심은 국제개발협력에 있어서 '인간'이 가장 중요하고 근원적임을 의미한다. 따라서 이번 장에서는 이러한 의견에 동의하며, 국제원조, 국제개발협력, 대외원조를 국익증진의 관점에서 국가의 통상적 수준으로 간주하는 것을 넘어 좀 더 확대된 시각으로 바라보고 국제개발협력에 필요한 근본적인 원칙과 접근법에 대하여 논의하고자 한다.

또한 구체적으로 국가와 국가 간의 국제개발협력의 필요성 및 접근방식에 대한 논의를 제외하고, 국제개발협력사업을 하면서 당면하게 되는 다양한 형태의 제약과 도덕적 딜레마 속에서 인권을 실현하고, 국제개발협력의 목표를 달성할 수 있는 방법을 논의하고자 하였다.

이 글은 크게 세 부분으로 나뉘어 있다.

첫 번째에서는 윤리와 규범에 대한 이해를 바탕으로 한 국제개발협력사업의 실천윤리의 중요성과 그 역할에 대하여 논의한다.

두 번째는 실제적인 적용과 관련된 것으로 국제개발협력 기본법을 통해 한국의 국제개발협력 원칙을 이해하고, 다양한 기관의 국제개발협력사업의 운영원칙을 규범, 수행으로 구분하여 공통점을 살펴본다.

세 번째에서는 국제개발협력사업 운영자의 역할과 윤리적 규범을 포괄적으로 논의하고자 한다.

1. 국제개발협력사업의 실천윤리

1) 윤리(Ethics)와 규범(Norm)의 이해

최근 다양한 경로를 통하여 정의(justice), 윤리(ethics), 규범(norm)에 대한 논의가 활발해지고 있다. 부패와 부조리가 팽배하는 사회에 대한 일종의 반감으로, 그 활용범위는 모든 분야에 적용된다고 해도 과언이 아니며, 국제개발협력 분야 또한 예외가 아니다.

윤리(倫理, ethics)는 사람으로서 마땅히 행하거나 지켜야 할 도리를 의미한다(다음 국어사전, 2011). 때때로 도덕(道德, morality)은 도덕의 체계적 철학 연구인 윤리의 동의어로 사용된다(Deigh, 1995). 물론 두 개념 간에 의미적인 차이가 존재하나, 최근에는 거의 같은 의미로 사용된다. 도덕(道德)은 곧 '예의범절, 성품, 예의바른 행동(manner, character, proper behavior)'으로 덕과 악덕을 분간하는 것을 배우는 과정이다(스탠퍼드 철학사전, 2011). 또한 규범적이고 보편적인 감각에서, 도덕은 행위의 이상적인 규범으로 언급되며, 그것은 모든 인종과 문화에 따라 사람들의 판단과 가치의 준거가 된다. 즉 도덕이란 자연환경의 특성에 순응하고 각기 그 집단과 더불어 생활하여 온 인간이 한 구성원으로서 살아간 방식과 습속에서 생긴 것이다. 따라서 도덕은 생활양식이나 생활관습의 경험을 정리해서 공존(共存)을 위해 인간집단의 질서나 규범을 정하고 그것을 엄격하게 지켜나간 데서 생긴 것이다. 이러한 점에서 도덕과 법은 같은 근원에서 나온 것이라 할 수 있다. 다만 사회가 복잡해짐에 따라 법은 사회적 · 외적(外的) 규제로, 그리고 도덕은 개인적 · 내적(內的) 규제로 자연히 분화되었을 뿐이다. Jellinek의 논의대로 "법은 최소한의 도덕이다"라는 말이 이를 대변한다.

규범(規範)은 인간이 행동하거나 판단할 때 마땅히 따르고 지켜야 할 가치 판단의 기준 또는 사유(思惟)나 의지, 감정 따위가 일정한 이상이나 목적을 이루기 위하여 마땅히 따르고 지켜야 할 법칙과 원리라고 정의한다. 규범은 사회

구성원들에게 수용되고 기대되는 행동양식이나 규칙을 말한다. 따라서 규범은 사회 구성원들이 목표를 달성하는 데 필수적이라고 생각하는 행동들을 정의하고, 사회 내에서 규범을 설정하여 구성원들이 그것을 따르도록 한다(Wikipedia, 2011). 이를 정리하여 보면, 규범은 인간이 사회생활을 하는 데 있어, 구속(拘束)되고 준거(準據)하도록 강요되는 일정한 행동양식이다. 따라서 규범은 사회적 규범으로써 존재한다. 즉 규범은 문화적 특성에 따라 각 사회별 차이를 이루고, 새로운 문화 속에서 규범을 익힐 때 그 문화에 적응할 수 있다.

위와 같은 논의를 바탕으로 이 글에서는 윤리를 행위의 이상적인 규범의 총체라고 보고, 규범은 개개인에게 내재되어 있는 인간이 사회생활을 하는 데 있어, 구속(拘束)되고 준거(準據)가 되는 일정한 행동양식이라 정의하고 이후의 논의를 진행하였다. 특히 이 글은 국제개발협력사업 실무에서 필수적으로 인식하여 실천할 수 있는 규범을 중점적으로 논의하였다.

참고

익명성의 위험성, 기게스의 반지

반지의 제왕에서 골룸은 '절대반지'에 열광한다. 절대반지를 통해 절대권력을 얻고 싶었기 때문일까? 독자에게 절대반지가 생긴다면 어떻게 할 것인가?

이와 유사한 토론은 꽤 오래전에 시작되었다.

기게스의 반지(Ring of Gyges)는 고대 그리스의 철학자 플라톤의 저서『국가』2권 (2.359a~2.360d)에 나오는 마법의 반지이다. 이 반지는 소유자의 마음대로 자신의 모습이 보이지 않게 할 수 있는 신비한 힘이 있다. 플라톤은『국가』에서 기게스의 반지 이야기를 통해 일반인이 만약 그 자신의 행동에 대한 결과를 책임질 필요가 없다면 어떻게 행동할 것인가에 대하여 토론하고 있다.

전설에 따르면 기게스는 리디아의 왕 칸다울레스를 섬기는 목동이었다. 기게스가 양을 치고 있던 어느 날 갑자기 커다란 지진이 일어났다. 지진이 일어난 자리에는 땅이 갈라져 동굴이 생겼고, 기게스는 호기심이 생겨 갈라진 동굴 속으로 들어가게 된다. 동굴 안에서 기게스는 거인의 시체가 놓여 있는 것을 발견하였다. 시체의 손가락에는 금반지가 끼워져 있었다. 기게스는 거인의 손가락에서 반지를 빼들고 밖으로 나왔다. 양치기 기게스는 우연히 자신이 끼고 있는 반지의 흠집 난 곳을 안으로 돌리면 자신은 투명인간이 되고 밖으로

> 돌리면 자신의 모습이 다시 나타난다는 사실을 알게 된다. 이제 '보이지 않는 힘'을 갖게 된 기게스는 나쁜 마음을 먹게 되었다. 가축의 상태를 왕에게 보고하는 전령으로서 궁전에 들어간 기게스는 자신의 새로운 힘인 마법의 반지를 이용하여 투명하게 된 후, 왕비를 간통하고, 칸다울레스 왕을 암살하여 왕위를 찬탈하고 스스로 리디아의 왕이 되었다.
> 어쩌면 국제개발협력사업도 사업이 종료되었을 때, 그 효과성에 대한 책임은 기게스의 반지와 같이 드러날 수도 드러나지 않을 수도 있다. 따라서 국제개발협력사업자는 이에 대해 좀 더 신중해야 할 것이다.
> 자, 이제 당신에게 기게스의 반지가 주어진다. 어떻게 행동할 것인가?
>
> 출처 플라톤, 『국가』, Wikipedia(2011)에서 재인용.

2) 국제개발협력사업에서 윤리와 규범의 역할 및 중요성

국제개발협력사업이 시작된 이래로 그 역할이 변화하면서, 양적인 투입과 더불어 투입대비 산출효과를 추구하는 이른바 원조효과성 창출이 중요한 이슈가 되었다. 이러한 상황에 맞물려 국제개발협력 업무를 담당하는 국가의사결정자, 프로젝트 매니저, 개발협력분야의 이해당사자 등은 그들의 업무에서 매번 선택을 필요로 하는 도덕적 의문과 마주하게 되었다.

국제개발협력사업의 효율성과 도덕성에 관련된 의문은 일반적으로 현장에서 개발(development)은 어떤 방향으로 이루어지고, 어떤 의미로 해석되어야 하는가? 누가 개발에 따른 변화의 도덕적 책임을 지는가? 공여국은 수원국에 어떠한 책임이 있는가? 개발을 추진하는 당사자는 누구인가? 수원국과 공여국의 갈등의 원인은 무엇인가? 과연 국제개발협력사업을 통해 수원국이 변화될 수 있겠는가? 등과 같이 업무 책임의 범위와 같은 근원적인 문제부터 현장에서 겪게 되는 일상적인 문제까지 그 양태 또한 다양하다.

이러한 의문에 대하여 개발관련 분야의 연구자들은 개발과 관련한 사회과학적 이론과 저발전(underdevelopment)은 윤리적 · 실무적 · 정책적 요소를 포괄하고 있어 판단이 쉽지 않다는 사실을 보고하고 있다. 실무적으로도 국제개발협력사업의 성패를 가름할 수도 있는 수원국의 다양한 문화와 특성을 반영하고, 변화무쌍한 사회 · 문화적 환경 및 경제적 환경에 따라 프로젝트를 운영하는 것은 쉬운 일이 아니다.

따라서 개발 관련 철학자들과 윤리주의자들은 개도국의 사회적 변화를 유도하는 윤리적 원칙(principles)을 구성 · 분석하고 평가하며, 실제적으로 현장에서 발생하고 직면하게 되는 도덕적 곤경(quandaries)을 해결하기 위해 노력하고 있다. 또한 국제개발협력사업에서 윤리와 규범은 어떠한 문화를 바탕으로 하더라도 적용되는 사항으로 국제개발협력사업 이해관계자가 알고 있어야 한다. 즉 국제개발협력사업의 윤리와 규범은 올바른 사업 발굴뿐만 아니라 효과적인 사업 운영을 위한 하나의 기준점이자 행위의 원칙으로 그 역할이 확대되고 있는 것이다.

참고 **『왜 세계는 가난한 나라를 돕는가?』 중 국제원조의 역사적 개관**

대외원조의 역사는 정략 수단으로 시작된 외교정책의 변천사와 같으며, 그 중심에는 경제 안정과 장기 성장, 빈곤 퇴치 등으로 수혜국 국민의 복지를 증진시킨다는 혁신적인 사상이 깔려 있었다. 그러나 공여국은 애당초 인간의 복지가 목적이라기보다는 국내외 안보와 직결된 외교수단으로 간주했다. 또한 복지 증진이라는 전문인력이 필요한 장기 프로젝트는 공여국 정부에 구호기관을 설치하고 수많은 국가에 NGO를 조직, 강화시켰다는 점에서 정치논리도 배어 있었다. 따라서 국제원조, 특히 개발원조의 다양한 요인은 정부 안팎에서 구색을 갖추었고, '원조의 양과 질을 높이라'며 선진국 정부에 촉구해 온 국제기구에 의해 강화된 셈이다. 대외원조는 공여국 국민의 지지를 받아야 했는데 다행히 그들은 대부분 해외의 기근과 빈곤을 완화시키는 데 지원을 아끼지 않았다. 결국 '부유한 나라는 가난한 나라의 복지를 증진시킬 수 있도록 양허성 공적 재원을 투입해야 한다'는 원칙이 20세기 후반에 탄력을 받은 덕에 대외원조는 이제 '혁신'이라기보다는 빈부국 사이에 흔히 볼 수 있는 관행이 되었다.

출처 캐럴 랭카스터, 『왜 세계는 가난한 나라를 돕는가?』, 시공사, pp. 85-86.

2. 국제개발기본법과 국제개발협력사업의 원칙

이번 장에서는 다양한 문화권 속에서 적용 가능한 국제개발협력사업 윤리와 규범을 설정하기 위하여 우리나라 「국제개발협력 기본법」에 나타난 원칙과 이론적 · 실무적으로 다자기관, 양자기관 및 NGO에서 논의되는 사업수행 원칙 및 규범 등 국제개발협력사업 실무를 위하여 필수적인 내용을 검토하여 분류하였다. 국제개발협력과 관련된 윤리규범은 광범위하게 규정되어 있지는 않은 실정으로 기관의 필요성에 따라 기관의 사업운영 원칙, 세부사업 수행과정, 금융지침, 인적자원 운용 등과 같이 세부적인 지침의 형태를 갖고 있는 것이 일반적이다(Leopard, 2011).

우리나라는 「국제개발협력 기본법」을 통하여 국제개발협력의 원칙을 전반적으로 나타내고 있다. 따라서 이 장에서는 「국제개발협력 기본법」을 통하여 한국이 수행하는 국제개발협력사업의 최소한의 윤리적 원칙을 확인하였다.

규범은 국제개발협력사업에서 사업을 진행할 때 지켜야 할 가치판단의 기준을 논의하였고, 수행원칙은 규범원칙을 어떻게 실현할 것인가를 구체적으로 밝힌 내용으로 국제개발협력사업을 시행하는 다양한 기관의 논의를 검토, 분류하였다. 각 개념의 관계를 살펴보면 [그림 2-3]과 같다.

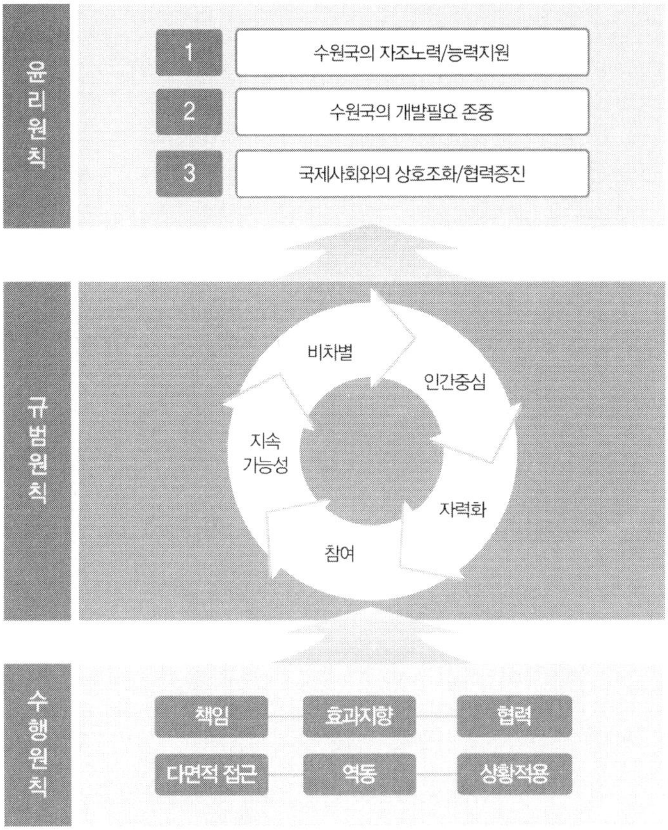

그림 2-3 국제개발협력사업에서 규범원칙과 수행원칙

출처 해외원조협의회(2010)의 자료를 바탕으로 저자 재구성.

1) 「국제개발협력 기본법」과 기본원칙

① 「국제개발협력 기본법」 제정 의의

「국제개발협력 기본법」이 제정되기 이전에는 한국의 공적개발원조는 「한국국제협력단법」에 따라 해외연수생 초청, 전문인력 파견, 해외봉사단 파견 등 무상원조사업을 수행하였다. 이와 더불어 개발도상국에 대한 차관지원 등의 유상원조는 「대외경제협력기금법」에 따라 기획재정부 산하 대외경제협력기금이 설치·운영되었다. 그러나 공적개발원조업무가 합의된 기본이념이나 원칙

수립이 미흡한 상태에서 부처별로 분산 추진되어 추진기관 간 사업 중복 등 비효율을 초래하고, 유 · 무상 원조 간의 연계가 낮아 공적개발원조의 효율성을 저해하는 등의 문제가 지속적으로 제기되었다. 이와 같은 문제 해결을 위하여 정부는 「공적개발원조에 관한 기본법」을 제정하고, 사업에 대한 책임성 및 효과성을 강화하고자 하였다.

② 「국제개발협력 기본법」에 나타난 국제개발협력의 기본 원칙

「국제개발협력 기본법」은 2010년 1월 25일에 제정되어 그 시행령과 함께 2010년 7월 24일에 시행에 들어갔다. 기본법에 나타난 국제개발협력의 목적과 원칙은 우리 정부가 공적개발원조를 수행하는 것에 대한 근본적 윤리원칙이 드러나 있다.

먼저 한국 국제개발협력의 기본 목적은 기본법의 3조 1항에 나타나 있으며, 크게 네 가지로 구성되어 있다. 첫째, 개발도상국의 빈곤 퇴치, 여성과 아동의 인권 신장, 그리고 양성 평등 둘째, 지속가능한 개발과 휴머니즘 셋째, 원조 수혜국들과의 경제적 협력관계를 촉진 넷째, 국제평화와 번영 추구가 그것이다. 이러한 기본원칙은 인간중심적 관점에서 수원국과 협력하되, 약자를 우선시해야 하고, 국제개발 협력에 따른 사업의 효과를 지속가능하게 유지하는 한편, 경제적 협력관계를 수립한다는 외교적인 목적까지 복합적으로 포괄하고 있다. 크게는 국제개발협력이 상호 간 이익의 프로세스가 되어야 한다는 관점을 유지하고 있는 것으로 판단된다.

기본법 제4조에는 국제개발협력을 실천하기 위한 기본 원칙이 기술되어 있다. 원조효과성을 확대하기 위하여 일관적인 정책을 적용하는 동시에 국가의 정책에 부합할 것을 요구하고 있다. 법령에서는 이를 위하여 방법적 측면에 대한 논의로 수원국과 어떻게 관계를 형성하고 유지할 것인가를 집중적으로 논의하면서, 자력화 · 참여 · 빈곤감소를 위한 수원국 특징 파악 등을 강조하고 있다.

참고 「국제개발협력 기본법」 제3조와 제4조

제3조(기본정신 및 목표) ① 국제개발협력은 개발도상국의 빈곤감소, 여성과 아동의 인권향상 및 성 평등 실현, 지속가능한 발전 및 인도주의를 실현하고 협력대상국과의 경제협력관계를 증진하며 국제사회의 평화와 번영을 추구하는 것을 기본정신으로 한다.

② 국제개발협력은 제1항의 기본정신을 추구하기 위하여 다음 각 호의 사항을 달성하는 것을 목표로 한다.

1. 개발도상국의 빈곤감소 및 삶의 질 향상
2. 개발도상국의 발전 및 이를 위한 제반 제도·조건의 개선
3. 개발도상국과의 우호협력관계 및 상호교류 증진
4. 국제개발협력과 관련된 범지구적 문제 해결에 대한 기여
5. 그 밖에 제1항의 기본정신을 달성하기 위하여 필요하다고 인정되는 사항

제4조(기본원칙) ① 국가, 지방자치단체, 그 밖의 시행기관(이하 "국가 등"이라 한다)은 국제개발협력을 실시함에 있어서 다음 각 호의 원칙과 우리나라의 대외정책을 종합적으로 고려하여 추진하여야 한다.

1. 국제연합헌장의 제반 원칙 존중
2. 협력대상국의 자조노력 및 능력 지원
3. 협력대상국의 개발 필요 존중
4. 개발경험 공유의 확대
5. 국제사회와의 상호조화 및 협력 증진

② 국가 등은 양자 간 개발협력과 다자간 개발협력 간의 연계성과 무상협력과 유상협력 간의 연계성을 강화하고, 국제개발협력정책을 일관성 있게 추진함으로써 국제개발협력의 효과가 극대화되도록 노력하여야 한다.

출처 국가법령정보센터(2011), 최근 공포 법령, http://law.go.kr/LSW/nwRvsLsInfoR.do?lsiSeq=102264&lsKndCd=A0002.

2) 국제개발협력 규범과 원칙

국제개발협력은 공여국이 수원국의 개발에 참여하여, 이에 따른 경제적·사회적 효과를 유발하고, 그 효과가 지속적으로 유지될 때 비로소 국제개발협력사업의 효과가 발생한다고 볼 수 있다. 물론 그 결과에 대한 측정시기와 내용에 따라 평가는 달라질 수밖에 없다. 그러나 국제개발협력사업의 관계자는 사

업이 자생적으로 지속가능성을 가질 때, 그 생명력이 강해진다는 사실을 이미 알고 있다. 이러한 의견을 바탕으로 국제개발협력사업을 재정의하여 보면, '국제개발협력사업'이란 개발이 수원국 국민과 지역, 사회 전반에 영향을 주어, 소외계층이 자신의 삶에 영향을 미치는 의사결정과정에 참여하고, 힘을 얻도록 돕는 것이다. 이를 위하여 다양한 다자기구와 양자기구, NGO에서는 자신들의 관점에 따라 규범 및 원칙을 수립·운영하고 있다. 이 글에서는 UN, World Bank, CID, CARE, OXFAM, World Vision 등에서 논의하고 있는 규범과 원칙을 바탕으로 논의하고자 한다.

표 2-13 기관별 국제개발협력 규범 및 원칙

구분		원칙
CID	1	개발은 지속가능하여야 하고, 사람들의 사회적·정신적·문화적·경제적 웰빙을 추구한다.
	2	가난한 이들은 그들 자신의 개발에 대한 의사결정을 해야 한다.
	3	정책의 최종적 테스트는 여성과 어린이와 같은 사회적으로 가장 가난한 이들에게 장기적 관점에서 효과가 있는지 확인하여야 한다.
	4	지속가능한 개발은 미래세대의 편익을 위한 모든 자원 활용을 포함한다.
	5	정의·평화·인권·환경보호와 관련된 주제는 국제적으로 개발과 관련된 주제와 분리될 수 없다.
	6	아오데아로아/뉴질랜드에서의 개발교육은 모든 개발 프로그램의 완전한 부분이다.
	7	모든 홍보활동에서 조직의 구성원은 수여자의 존엄성이 인지되고 개선된다는 점을 확신하여야 한다.
OXFAM	1	인간중심의 개발
	2	자력화
	3	참여
	4	상호의존성
	5	지속가능한 개발

구분		원칙
CARE	1	자력화 도모
	2	타인과의 상생협력
	3	책무확인과 책임감 증진
	4	차별철폐
	5	폭력철폐
	6	지속가능한 결과 추구
한국해외 원조협의회	1	인간중심
	2	자력화
	3	지속가능성
	4	비차별/비폭력
	5	참여

출처 월드비전 한국, 2010; CARE, 2005; CID(2011), OXFAM, 1995를 바탕으로 저자 재정리.

국제개발협력은 다양하고 역동적인 수원국의 정치 · 경제 · 사회적인 측면을 고려함과 동시에 다음과 같은 규범을 준수하여야 한다.

이 장에서는 인간중심(people-centered), 자력화(empowerment), 참여(participation), 지속가능성(suitability), 비차별/비폭력(non discrimination, non violation)의 다섯 가지 측면에서 논의하고자 한다(월드비전 한국, 2010; CARE, 2005; CID, 2011; OXFAM, 1995; UN, 1986). 이와 같은 다섯 가지 측면은 지속가능한 발전 목표를 이행하는 데 근간이 될 수 있을 것으로 판단된다.

참고 마라케시 선언 : 개발성과 관리를 위한 5개의 핵심원칙

① 원조의 계획, 실시 및 완료 등 모든 단계에서 파트너 국가, 개발 관련 기관, 다른 이해관계자 간의 대화를 중시
② 프로그램, 모니터링, 평가행위가 합의된 기대결과를 달성할 수 있도록 일치시킴
③ 결과보고체계를 되도록 단순화시키고, 비용 · 효과적이며 사용자 중심으로 유지
④ 결과 중심의 관리 : 중간목표 및 지표 설정을 통해 결과 지향 관리
⑤ 결과 자료를 보고와 책임뿐만 아니라 관리에 대한 학습과 정책결정을 위한 정보로 활용

출처 한국국제협력단(2008), 『국제개발협력의 이해』, 한울아카데미, p. 125.

① **인간중심(People-centered)**

더 나은 삶을 지향하는 개도국 개발은 인간의 자유와 선택을 존중해야 한다. 개발은 사회적 존재로서의 인간과 이를 구성하는 모든 것, 인격, 이념, 물질, 사회적 요소 등과 관련되어 있다. 따라서 국제개발협력과 관련된 주요 이슈는 사회를 변화시킬 수 있는 수입의 창출, 어린이의 건강, 비인권적 행위에 대한 고발과 같은 다양한 측면을 논의하며, 이러한 변화의 근간에는 인간이 있다(OXFAM, 1995).

따라서 개발협력사업은 사회적 존재로서 인간을 구성하는 수원국의 특성을 반영해야만 그 효과를 발생시킬 수 있다. 즉 수원국의 국민은 개발의 주체로서 개발의 목적과 형태를 스스로 결정할 수 있어야 한다. 개발이 이루어지는 전체 과정에서 수혜자의 인권과 주체적인 참여 및 선택을 도모해야 하며, 이와 더불어 개발은 인간 삶의 사회적 요소를 통해 유발할 수 있는 차별에 주의를 기울여야 한다.

인간의 삶에 영향을 미치는 사회 · 경제 · 정치 · 문화적 요소들은 끊임없이 변화하며, 국제개발협력사업은 이러한 변화가 긍정적으로 이루어지도록 노력해야 한다. 따라서 공여국은 수원국의 개발에 개입하여 발생할 수 있는 다양한

형태의 간접적이고 장기적인 효과에 유념해야 한다.

사업대상의 성별, 연령, 인종, 문화, 경제수준 등에 따라 개발협력사업의 효과와 영향은 달라질 수 있다.

참고

인권에 기반을 둔 접근

국제개발협력의 인권에 기반을 둔 접근법은 인권을 존중하는 대상국들에게 한국의 국제개발협력이 지원될 것이므로, 이를 준수하여야 한다는 것이다. 어떤 면에서, 한국은 이미 이러한 접근방식을 적용하고 있다고 할 수 있다. 예를 들어 2011년 4월 14일에 한국 외교통상부는 최근 정치적 분쟁 때문에 악화된 난민들의 상황에 비추어 코트디부아르에 있는 세계식량계획WFP과 유니세프UNICEF에 50만 달러를 지원하겠다고 발표했다. 이 금액은 라이베리아로 밀려오는 수많은 난민들을 보호하기 위해 2011년 2월 11일 유엔난민고등판무관실UNHCR로 동일국에 전한 300,000달러의 기부금에 함께 더해졌다.

구체적으로, 국제개발협력은 다음과 같은 내용을 보장할 수 있는 프로젝트 제안에 초점을 두어야 한다.

1) 차별금지와 평등 보장
2) 수혜자(권리보유자)들의 참여 보장
3) 의무 부담자들의 책임과 투명성 보장
4) 권리보유자들의 권한부여

이렇게 함으로써 인권에 기반을 둔 국제개발협력은 「국제개발협력 기본법」의 기본 정신 강화에 도움이 될 수 있다.

출처 우종길(2011), 한국의 국제개발협력 : 인권에 기반한 접근, 『KOCUN 소식』, 유엔인권정책센터, http://blog.daum.net/thandna/34.

② **자력화(Empowerment)**

개발관련 분야에서 자력화(empowerment)란 국제개발협력사업을 통해 수원국 국민, 수혜자가 자신의 삶에 대한 주권을 회복하고, 이를 발휘할 수 있는 힘이 커지는 것을 의미한다.[6] 따라서 자력화는 삶의 변화를 유발할 수 있는 개인

6) empowerment에 대하여 적정한 번역이 존재하지 않아, 경영학 분야 등에서는 발음 그

의 역량(capacity)을 통해 측정할 수 있다. 쉬운 이해를 위하여 자력화의 사례를 들면, 폭력 남편이 있는 여성이 자신을 법적으로 보호할 수 있는 여건을 찾는 것, 땅이 없는 농부가 유휴 중인 땅을 찾는 행위, 빈민굴의 주민이 생존을 위하여 지역사회의 물이나 전력과 같은 최소한의 서비스를 요구하는 것, 난민이 자신의 고향으로 돌아갈 권리를 주장하는 것 등을 들 수 있다. 논의된 사례는 자력화가 개인이 그들이 정한 목표를 얻기 위하여 함께 일할 때 증진되며, 스스로의 변화에 주도적으로 참여한다는 점에서 중요하다.

따라서 국제개발협력사업에서 자력화가 목표가 되면 수혜자의 참여와 협력을 통해 사업이 이루어진다. 자력화를 위해서는 수원국의 특징 중 성별, 인종 등이 인간관계에 있어 어떤 힘이나 영향력이 작용하고 있는지 사전에 검토하여야 한다. 즉 이러한 검토를 통해 그들의 어렵고 무력한 삶의 결과가 어떻게 발생되었는지를 파악하는 동시에 이러한 결과를 당연한 것으로 받아들이지 않고, 자신과 관련된 모든 의사결정에 주체적으로 참여하도록 도와야 한다.

특히 사회적 개발(social development)은 개개인의 자력화에서 멈추는 것이 아니다.

자력화는 개인의 의사결정이나 의사결정과정에 참여하는 수준에 따라 달라진다. 이 말에서 '수준'은 단지 사람들이 의사결정에 물리적으로 참여하는 횟수나 비율만을 의미하는 것이 아니라 실제 의사결정에 얼마나 깊이 관여하여 영향을 미치는가를 의미한다. 또한 자력화는 역동적인 과정으로, 일반적으로 이전할 수 있는 상품과는 차이가 있다(OXFAM, 1995). 따라서 사업분야에 따라 차이가 있겠지만, 국제개발협력사업이 그 효율성을 확대하고, 지속가능성을 확보

대로 '임파워먼트'라고 용어화하여 사용하기도 한다. 그러나 이 글에서는 개발학 분야에서 사용하는 'empowerment'가 스스로의 힘을 갖고, 능동적으로 대처한다는 의미로 공통적으로 사용되고 있으므로, 이를 받아들여 '자력화'라고 용어화하였다.

하기 위해서는 일방적인 하드웨어 전달보다는 지식을 중심으로 하는 소프트웨어 전달을 중심으로 변화할 필요성이 있다. 또한 이러한 과정이 시스템적으로 이루어지도록 일련의 지식전달 시스템을 구축하는 것도 유용할 것이다.

③ **참여(Participation)**

참여(participation)는 다른 환경, 다른 관점을 지닌 사람들에게 여러 가지 의미를 갖고 해석될 수 있는 다채로운 개념이다(World Bank, 2008). 즉 참여란 누군가에게는 원칙의 문제이고, 다른 누군가에게는 실행의 문제일 수 있다.

앞에서 논의된 자력화(empowerment)는 사람들의 의사결정과정에서 '참여의 질'에 따라 결정된다. 이론적으로 자력화와 참여는 동전의 양면과도 같다. 실제적으로는 개발협력사업의 수혜자인 개도국의 국민에게 참여를 유발하여 자력화하는 것은 어떤 식으로든 쉽지 않을 것이다. 그럼에도 불구하고, 지역사회의 참여는 개발협력사업에서 필수적인 요소가 되고 있다. 이러한 현상은 개발협력 사업에서 지역사회 활성화, 또는 국제개발협력사업 효과의 지속가능성이라는 주요한 목적을 달성하기 위해 '참여적' 사업이 매우 중요하기 때문이다. 참여는 개발의 효율성과 효과성 및 지속가능성을 향상시킨다. 따라서 참여는 수혜자뿐만 아니라 다양한 이해관계자가 함께 참여해야 한다. 이 과정을 통해 '빈곤'에 대한 책임을 모두가 공유하고, 수혜자 스스로 자신의 삶에 대해 권리가 있음을 인식해야 한다. World Bank는 "참여는 이해 당사자가 개발의 영향 및 개발활동과 관련된 사항에 대해 의사결정을 하고, 자원 공유를 통해 제어함으로써 영향의 범위를 결정하는 과정"이라 정의하고, 참여는 개발의 전 과정에 걸쳐 이루어져야 한다는 점을 강조하였다(World Bank, 2008).

이와 더불어 참여에는 다양한 과정이 있으며, 이는 다음에서 논의되는 정보제공, 자문, 의사결정, 협력, 주체적 행동 등 다양한 수준이 있다(월드비전 한국, 2010; Voluntary Service Overseas, 2004).

가. 정보제공(informing-sharing) : 사업수행기관이 사업 참여자에게, 사업 참여자가 사업수행기관에게 정보를 전달하는 것이다. 사업 수행기관은 이 과정에서 개발협력사업과 사업이 어떻게 수혜자에게 영향을 미치는지 공지하며, 이는 사업수행을 위한 사업수행자의 사업참여 수준에 따라 결정할 수 있다.

나. 자문(consultation) : 사업 참여자들과 사업수행기관은 핵심 이슈를 논의하고, 사업을 직접적으로 수행하는 프로젝트 매니저에게 핵심적인 피드백을 제공할 수 있다.

다. 의사결정(deciding together) : 사업에 관한 의사결정과정에 참여하여 사업수행기관과 사업 수행자가 함께 논의하고 결정한다. 즉 해당 개발협력사업을 발굴하고, 참여하는 당사자들이 논의하는 것을 의미하므로, 사업의 모든 단계에 영향을 미칠 수 있다.

라. 협력과 행동(initiation action, acting together) : 국제개발협력사업의 효율적 진행을 위하여 사업수행 전반에 이해관계자들이 참여하여 협력하는 것을 의미한다. 이와 더불어 사업 참여자들이 사업에 대한 의사결정권과 자원을 가지고 주체적으로 사업을 수행하는 일련의 과정을 의미한다. 행동은 가장 높은 수준의 참여이다.

④ 지속가능성(Sustainability)

지속가능한 개발(Sustainable Development)은 미래세대가 그들의 필요를 충족시킬 수 있는 능력을 훼손시키지 않는 범위에서 현재 세대의 필요를 충족시키는 개발로 정의할 수 있다(WCED, 1987). 즉 경제적 발전과 사회적 통합 및 환경보전을 함께 이루어가는 미래지향적 발전을 의미한다(한국국제협력단, 2008). 국제개발협력은 수원국의 지속가능한 변화를 추구한다. 따라서 국제개발협력에서 지속가능성은 수원국의 경제, 사회 · 문화, 환경의 세 가지 축과 더불어 제도(시스템)까지 고려하여 균형을 이루어야 한다.

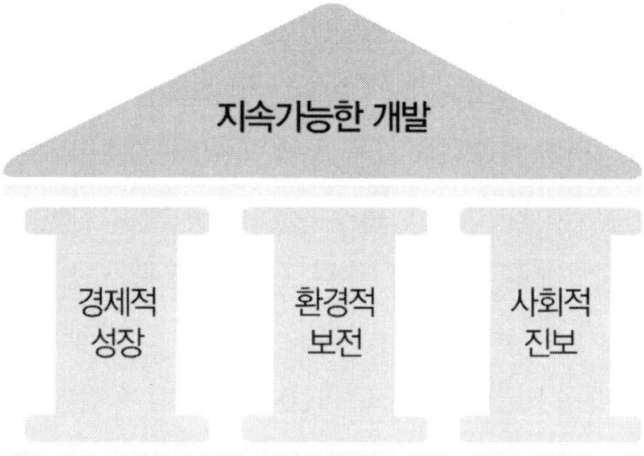

▌그림 2-4▐ 지속가능한 개발의 세 가지 축

출처 Adams, W.M.(2006).

지속가능성이라는 용어는 서로 경쟁하는 목표들 간의 마찰과 분쟁을 조정 및 해결하고 경제적 풍요, 환경의 질, 사회평등의 3가지를 동시에 추구하는 것을 의미한다(Hasna, 2007). 즉 지속가능한 개발을 위해서는 원조 수혜자가 다양한 방법으로 사업에 참여하여, 프로그램을 주도함으로써 지역사회의 기술과 역량을 활용하는 것뿐만 아니라 이해관계자의 적극적인 참여가 있어야 한다. 따라서 지역사회의 기술과 역량이 개발의 주체이며, 외부자원이나 원조는 이를 강화하기 위해 보충적으로 제공되는 수단이어야 한다.

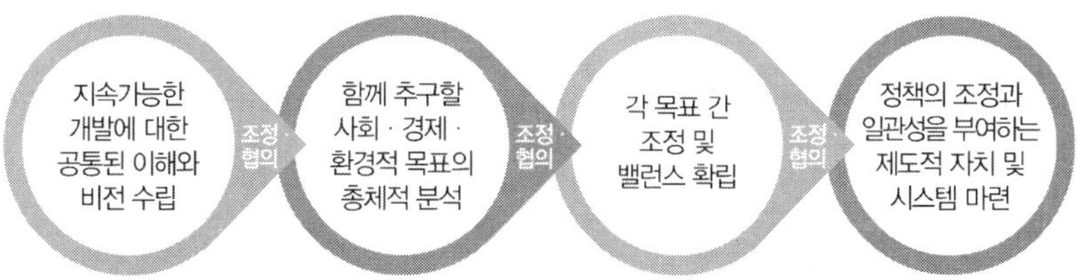

▌그림 2-5▐ 지속가능한 개발 추진 메커니즘

출처 한국국제협력단(2008), 『국제개발협력의 이해』, p. 157.

⑤ **비차별 · 비폭력**(Non discrimination-Non violence)

국제개발협력은 어떠한 요인에 의해서든 수원국 국민의 권리를 박탈하거나 차별하지 않아야 한다. 지금까지 논의된 바와 같이 성별이나 인종, 국적, 부족, 종교, 계급(카스트), 연령, 신체적 능력, 성적 지향성 등 어떠한 기준에 의해서 차별이 생기면 모든 사회적 상호작용과 사업의 효과도 차별적으로 발생하게 되므로, 이를 사전에 방지해야 한다. 따라서 사업의 수행과정에서 어떠한 요인에 의해서든 소수자가 차별받지 않고 이들이 전 과정에 참여할 수 있도록 포용해야 한다.

참고 **CARE의 사업 사례 : 전통 부족 여성에게 이름을…**

CARE는 여성이 차별의 이중피해자가 될 수 있다는 점을 논의하면서, 과테말라에서 이름이 없는 채로 살아가던 여성들에게 보건 혜택과 사회적 복지 혜택을 받도록 권리를 찾아준 사업을 예로 들었다.

출처 CARE(2005), Principles into practice : Learning from innovative rights-based programmes, p. 8.

한편, 비폭력과 비차별은 서로 긴밀하게 연계되어 있다. 국제개발협력사업은 빈곤을 유발하는 갈등을 평화적이고 비폭력적으로 해결하는 하나의 수단이 되어야 한다. 특히 비폭력은 갈등을 해결하거나 방지하는 것을 넘어, 갈등이 빈곤을 유발하고 권리를 망각하게 한다는 점을 알림으로써 그 역할이 확대되고 있다.

이러한 측면에서 Do No Harm 접근방식(Local Capacities for Peace로도 알려짐)은 갈등을 해결하는 여러 방편 중에서 중요한 의미를 지니고 있다. 즉 개발은 어떠한 이유에서도 지역사회에 해(害, harm)를 끼쳐서는 안 된다. 특히 사업의 효율성과 효과성을 추구하는 과정에서 개인이나 집단 간 갈등을 조장하지 않도록 해야 하며, 개인이나 집단이 상호 간의 관계성을 찾아 관계를 회복하고 주체적으로 공동의 발전을 이루어가는 계기를 마련해야 한다(Wallace, 2015).

Do No Harm 접근방식은 어떠한 형태의 국제개발협력사업이나 인도적 협력 프로그램이 분쟁이나 잠재적 분쟁요소를 가지고 있는 사회에 어떤 방식으로든 영향을 끼치게 된다는 전제에서 시작한다. 좀 더 자세히 말하면, 모든 외부 프로그램은 무력분쟁이나 잠재적 분쟁으로부터 자유로울 수 없으며, 최악의 경우 의도와는 상관없이 분쟁이나 사회적 갈등을 심화시키는 역할을 하게 된다는 경험적 고백에 기초하고 있다.

분쟁지역이나 사회적 불안이 심각한 지역에서 이뤄지는 국제개발협력 프로그램은 현장에서 예상치 못한 여러 가지 문제들에 직면하게 된다. 해당 지역의 정치 · 경제 · 사회 · 문화적 상황에 대한 이해 부족, 정치적 · 사회적 상황의 변화, 외부자(outsider)와 내부자(insider) 사이의 힘의 불균형과 문화적 거리감, 프로그램 실행자와 수혜자 간 목적의 불일치, 후원자나 프로그램 실행자의 기대와 어긋나는 상황, 언어문제로 인한 불완전한 의사소통 등이 이러한 문제에 해당한다. 이러한 쉽게 드러나지 않는 문제 외에도 분쟁 중인 무장세력에 의한 지원물품의 약탈이나 중간 빼내기로 분쟁자금 조달에 기여, 외부 지원과 실무자의 증가로 전쟁시장의 성장과 이에 의존하는 개인과 집단의 증가, 분배의 불균등이나 투명성 부족으로 인한 집단 갈등의 발생 또는 심화, 물자 분배를 위한 협상으로 무장단체에 대한 합법성 부여 등의 예상치 못한 문제들이 발생하기도 한다.

가장 심각한 문제 중 하나는 이러한 프로그램들의 실행과정 자체와 실무자들에 의해 은연중에 드러나는 윤리적 메시지다. 프로그램 실행과정에서 물자의 안전 수송을 위한 무장경호원들의 고용, 단체들 사이의 경쟁과 불신, 국제

실무자와 국내 실무자 사이의 불평등한 대우, 현장 실무자의 필요에 의한 단체 자산의 이용, 지역 행정당국과의 협상에서 국제단체의 힘 과시, 프로그램 선전과 모금을 위한 극단적 상황의 강조 등의 일이 벌어지게 된다. 얼핏 당연하거나 심각하게 여겨지지 않는 이러한 행동들은 그러나 무력사용, 불관용과 비협력적인 태도, 힘 있는 자의 독선과 자원 독점 등에 대한 정당화 및 분쟁 당사자 중 한편을 악의 세력으로 치부하는 등의 윤리적 메시지를 전달하게 된다.

Do No Harm 접근방식은 위에서 열거한 예상치 못한 문제들이 사회적 갈등이나 무력분쟁을 악화시킴은 물론 평화로운 사회 건설을 더욱 어렵게 만들어 결국 공동체와 주민들에게 해를 입히게 된다는 점을 강조한다. 그러므로 현장의 문제들을 극복하고 최소한 해를 끼치지 않기 위해서는 현장의 필요와 상황에 맞는 차별적 프로그램이 구상, 실행되어야 한다. 또한 사회 구성원들을 분리시키는 요인보다는 구성원들의 연결을 강화시키는 프로그램을 만들어야 한다. 더 나아가 프로그램이 장기적으로 평화로운 사회 건설에 이바지할 수 있도록 지역 공동체와 주민들의 평화 건설 역량을 강화시키는 프로그램을 만들어야 한다는 것이 'Do No Harm' 접근방식의 핵심이라 할 수 있다. 이를 위해 대상 공동체와 주민들의 필요를 파악하기 위한 현장조사의 강화, 현장에서 이해관계자의 관계 파악, 지역 실무자의 기용 및 공동체와 주민들의 프로그램 참여 장려, 전통적이고 자생적인 공동체 규범이나 제도의 이용, 지역 정부조직과의 정보 공유와 협력, 평화경제 건설에 기여하는 프로그램 개발, 교육 프로그램의 실시, 정기적인 모니터링과 평가제도의 개발 등을 강조해야 한다(정주진, 2006).

참고 **do no harm : 아프가니스탄 사례**

국가체제 구축(Statebuilding)을 저해하는 정치적 과정(Bonn Process) : 정치적 계산의 문제

아프간 정부 구축과정에서 미국과 그의 원조국가들이 정치적으로 중요한 아프간의 전통적인 집단과 부족들을 배제시키며(특히 탈레반) Bonn Process를 만듦으로써 아프간 정부가 국가체제 구축에 어려움을 겪고 있다. 이러한 결과로 정부의 정통성과 정당성을 잃고 정부의 프로젝트 수행역량 또한 약화되었다. 이는 특히 현재의 안보문제를 저해하는 가장 큰 요인이 되고 있다.

출처 권혁주 · 이환성 · 배재현(2011), 『한국의 ODA 분쟁 및 취약국 지원방안』, 한국국제협력단, p. 101.

3. 국제개발협력의 수행원칙과 적용

국제개발협력의 수행원칙은 사업을 효과적으로 수행하기 위한 개발단위의 업무지침이라 볼 수 있다. 즉 지금까지 논의된 윤리원칙, 규범원칙을 실행단위에서 어떻게 적용하고, 실행할 것인가에 대한 실용방법이라 할 수 있다. 이 절에서는 수행원칙을 책임, 효과지향, 협력적 관계, 다면적 접근, 역동적 활동, 상황에 따른 적용 등의 6가지 측면에서 살펴보고 이에 대한 실천윤리의 적용을 알아보고자 한다.

첫째, 책임(Accountability)

여기에서 책임이란 국제개발협력사업 관리자의 책무(역할)와 더불어, 수원국의 수혜자가 그들 스스로의 책임(responsibility)을 인지하게 하는 것까지 포함한다. 국제개발협력사업은 빈곤을 없애고, 삶의 질을 개선하는 데 그 근본적인 목적이 있다. 따라서 국제개발협력사업을 추진할 때 수원국의 빈자들이 어떠한 형태로든 개발관련 사업에 참여하도록 독려해야 한다. 또한 수원국에서 빈곤을 개선할 의무를 가진 사람이 누구인지 확인하고, 그들이 의무를 올바르게 이행하도록 한다. 이와 더불어 개발협력사업이 지역사회에 어떠한 영향을 미치는지 확인하여, 그 내용을 개발협력사업의 이해관계자와 함께 나누고 개선해야 한다.

책임(책무)을 균등하게 수행하기 위해서는 사업의 이해관계자 간에 지속적인 대화와 의사소통을 통해 투명성을 갖추도록 해야 한다. 즉 국제개발협력사업은 그 과정에 참여하는 모든 이에게 책임이 있다. 따라서 모든 이해관계자의 의견을 수렴하고 서로에게 발생할 수 있는 다양한 의견을 교류해야 한다. 의사소통체계는 모든 이해관계자를 포괄하며, 특히 사업의 운영기관과 사업의 직접 수혜자를 모두 고려해야 한다.

둘째, 효과지향(Effectiveness)

실제적으로 국제개발협력사업은 그 효과가 발생할 때 사업의 일차적 목표를 달성하게 된다. 물론 국제개발협력사업은 수원국의 사회적 변화와 맞물려 진행되는 경우가 많다. 따라서 사업의 효과는 사업 초기에 계획했던 목표의 달성뿐만 아니라, 관련 사업의 수혜자와 그들의 문제가 변화하는 과정에서 나타난다고 볼 수 있다. 앞장의 규범원칙에서 논의한 바와 같이 국제개발협력사업의 지속가능한 효과는 사업의 수혜자가 개발의 주체로서 자력화하는 것이다. 이와 같은 변화는 장기간에 사회 전반에 걸쳐 간접적으로 축적되어 나타나므로, 국제개발협력사업 관리자는 지역사회의 관계 기관과 협력하여 보다 장기적인 관점에서 지속가능성을 가질 수 있도록 사업을 수행해야 한다. 즉 공여국은 사업이 끝났을 때 수원국이 자력으로 그 사업의 효과를 유지할 수 있는 동력을 심어주어야 한다.

셋째, 협력적 관계(Interdependence/Partnership)

국제개발협력은 수원국과 공여국의 사업수행 여건이 완전히 다르다. 따라서 공여국의 사업수행기관은 수원국에서 진행되는 개발의 전 과정(발굴 및 기획부터 종료)에 있어 지역사회 내의 변화와 역동성을 이해해야 한다. 특히 수원국은 문화적 여건뿐만 아니라 가정과 지역사회, 그 이상의 범위에서 간접적인 영향을 주고받을 수 있기 때문이다.

따라서 국제개발협력사업의 효과를 최대화하기 위해서는 사업대상에 대하여 전방위적으로 분석하고, 사업 대상의 우선순위를 세우고 좀 더 큰 시야에서 살펴야 한다. 특히 사업대상이 사회 속에서 다양한 관계를 맺고, 다양한 정체성과 역할을 가지고 살아가므로, 사업대상을 두고 전체 지역사회와의 상호관계를 횡단적 · 종단적으로 고려하도록 한다.

빈곤의 원인은 복합적이며, 다양한 사회문제와 연관되어 있다. 따라서 빈곤을 해결하기 위해서는 다양한 이들과 협력해야 한다. 따라서 국제개발협력사업을 수행하는 이해관계자는 협력의 가치에 대하여 분명히 이해해야 한다. 효율적인 사업을 위하여 사업의 이해관계자는 공통의 가치와 신념을 갖고, 그 속에서 개별 주체의 다양성과 목표를 존중해야 한다. 이를 위해 각 이해관계자 간 의사소통을 통해 사업의 공통 목적과 역할 및 책임 등을 분명히 합의해야 한다(월드비전 한국, 2010).

넷째, 다면적 접근(Multi level)

세계의 '빈곤'을 없애기 위하여 국제사회는 지난 세기 또한 다양한 노력을 기울여 왔다. 물론 '빈곤'을 해결하고자 하는 공여국의 목적은 다양했을지라도 표면적으로 드러난 공통된 목표였고, 관련된 거대한 노력이 있었음은 부정할 수 없다. 그러나 이 문제에 대한 뚜렷하고 단일화된 해결방안은 아직까지 없는 것으로 판단된다. 국제개발협력사업 관리자는 이에 대하여 다면적인 접근을 시도해야 한다.

빈곤의 원인은 복합적이며 다면적이다. 갈등 그 자체가 원인일 수도 있고, 갈등이 원인이 되었거나, 차별과 폭력에 의한 갈등이 빈곤을 유발하였을 수도 있다. 그에 대한 원인에 대한 논의도 다양하다. 다만 수원국 빈곤의 문제는 한 가지의 문제가 일면적으로 유발한 것이 아니라, 다양한 문제가 얽혀 발생하는 다면적 측면이라는 점이다. 또한 빈곤 그 자체가 유발하는 문제 또한 다양하다. 따라서 국제개발협력이 수원국의 빈곤을 해결하기 위해서는 가정, 지역사회, 국가를 아우르는 다면적이고 총체적인 접근을 시도해야 한다. 국제개발협력사업자는 자신의 사업계획 범위에 따라 미시적 측면과 거시적 측면 모두를 고려해야 한다.

다섯째, 역동적 활동(Dynamic)

앞에서 논의한 바와 같이 국제개발협력사업의 효과는 하위목표를 달성하며 상위로 향하는 것으로 장기적 · 간접적으로 축적되어 나타난다. 따라서 국제개발협력사업은 보다 장기적인 관점을 유지하며, 유연하게 사업을 수행하였을 때 그 효과가 배가될 수 있다.

국제개발협력사업은 수원국의 역동적인 상황과 맞물려 있으므로, 그 수행과정이 단순하지 않다. 특히 수원국은 정치 · 경제 · 사회문화적 측면에서 안정되지 못한 경우가 많으므로, 개발협력사업은 지역사회와 영향을 주고받으며 역동적으로 변화한다. 이에 따라 국제개발협력사업은 수원국의 특성에 따라 살아있는 생명체처럼 사회적이며, 사회의 다양한 상황 및 이해관계자와 연관되므로, 수원국의 상황과 역량에 맞게 조정되어야 한다.

여섯째, 상황에 따른 적용(Individual)

국제개발협력사업이 이루어지는 수원국의 정치 · 경제적, 사회 · 문화적, 환경적 배경은 모두 다르므로, 그들이 처한 문제나 상황 또한 다를 수밖에 없다. 따라서 그들이 빈곤이라는 동일한 문제를 직시하고 있다고 하더라도, 그 원인과 문제해결방식에는 차이가 있다.

국제개발협력사업을 효율적으로 수행하기 위해서는 수원국의 상황을 구체적으로 면밀히 조사하고 관찰을 통해 그 특성을 파악해야 한다. 이는 단순히 눈으로 볼 수 있는 상황 이외에 수원국의 특성을 역사 · 문화적 · 사회적 · 인류학적 관점에서 파악할 필요가 있다. 이러한 관점은 수원국의 근본적인 문제와 그 원인을 파악할 수 있도록 도와, '원조의 효과성'을 확대할 수 있는 근간이 된다.

1) 국제개발협력의 실천윤리 적용

국제개발협력사업은 특정 목표와 목적의 달성에만 관련된 것이 아니라, 압박과 부당행위를 극복하는 사람들의 성장과 지속적 변화를 추구하는 것이다. 프로젝트는 국제개발협력의 일종의 수단이거나 촉매제이다. 따라서 프로젝트는 그 자체로서 끝나는 것이 아니다. 사회과정(social process)은 다분히 유동적이므로 예측이 어렵고, 특정 기간 안에 목표한 바를 달성하는 것은 일반적으로 비현실적이다. 반면 프로젝트는 프로젝트의 기간과 범위에 의하여 결정된다. 따라서 프로젝트의 효과 평가가 프로젝트의 과정 및 프로젝트 그 자체와도 맞지 않는 경우가 있다.

프로젝트 관리(project management)의 역할은 프로젝트의 이유와 효과를 찾고, 성과를 확인하며 정량화하여 특정 투입(input)과 결과(output)를 달성하도록 하는 것이다. 그러나 프로젝트에 대한 평가는 통합적(cumulative)이고, 장기적이고, 간접적으로 나타나므로 개발프로젝트의 특성(the nature)을 왜곡할 수 있다. 더군다나 프로젝트는 시간을 근간으로 하는 태생적 특성으로 인하여 사업 자체에 투여되는 자금을 지속시키기 위하여 사업의 결과가 신속히 발생해야 하는 것처럼 생각될 수 있다. 그러나 사회적 변화과정은 점진적이고, 때로는 불규칙하게 발생한다. 예를 들어 농부를 위한 프로젝트 참여인원을 모집하는 데 짧게는 일주일, 길게는 일 년이 소요될 수 있다. 일주일이 걸린다면 프로젝트의 운영이 일 년에 비하여 매우 효율적이고 빠르게 돌아갈 수 있으나, 일 년이 소요된다면 프로젝트의 시작과 동시에 종료를 맞이해야 할 수도 있다.

실제적으로 국제개발협력 프로젝트의 수행은 시간과의 경주가 아니니, 애석하게도 이것에는 단순하고 쉬운 지름길도 없고, 다만 정해진 길을 걸어야 한다. 즉 프로젝트의 목표와 기간, 계획, 그리고 평가기준을 정의하는 것과 같은 내적인 관리가 선행되어야 한다.

이러한 방안만이 수원국의 이해당사자가 참여하고, 프로젝트의 장기적 목적을 달성하는 데 근간이 되는 것으로, 개발프로젝트에서 가장 중요한 부문이다.

프로젝트의 자금조달과 평가는 프로젝트가 무엇을 달성했는가와 직접적으로 연관된다. 단 1년의 자금투자가 5년 또는 10년 동안 발생할 수 있는 모든 문제를 감싸안을 수도 있다.

많은 원조기관은 국제개발협력사업의 효율적 성과에 집중하면서 프로젝트 간의 상관성과 장기적 관점의 프로그램형(programme-based) 사업에 관심을 두고 있다. 원조기관 입장에서 프로그램형 접근법은 프로젝트 분야별로 일관성이 있는 프로젝트 형태를 제공할 수 있으며, 수원국 사업지역의 사업운영자들 또한 좀 더 통합적으로 볼 수 있게 한다.

즉 국제개발협력사업은 각 사업의 분야가 다르다 해도 좀 더 일관적이며, 내부적으로 연계해야 한다. 이제 이러한 인식을 바탕으로 사업운영자의 역할을 수행해야 할 것이다.

4. 맺음말

이 글은 국제개발협력에 있어서 '사람'이 가장 중요하고 근원적임에 동의하고, 이를 바탕으로 지속가능한 개발목표를 달성하기 위하여 국제개발협력사업에 필요한 근본적 원칙과 접근법을 논의하였다.

앞에서 지속적으로 논의한 대로 원조 효과성을 최대화하고 지역중심의 소규모 개발을 근간으로 하는 SDGs를 위하여 불명확한 수원국의 사회 · 정치 · 경제적 상황을 고려하고, 문화적 규범에 부합하면서 국제개발협력사업을 진행해야 하며, 이를 위한 준거를 국제개발협력사업 윤리원칙, 규범원칙, 수행원칙으로 나누어 검토해야 할 것이다. 특히 이러한 논의는 관광분야에서 필수적이라는 사실을 재론하지 않아도 명확할 것이다.

이 장에서 윤리원칙은 「국제개발협력 기본법」을 검토하여 우리나라가 국제개발협력사업을 위하여 어떠한 철학과 신념을 갖고 있는지 확인하였다. 우리나라는 수원국의 빈곤감소와 삶의 질 개선을 위한 다면적 측면에서 국제개발협력사업을 하고 있고, 결과적으로 원조의 효과성 확대 및 양국의 이익을 그 목표로 하고 있다.

규범원칙은 윤리원칙을 이행하기 위한 준거를 검토한 것으로, 우리나라뿐만 아니라, 국제연합을 비롯한 국제협력기구 및 NGO 등의 규범원칙을 검토하였다. 논의한 사항은 인간중심, 자력화, 참여, 지속가능성, 비차별 · 비폭력 등의 5가지 사항이다. 이는 공여국과 수원국이 어떻게 사업을 운영하고 그 효과를 도모하여 지속성을 보유할 것인가에 관한 사항이라고 할 수 있다.

실행원칙은 규범원칙을 이행하기 위한 국제개발협력사업 실무자의 개발단위의 지침이라 할 수 있다. 사업을 운영할 때 책임, 효과지향, 협력적 · 다면적 · 역동적 · 개발적 사업이 진행되어야 한다는 취지에서 6개 항목을 검토하였다.

국제개발협력의 현실적 결과란 언제나 우리가 생각한 것보다 복잡하기 마련이다. 그리고 그것은 큰 규모의 인간활동 모두에 해당되는 이야기다. 그런 복잡함이 네덜란드 병이든, 나쁜 제도든, 인구성장이든 간에, 다른 이를 도우려는 우리의 노력에 뭔가 불확실성의 요소로 작용한다. 그럼에도 국제개발협력의 효과에 깃든 그런 불확실성이 가난한 사람들을 위해 베풀어야 하는 우리의 의무를 지워버리지는 않는다. 국제개발협력 프로젝트가 가난한 사람들에게 큰 혜택을 줄 가능성이 많고, 우리의 부담이 상대적으로 가볍다면, 우리는 베풀어야 한다(Singer, P., 2009). 이것이 지속가능한 개발목표를 달성하고자 하는 국제개발협력사업 운영 관리자의 기본적 윤리일 것이다.

제3부

관광 ODA의 핵심전략과 사례

제**7**장

관광 가치사슬 분석을 통한 공급사슬 연결

1부에서 우리는 SDGs의 탄생과 관점에 대해 소개하였으며, 지속가능한 발전이 무엇이며 왜 중요한지에 대해 폭넓은 논의를 하였다. 또한 2부에서는 관광 ODA의 역사와 사례에 대해 살펴보았다. 그렇다면 향후 15년간 기존의 MDGs를 대체하는 중요한 어젠다를 담고 있는 SDGs시대에 관광 ODA에서 고려해야 할 핵심전략은 무엇인가? 제3부의 목적은 이러한 질문과 그에 대해 알려진 사례, 그리고 여러 연구문헌 속에 담긴 주장 등을 풀어 설명하는 데 있다. 즉 SDGs, 지속가능한 발전의 관점에서 바라볼 때 관광 ODA가 반드시 고민하고 해결해야 할 핵심 이슈에 대해 다루고자 한다.

저개발국가에서의 관광 ODA에서 다루어야 할 중요한 이슈는 무수히도 많다. 관광과 경제개발 관련 이슈, 관광고용 이슈, 사회문화적 이슈, 그리고 환경적 이슈뿐만 아니라 정책 및 공공협력 분야에 관련된 이슈, 인권과 성문제에 관한 이슈 등 기존의 많은 연구들이 이러한 문제들에 대해 다루고 있다. 이 모든 이슈들이 특히 저개발국가에서 관광 ODA를 실행할 때 매우 중요한 문제로 다루어져야만 한다. 그러나 이 책은 SDGs 시대에 관광 ODA와 관련된 기존 문헌의 부족에 대한 대응으로 시도되었다. 따라서 여기서는 지속가능한 발전의 관점에서 관광 ODA가 반드시 이해해야 할 이슈를 다루는 것에 초점을 두고자 하였다. 제3부의 중심적인 의문은 '지속가능한 발전을 위해 관광 ODA의 핵심전략은 무엇인가'이다.

제3부에서는 지속가능한 발전을 위해 관광 ODA의 핵심전략을 3가지로 제시하였다. 즉 지속가능한 발전을 위해 어떤 관광개발의 형식을 택해야 하며, 궁극적으로 지역에게 편익이 돌아갈 수 있는 자생적인 구조를 만드는 핵심적인 이슈를 다루고자 한다. 이를 위하여 3가지 전략이 고려될 것이다: ① 관광 가치사슬 분석을 통한 공급사슬 연결, ② 관광 거버넌스 구축, ③ 관광역량 제고이다. 관광 ODA와 지속가능한 발전을 함께 고려하는 문제는 매우 복합적이다. 관광 ODA의 목표가 무엇이며 누구를 위한 관광 ODA인가, 어떻게 달성할 수 있는가의 문제에 초점을 맞추며 본 장의 3가지 핵심전략에 대해 다루고자 한다.

1. 관광 가치사슬(Value chain) 분석을 통한 공급사슬(Supply chain) 연결의 필요성

어떤 이들은 빈곤에 영향을 미칠 수 있는 관광에 대해 오로지 직접적인 고용효과에만 초점을 맞춘다. 그러나 관광 가치사슬에서의 간접적인 참여는 더욱 중요할 수 있다. 관광을 통한 ODA 전략에서 가치사슬 분석을 통한 공급사슬 연결 전략은 관광 ODA사업의 지속가능성을 확보하는 데 있어서 매우 중요하다. ILO(2013) 자료에 따르면, 핵심 관광산업에서 한 개의 일자리 창출은 공급사슬 연결을 통해 간접적으로 관련된 후방산업에서 1.5개의 추가적인 일자리 창출과 관련이 있다고 보고된다. 저개발국가에서 관광이 개발수단으로써 찬사를 받으면서도 종종 그 가능성이 지역경제로 연결되지 않는다는 비판을 받는 것은 잘 알려진 사실이다. 특히 저개발국가에서 작은 규모의 지역들은 경제적 능력뿐만 아니라 정치적인 권력이 부족할 수밖에 없는데, 이 경우 거대한 다국적 관광기업에 의해 개발되고 통제되기 쉬우며 결론적으로 관광으로 인한 수익이 지역사회의 빈곤층까지 분배되기가 어려워진다. 이러한 관광의 한계는 개발도상국의 '구조적 종속화'(Britton, 1989)라는 용어로 묘사되어 왔다.

이에 따라 관광과 지역경제의 연결을 강화하는 것은 관광으로 발생하는 소득을 빈곤한 사람들에게 직접적으로 이어줄 수 있는 효과적인 전략이다. 즉 경제부문 간의 내부 연계가 강화될수록, 관광사업 운영에 필요한 물품이 외부로부터 수입될 가능성이 줄어들 수 있다는 것을 의미한다. 그렇다면 어떻게 관광과 지역경제를 연결할 수 있는가? 물론, 지역의 빈곤한 사람들에게 관광분야의 새로운 일자리를 제공하는 등 고용을 창출하는 방법과, 교육을 통해 이들의 생산능력을 강화하는 방법(수공예품 제작기술 교육 및 강화)은 지역에 직접적으로 경제적 효과를 미칠 수 있다. 그러나 장기적인 측면과 관광의 파급효과를 고려할 때, 관광 가치사슬 분석을 통해 관광의 여러 가지 사업을 지역 내 공급사슬과 연결하는 방법이 필수적으로 고려되어야 한다.

'가치사슬 분석과 공급사슬 연결' 전략은 2014년 7월 UN총회에 보고된 '지속가능한 발전목표(Sustainable Development Goals, SDGs)' 중에서도 아홉 번째 목표인 'Goal 9. 회복(복원) 가능한 인프라 건설, 포용적이고 지속가능한 산업화 및 혁신 촉진'의 3번째 세부목표인 '9.3 소기업 등 기업활동 지원'과 특히 관련성이 깊다. 이 세부목표의 내용을 살펴보면 '개도국에서 소기업과 기타 기업들의 대출 등 금융서비스에 대한 접근성을 향상시키고, 이들의 가치사슬 및 시장으로의 편입을 증대한다'고 언급되어 있어 직접적으로 가치사슬을 파악하고 시장으로 편입해야 할 중요성을 강조하고 있다. 이러한 SDGs의 목표는 관광 ODA 전략에서도 예외가 아니다.

그렇다면 가치사슬의 개념은 무엇인가? 가치사슬은 마이클 포터(1985)가 기업이 경쟁우위를 차지하고자 경쟁우위원천을 파악하기 위해서 개별 기업이 수행하는 모든 활동을 점검해 보고, 제반 활동들의 상호작용을 체계적으로 분석하기 위해 제시한 개념이다. 즉 가치사슬은 제품 및 서비스 등과 같은 개별의 생산활동이 아이디어 단계부터 연구개발, 생산, 판매되어 최종 소비자에게 전달되기까지 소요되는 모든 행위를 대상으로 하며, 상호 연결된 일련의 과정을 거치며 지속적으로 가치를 부가하여 총체적 가치를 창출하는 시스템을 의미한다. 따라서 가치사슬 분석에서는 우선적으로 거래의 체인에 포함되어 있는 이해관계자들을 식별해 내는 과정이 필수적이다.

그렇다면 관광 ODA 전략에서는 가치사슬 분석을 어떻게 적용해야 하는가? 기업의 경쟁우위원천을 파악하기 위한 가치사슬 분석의 개념을 관광을 통한 ODA 전략에서는 다른 목적으로 적용할 수 있다. 즉 관광사업을 지역의 공급사슬과 연결하기 위한 사전작업으로써 가치사슬을 분석하는 것이다.

우선, 관광을 활용한 ODA 전략에서 가치사슬과 공급사슬 연결의 중요성과 그 방법을 이해하기 위해서는 관광산업의 후방연쇄효과(Backward linkage effect)와 누출효과(Leakage)의 특성을 이해할 필요가 있다. 빈곤국 및 개발도상국을 대상으로 한 개발에서 관광의 역할에 주목하는 이유는 바로 관광의 경제적 파급효과 때문일 것이다. 노동집약적인 관광산업은 직접적인 고용창출이나 관광수입으로 인한 긍정적인 경제적 효과를 미치기도 하지만, 간접적인 연관산업에도 영향을 미칠 수 있다(OECD/UNWTO/WTO, 2013). 관광객들은 관광지에서 다양한 활동을 한다. 여기에는 기본적으로 숙박, 식음료, 교통 서비스 등이 포함되어 있으며, 이외에도 오락활동, 기념품 쇼핑 등을 포함한 다양한 재화와 서비스를 필요로 한다. 즉 이러한 특성 때문에 관광은 원칙적으로 타 산업에 비해 지역경제 전반에 걸쳐서 더 광범위한 후방연쇄효과를 미친다. 즉 관광개발은 관광산업에 투입될 중간생산재를 생산하는 산업의 발전까지 유도하는 후방연쇄효과를 통해 개발 국가의 다른 경제분야에서의 성장과 고용에도 기여할 수 있다.

관광과 연관된 산업은 다음과 같다([그림 3-1] 참고). 인프라시설, 교통 및 유틸리티(공익사업 : 인터넷, 전기, 전화 등) 분야들은 관광산업을 위해 분명하게 투입되어야 한다. 그러나 관광시설 건설 및 숙박업과 관련하여 지역 건설업과

가구산업 역시 관광산업의 공급자로서의 역할을 할 수 있다. 뿐만 아니라 관광객에게 지역에서 생산된 음식이 제공될 경우에는 지역 농업, 어업 및 식품가공업의 경우도 마찬가지이다. 또한 수공예품, 보석, 직물 및 화장품 분야 역시 관광의 기회를 이용할 수 있다.

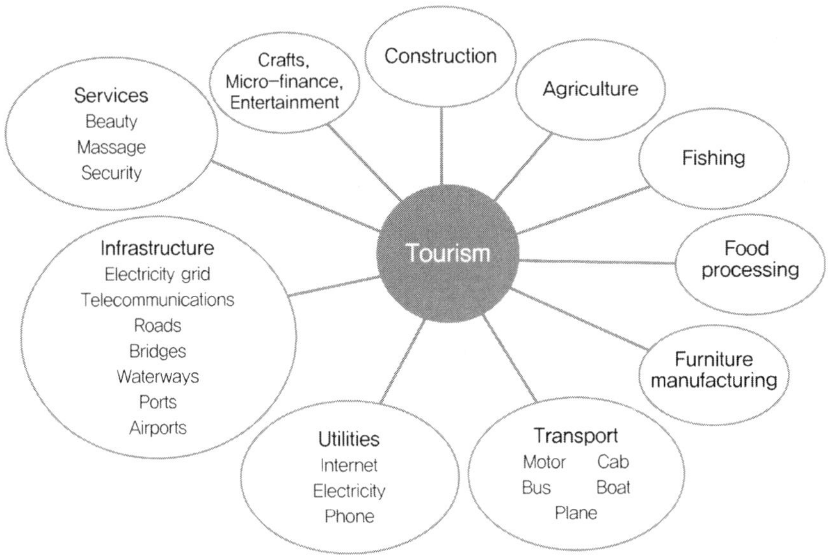

그림 3-1 관광분야 후방연쇄효과 산업

출처 OECD/UNWTO/WTO(2013), "Aid for trade and value chain in tourism", p. 21.

이와 같이 후방산업과 밀접하게 관련이 있는 관광산업의 특성으로 인해 빈곤국의 관광개발 시 공급사슬 연결이 더욱 중요해진다. 그런데 이러한 공급사슬 연결에 충실하지 못한 관광개발 방식이 적용될 경우, 경제적 누출효과를 피하기 어렵게 된다. 관광개발의 파급효과에서 가장 큰 부정적 효과로 꼽는 것은 경제적 누출효과(economic leakage)로, 이는 관광지역 내에서 관광자가 최초로 지출한 금액이 지역 내 소득순환에서 지역 외로 빠져나가면서 발생하는 효과를 의미한다. 즉 지역이 관광산업 공급자로서의 역할을 지역 외부에 의존하게 될 경우, 관광객이 지불한 금액이 지역 내부가 아닌 외부의 수익에 기여하게 되는 것이다. 일부 누출이 관광목적지에서 나타나는데, 관광객 또는 호텔리어가 수입되는 상품이나 서비스에 비용을 지불할 때 나타난다. 또한 여행사 수수료, 여행사 지불금액이나 외항사와 같은 목적지 국가에 지불되지 않는 외부 비용들이 누출에 포함된다(Mitchell & Fall, 2008).

경제적 누출효과는 특히 경제성장이 저조한 개발도상국이나 후진국의 경우에는 더욱 빈번하게 나타난다. 즉 지역 목적지 경제가 약하거나 관광산업에서 필요로 하는 투입자산의 양과 질이 모자를 경우에 높게 발생하는 경향이 있다. 따라서 특히 작은 개발도상국이나 섬과 같이 관광이 주요 외화벌이 수단인 국가에서 일어나기 쉽다(Meyer, 2007). 왜냐하면 이러한 저개발국가에서는 산업의 수요에서 필요로 하는 상품과 서비스를 생산할 능력이 부족할 뿐만 아니라, 국내 산업의 생산가능성을 개선하고 경제 내 분야 간의 연계를 강화할 수 있는 잘 형성된 인프라 시설이 미흡하기 때문이다. 게다가, 저개발국가의 경우 비교적 짧은 기간 동안 관광산업이 급속도로 발전하였으며 대중관광에 초점을 두고 있는 개발전략으로 인해 급속하게 증가된 관광객의 유입에 필요한 상품과 서비스를 국가 내에서 대처할 수 없는 경우가 빈번하게 발생하였다(Meyer, 2007). Lejarraga and Walkenhorst(2010)은 저개발국가에서 관광은 낮은 간접적 효과와 높은 수준의 누출효과의 특징을 보인다고 지적하였다. 즉 관광이 타 산업에 경제적인 영향을 미치는 간접적 효과는 낮으며, 관광으로 지불된 수입이 지역 외부로 누출되는 비율이 높다는 것을 의미한다. 관련분야의 연구에 따르면, 대부분의 개발도상국에서 40~50%의 누출이 발생한다. 외부 누출의 경우에는 중개인의 관여로 인해 발생하는데, Benevides(2001)는 수직적으로 통합된 관광사업자(tour operator)가 개입될 경우, 75%까지도 누출될 수 있음을 지적하였다(Meyer, 2007 재인용). 유사하게, Dieke(1993)는 1990년대 초반에 감비아에서 내부 및 외부 누설을 합하여 총 77% 정도가 누출되었다고 추정하였다(Meyer, 2007 재인용). 감비아의 경우에도 제조업, 농업 등의 낮은 품질과 공급량의 부족으로 인해 숙박업들은 대부분 호텔 및 리조트 내의 비품 및 가구, 식음료 시설까지도 수입하게 되었기 때문에 관광에서 파생된 후방연쇄효과가 극히 미약하였다.

따라서 공급사슬 연결, 즉 지역 내에서의 관광과 여타 산업과의 연결 강화는 누출을 감소시키는 경향이 있다. Meyer(2007)는 이와 같은 누출과 연계의 개념에 대해 [그림 3-2]와 같이 도식화하였다. 공급사슬을 연결하는 목적은 관광부문에서 발생하는 높은 수입상품을 줄이는 것이며, 이것은 외래 수입품을 지역 공급상품으로 교체함으로써 가능해진다.

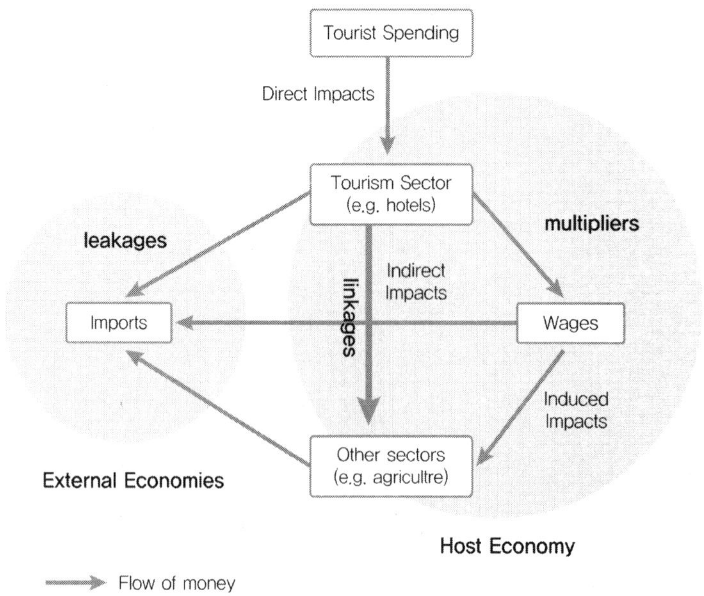

그림 3-2 Linkages, multipliers and leakages

출처 Meyer(2007), "Pro-poor tourism : From leakage to linkages. A conceptual framework for creating linkages between the accommodation sector and 'poor' neighbouring communities", p. 563.

그렇다면 관광 가치사슬이란 무엇인가? DEVCO and UNWTO(2013)는 전형적인 관광 가치사슬(tourism value chain)의 복합성을 [그림 3-3]과 같이 제시하였다. 그림의 좌측은 아웃바운드 국가(송출국, 관광객의 거주국가)에서 일어나는 활동을, 우측은 인바운드 국가(관광객의 목적지)에서 일어나는 활동을 묘사하였다. 그림의 아래쪽 절반은 관광부문의 직접적인 영역이며, 반대편 위쪽 절반은 관광분야와 관련된 간접적인 영역을 나타낸다. 관광의 발전 잠재력은 간접적인 연결고리를 최적의 방법으로 이용하며, 이를 이루기 위해 넓은 범위의 활동을 연관지어 고려할 때 최대화될 수 있다. 따라서 개발 대상지 국가의 공급자가 이 관광 가치사슬에서 어떠한 역할을 하는지가 관광개발에 따른 빈곤 감소 성공여부에 중요한 결정요인으로 작용한다.

관광 가치사슬은 관광계획의 행위자, 주요 공급자, 중개자, 그리고 관광객에 의해 형성된 '교점(nodes)' 간의 상호관계로 구성된다(Romero & Tejada, 2011; Song et al., 2012). 이 상호관계 구조가 관광객에 의해 획득되는 경험적 가치를 생산하며, 지역 사업가와 지역사회 이해관계자들의 노동력을 국제관광시스템의 상품과 서비스에 연결할 수 있는 플랫폼으로서 작용한다(Adiyia, Stoffelen, Jennes, Vanneste, & Ahebwa, 2015). 따라서 관광 가치사슬에 지역의 접근성을 제공하는 방향으로 상호관계를 (재)배치하고 협력하는 것이 지속가능한 관광과 개발을 위한 핵심이다.

관광산업의 개발효과를 강화하기 위해서, 개발 대상지 국가의 공급자를 위의 가치사슬에 연결할 필요성이 있다. 그런데 국가마다 다른 유형의 관광개발 전략이 적용되고 있으며, 이에는 다른 패턴의 수익 흐름이 있으므로 그마다 다른 관광산업과 지역경제 및 지역주민의 연계를 강화할 수 있는 방법이 적용되어야 한다. 그러므로 관광 ODA사업을 추진할 경우, 사업대상지의 관광 가치사슬에 대한 구체적 분석과 현실적 대안 모색이 중요해진다. 이는 감비아의 관광개발 사례를 통해 좀 더 상세하게 살펴보도록 하겠다.

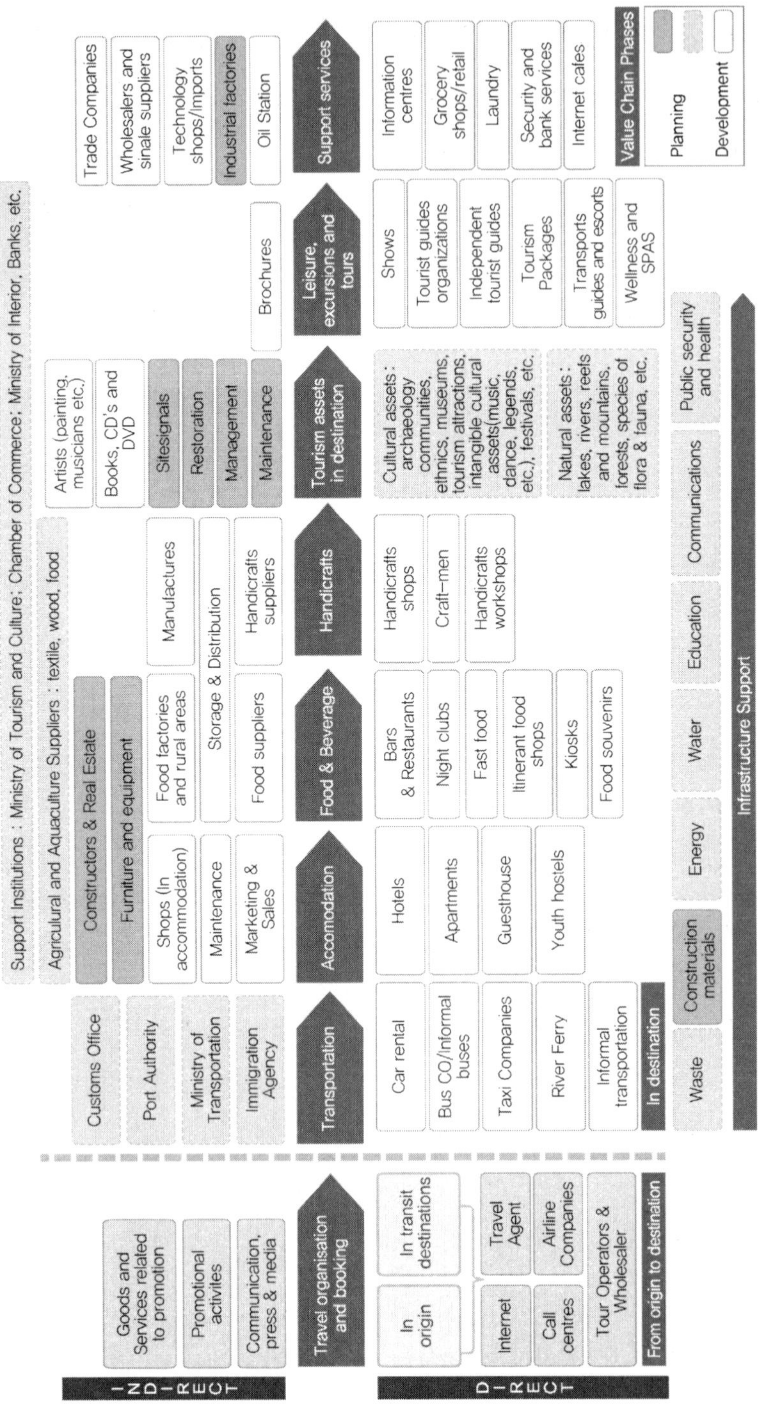

그림 3-3 관광 가치사슬

출처 DEVCO & UNWTO(2013).

2. Gambia의 관광-공급사슬 연결전략 사례

1) Gambia의 사회경제적 현황

감비아는 서아프리카에 위치한 가장 작고 가난하며 동시에 많은 빚을 지고 있어 국제원조에 크게 의존하는 국가이다. 2012년 기준 인구 약 180만 명이 거주하고 있으며, 1인당 GDP는 508달러이다. 감비아의 중간 연령은 19.8세이다. 주요 산업은 땅콩의 생산, 가공 및 수출에 의존하고 있다. 노동력의 3/4은 농업에 종사하고 있으며, GDP의 30%를 차지한다. 수산분야는 국민소득의 약 8%를 차지하고 있다(Mitchell & Fall, 2008). 그러나 대서양의 해변과 1년 내내 지속되는 햇빛이라는 자연환경을 지닌 감비아는 1960년대 중반부터 유럽인들의 겨울 휴양지로 자리 잡았다. 오늘날 관광은 감비아의 거시경제에 매우 중요한데, 관광분야는 2004년 국민소득의 13%를 올리는 데 기여하였으며, 30% 이상의 총수출 실적과 약 20%의 모든 민간부문의 공식적 일자리가 관광분야로부터 제공되었다.

2) Gambia의 관광현황

감비아의 관광시장은 1965년 스웨덴에서부터 300명의 관광객이 유입하면서 시작되었으며, 유럽, 북미, 그리고 더욱 최근에는 아프리카 지역으로부터 오는 관광객이 증가하였다. 최근 통계자료에 따르면 2010년 약 91,000명의 관광객이 방문했으며, 약 7개의 회사가 정기항공편을 운영하고 있다.

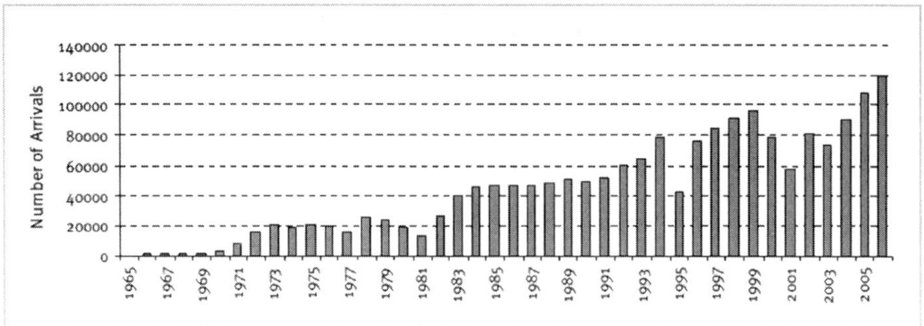

‖ **그림 3-4** ‖ 감비아의 관광객 증가추세

출처 1965 to 1984 : World Bank(1986) ; 1985 to 1994 : Ministry of Tourism and Culture(1995) ; 1995 to 2005 : EMG(2005) ; 2006 : Gambian Civil Aviation Authority(2006).

감비아의 관광부문은 국가 수입의 16%를 차지하고 있으며, 총수출 이익의 30% 이상, 전체 민간부문 공식적 직업의 약 20%를 차지하고 있다(Mitchell & Fall, 2008). 따라서 관광산업은 감비아의 거시경제에서 매우 핵심적인 역할을 하고 있다고 볼 수 있다.

감비아의 관광산업은 지리적으로 Greater Banjul 지역의 10km를 따라 집중되어 있다([그림 3-5] 참조). 아프리카의 서쪽 끝에 위치한 면적 1만 1,300㎢의 작

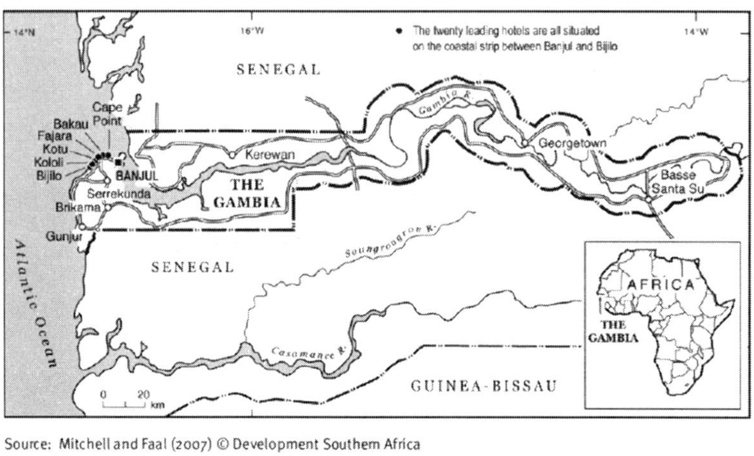

‖ **그림 3-5** ‖ 감비아의 주요 관광호텔 지역

출처 Mitchell & Fall(2008).

은 나라인 감비아는, 총 7,000개의 침대와 3,000개의 객실을 보유한 관광 목적지이다(EMG Deloitte, 2005; Mitchell & Fall, 2008 재인용). 그러나 지리학적으로 집중된 특성 외에도 관광객 활동은 적은 수의 대형 호텔에 집중되어 있어 관광객 숙박의 약 90%는 국가 내에 위치한 20개의 대형 호텔에서 가능하다. 그 외의 숙박시설은 소규모의 게스트하우스, 캠핑장, 여관(inns), 산장(lodges), 모텔 등과 같은 과잉된 시설들이 즐비하다.

이용 가능한 호텔방의 재고는 변동이 심하며, 보통 수준의 퀄리티를 지니고 있다. 감비아에는 호텔등급을 평가하는 국가적인 시스템이 부재하기 때문에, 여행사(tour operator) 측에서 그들만의 품질평가를 시행하고 있으며, 다른 국가들의 호텔등급 평가처럼 신뢰하기 어렵다. 게다가 60~70년대에 지어진 오래된 호텔건물들로 인해, 감비아는 상대적으로 낮은 품질의 숙박시설이 넘친다. 이러한 상황들이 객실의 이용률을 낮출 뿐만 아니라, 국제관광 사업자(international tour operators)와 객실요금을 협상할 때 호텔 소유주들은 상대적으로 불리한 위치에 놓일 수밖에 없게 한다. 2007년 초 감비아에 오픈한 쉐라톤 호텔이 5성급 수준의 객실 수를 두 배로 늘리는 동안 중간 수준의 숙박시설들 역시 엄청나게 증가했다.

감비아는 저예산의 '태양, 바다 그리고 모래'의 관광지 이미지부터 좀 더 고급화된 관광명소 관광브랜드를 다양화하기 위해 노력하고 있었다. 투자와 수출촉진법, 감비아 관광개발 마스터플랜(일본자금으로 개발), 그리고 국가발전 전략을 통해 투자자에게 인센티브를 제공하였다. 이러한 인센티브는 생태관광, 국가적 문화유산, 오지관광, 관광캠프, 스포츠 낚시, 강 스포츠와 크루즈, 4/5성급 호텔, 통합된 리조트와 마리나에 수익 내는 것을 목표로 하였다(WTO, UNWTO, & OECD, 2013).

3) Gambia의 관광 가치사슬 분석과 공급사슬 연결

감비아 관광분야의 구조는 단 4개의 국가 운영자와 해안을 따라 형성된 약 20개의 호텔, 그리고 일하는 7개의 패키지 사업자들에게 집중되어 있었다. 또한 수요시장을 분석해 보면, 감비아 관광의 3/4은 영국, 스칸디나비아, 독일 관광객으로 구성되어 있었다.

감비아 패키지 여행상품 시장은 7개의 국제관광 사업자(International tour operators)가 80% 이상을 차지하고 있다. 이는 12만 명의 관광객과 7천 개의 호텔 객실에 대하여 7개의 적은 관광사업자들이 상당히 큰 경제적 힘을 감비아 관광시장에서 행사하는 것을 의미한다. 감비아 내의 법적 요구사항으로 인하여 각각의 국제적 관광사업은 감비아인이 소유한 인바운드 관광 오퍼레이터와 함께 일해야 했다. 그 결과, 4개의 인바운드 관광 오퍼레이터와 협력하였는데, 이들은 주로 당일여행을 독점하였으며, 그 결과 실질적으로 판매권은 보호받았지만 제한된 경쟁력을 지녔다(Mitchell & Fall, 2008).

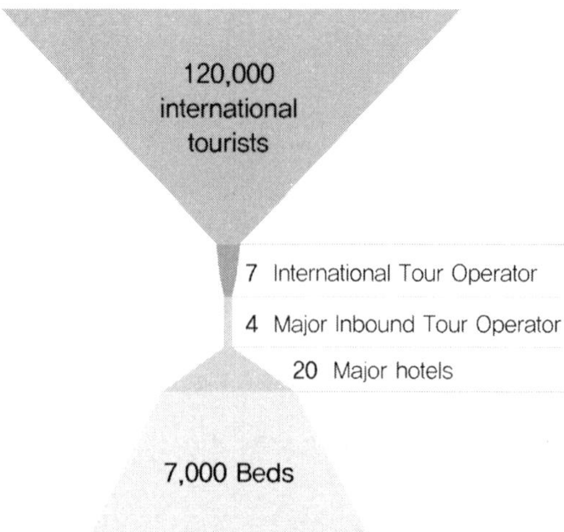

그림 3-6 감비아 여행사의 경제적 파워

출처 Mitchell & Fall(2008).

감비아에 유입된 대부분의 관광을 차지하는 패키지 여행상품의 가치사슬을 평가한 ODI 연구 결과에 따르면, 패키지 여행상품 가격의 3분의 1은 국내에 남아 있고, 나머지는 항공운송회사와 국제관광 사업자에 의해 해외로 지출되는 것으로 분석되었다. 하지만 관광객 본인 부담 지출의 경우, 더 큰 비율로 국내에 남아 있으며 이 지출의 대부분은 상대적으로 빈곤층에 더욱 긍정적인 영향을 미치는 것으로 밝혀졌다([그림 3-7] 참조). ODI의 분석에 따르면, 감비아 기반의 공급사슬에서 가난한 사람들의 손에 직접적으로 유입되는 경제적 가치는 전체의 14% 정도에 그치고 있다. 특히 농업의 경우 관광객들에게 식음료를 판매하기 위한 지역 농산물의 투입은 농산물의 직매(farm gate)에서 약 GBP100만으로 추정되고 있다(WTO, UNWTO, & OECD, 2013).

감비아 관광개발 원조의 주요 원천은 아프리카 개발기금, 오스트리아 및 일본이었다. 2002년과 2010년 사이에 총 투입금은 같은 기간 총 원조를 위한 무역지출(aid for trade disbursements) 금액의 0.6%인 약 3.1백만 달러와 지출에 120만 달러가 보고되었다(WTO, UNWTO, & OECD, 2013).

감비아의 관광개발 마스터플랜은 다른 경제로 유입될 수 있는 관광수입의 파급효과를 제고하기 위해 주요 우선순위를 강조하였다. 마스터플랜은 특히 내부(interior)와 농업의 연계를 강화하기 위해 인프라 시설 개발계획을 마스터플랜에 포함하였다. 관광과 농업 간의 연결을 위해 첫째, 단기전략으로 호텔과 레스토랑에 지역의 제품 홍보를 포함하였다. 둘째, 중기전략으로 도매업과 여성단체가 발전할 수 있도록 단순 원예업이 식품 서비스산업으로 기능을 개선하는 데 초점을 맞추었다. 뿐만 아니라, 계절성을 해결하기 위해 마스터플랜은 자연과 문화유산 지역을 대상으로 한 상품개발을 통해 틈새시장을 타깃으로 할 필요성을 강조하였다(WTO, UNWTO, & OECD, 2013).

셋째, ASSET을 통한 관광 챌린지 기금이 관광 가치사슬에 투입될 수 있도록 일부 중소기업의 공식화를 이끌었다. 예를 들면 '해변, 과일판매자와 주스를 만

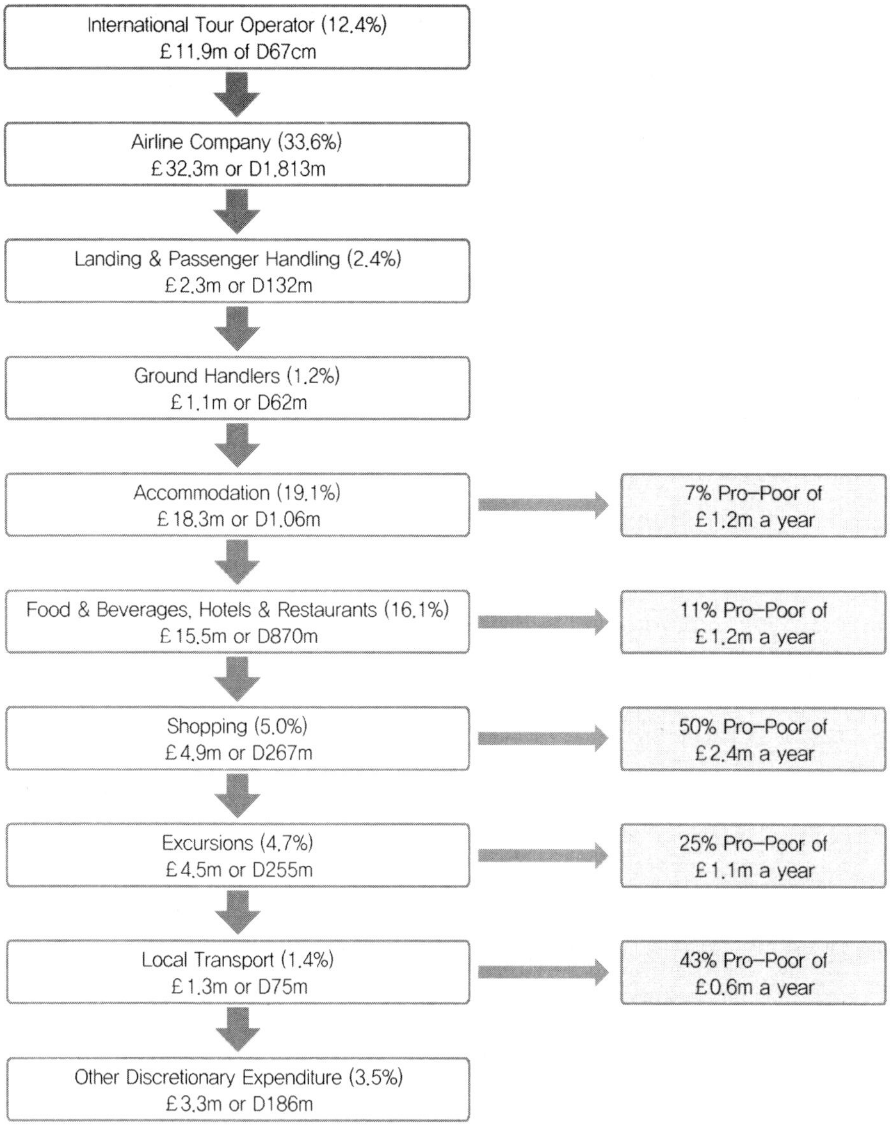

그림 3-7 The Gambia tourism value chain

출처 Asheley, C.(2006), SNV.

드는 사람들'이 더 이상 관광객들을 귀찮게 하지 않고 가판대를 설치하도록 하여 더 이상 해변에서 물건을 팔러 다니지 않도록 하였다. 가이드들과 공예 노동자들에게도 유사한 방법으로 시도하였으며, 호텔리어들은 공예 수공업자들을 초청하여 정기적으로 호텔 내에서 그들의 물건을 판매할 수 있게 하였다. "과일 판매자들의 수입은 50%까지 증가되었으며, 주스 판매자들은 120%, 가이드들은 3배, 공예 수공업자들은 2배가 증가되었을 뿐만 아니라 43개의 새로운 일자리가 생겨났다"고 보고되고 있다.

▮표 3-1▮ 관광사업으로 공급되는 지역의 제품 및 서비스

관광서비스 분야	요구되는 제품 및 서비스	지역 공급자
숙박업	건설 공급자 및 노동력	건설회사, 관련 숙련자
	인테리어 가구	가구매장, 관련 숙련자
	유지 및 수리	관련 숙련자
	청소 및 세탁	미숙련 지역 노동자
	보안 및 가드닝	미숙련 지역 노동자
케이터링	신선한 식재료 및 식료품 (야채, 고기, 생선 등)	농부, 목동, 어부
	가공된 식품	제빵사, 도살업자, 지역 상업/마켓
	요리 및 서빙	미숙련 지역 노동자(요리사 제외)를 훈련함
운송업	차량	운전수(택시), 보트/카누 소유주
	연료	주유소
	짐꾼	미숙련 지역 노동자
	탈 짐승	지역 농부 또는 목동
활동/프로그램	가이드	숙련된 가이드
	문화적 이벤트	지역 공연 그룹
	코스, 워크숍	숙련된 강사

출처 Steck et al.(1999)(Meyer, 2007 재인용).

그렇다면 가치사슬의 어떤 부분을 관광사업과 연결하여 직접적으로 빈곤층에게 관광수익이 연결되게 할 수 있는가? 스텍 등(Steck et al., 1999)은 관광사업에 공급할 수 있는 지역의 제품 및 서비스를 〈표 3-1〉과 같이 제시하였다. Mitchell & Fall(2008)은 숙박업, 식음료업, 쇼핑업, 당일여행(excursion)과 지역운송업을 연결 핵심분야로 제시하였다.

우선 숙박의 기능과 식음료 서비스를 제공하는 숙박업의 경우를 살펴보면 다음과 같다. 숙박업과 지역을 연결할 수 있는 방법은 의심할 바 없이 직접적인 고용을 통한 방법이 있다. 이외에도 숙박업 운영에 필요한 자재들을 지역에서 생산된 제품으로 충당하는 방법이 있다. Meyer(2007)는 숙박업 분야에서 지역의 공급망과 연결할 수 있는 방법을 숙박업 내 핵심사업(core business)과 비핵심사업(non-core business)으로 분류하여 제시하였다. 핵심사업에는 고용(employment)과 물품구매(Sourcing)가, 비핵심사업에는 중소규모 및 작은 기업 개발과 아웃소싱(SMME_Small, Medium and Micro Enterprises_ development and outsourcing) 및 그 외의 협력(other partnership)이 포함된다([**그림** 3-8] **참조**).

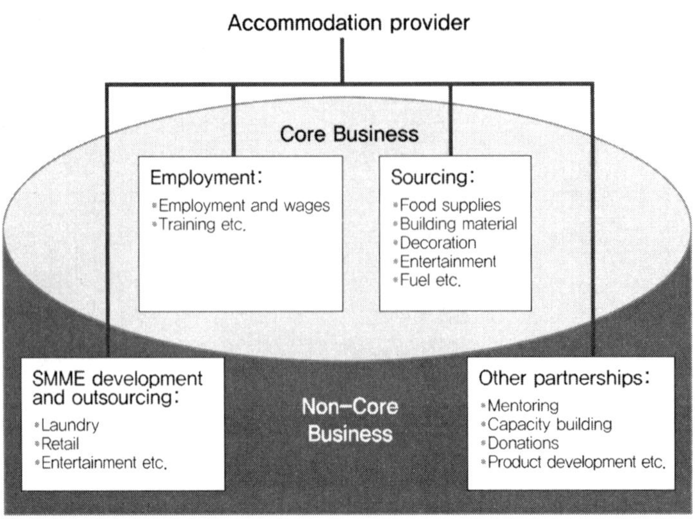

▌그림 3-8▐ 숙박업 분야와 지역커뮤니티 간의 잠재적 연계
출처 Meyer(2007), p. 565.

첫째, 고용을 통한 지역 공급망과의 연계방법

관광산업은 일반적으로 매우 노동집약적인 산업으로 WTTC(2005)가 추정한 것과 같이 관광과 관련된 총 경제적인 고용은 전 세계 노동력의 8.3%를 차지하고 있다. 호텔은 객실 하나당 평균 0.9명의 전일종사 노동자(Full-Time Equivalent, FTE)를 고용할 수 있다. Mitchell & Fall(2008)이 분석한 감비아의 관광고용을 통한 경제적인 파급효과는 다음과 같다. 이것은 3,000개의 호텔 객실을 보유하고 있는 감비아의 경우, 2,700명의 FTE 일자리를 제공할 수 있다는 것을 의미하며, 이 수치는 감비아 내의 공식적 관광 일자리 중 2/3를 차지하는 수치이다. 감비아 호텔직원의 평균임금은 46파운드이다. 관리자급 임금을 제외하고는 이 금액은 호텔 총 매출의 7%에 해당하는 금액이다(팁 제외). 감비아 평균가구의 크기는 가구당 8.5명이며 부양비율은 65%이다(The Gambia Bureau of Statistics, 2006). 이것은 4,126개의 풀타임 관광 일자리가 추가적인 22,800명에게 영향력을 미칠 수 있음을 의미한다(Mitchell & Fall, 2008).

둘째, 물품구매를 통한 지역경제와의 연계방법

대부분의 공급자와 관광분야의 연계에 관한 연구들은 식음료 부분의 물품구매와 연계할 수 있는 기회로 농업분야를 다루고 있다. 숙박업의 식음료 부분에 사용할 농산품의 구입은 여러 가지 이유에서 감비아 빈곤층을 위한 관광전략이 될 수 있다. 우선 지역 농산물에 대한 수요증대는 관광이 많은 수의 빈곤층의 생계에 영향을 미칠 수 있는 핵심적인 메커니즘이다. 감비아와 같이 노동인구의 70%가 농업에 종사하는 국가에서 호텔 및 레스토랑을 위한 농산품 공급을 강화하는 것은 농업분야에 종사하는 노동력을 제한된 관광분야로 교체하는 방법보다 빈곤층의 생계를 개선하는 데 성공적이다. 농업부문 내에서 향상된 용량은 잠재적으로 관광 외의 다른 분야로 공급한다. 감비아의 경우 세네갈과 같은 주변 국경지역에 향상된 용량의 농산품을 제공할 수 있다. 또한 식음료 지출은 관광객 지출의 가장 큰 요소이다(자기부담비용의 거의 절반을 차지). Meyer(2006)에 의하면, 관광객 지출의 약 30%가 식음료 지출로 충당된다. 이것은 대부분의 패키지 상품이 조식만을 제공하는 경향이 있기 때문이다. 저개발국가 내 대부분의 빈곤층들은 그들의 소득을 생활농업에 의존한다. 역사적으로, 개발도상국에서의 호텔은 그들의 식자재 수요를 지역 공급에서 충당할 수 없었으며, 그들의 식자재를 수입해 오는 경향이 있었다. 이러한 경향은 지역적으로 식자재 구입의 이점, 즉 식자재 비용을 줄일 수 있고, 질을 개선하며 지역경제에 영향을 미칠 뿐만 아니라 기술을 개발하고 보존할 수 있다는 인식들을 이해해야만 변화될 수 있다.

그러나 관광분야와 농업분야를 연결하기 위해서는 연결을 위한 주변 환경이 조성되어야 한다. Mbaiwa(2000)는 관광이 Botswana의 Okavengo Delta 지역에서 지역 개발에 경제적으로 작은 영향만을 미쳤다고 주장하였다. 이것은 국내경제와의 약한 연계 때문인데, 관광은 오직 0.5%의 지역농산품 구매에 기여했다는 것이다. 때문에 수요와 공급 간의 조화, 마케팅 그리고 정부의 정책 등 모든 관련된 요인들이 지속적인 관광과 농업 부문의 연계를 유지하기 위해 노력해야 한다. Meyer(2007)는 관광과 농업 부문 간의 연결 실패는 종종 공급과 수요 간의 불일치뿐만 아니라 바이어와 공급자들 간에 커뮤니케이션이 이루어질 수 있도록 하는 중재적인 지원이 부족하기 때문이라고 지적하였다. 이러한 지원부족은 공동적인 목표와 개별 간의 니즈에 대한 인식을 형성하지 못하게 하여 결론적으로 협력으로 이어지지 못하게 한다. 이를 잘 극복한 사례로 2003년 자메이카 지역에서 생산된 상품을 거주민, 방문객, 그리고 수출업자들에게 홍보하기 위해 계획된 'Eat Jamaica 캠페인'을 들 수 있다. 이는 자메이카협회와 자메이카 농업사회(Jamaica Agricultural Society, JAS), 자메이카 제조업협회(Jamaica Manufacturers' Association, JMA)와 같은 단체에 의해 시작되었다.

셋째, 비핵심사업에 포함되는 중소규모 및 작은 기업 개발과 아웃소싱

1990년대 초 아웃소싱은 기업의 핵심적인 경쟁력을 보장해 줄 뿐만 아니라 예산 낭비를 줄여주는 전략으로써 관광분야에 적용되기 시작했다. 비핵심 활동의 아웃소싱은 세탁 서비스 · 보안 · 가이드 · 잡화 등을 포함하며, 관광분야가 후방 공급연계를 통해 중소규모의 지역기업을 개발할 수 있는 기회를 제공한다. 이러한 후방 공급연계는 지역기업의 기술적인 노하우와 외부시장에 대한 신뢰를 증진시킬 뿐만 아니라 시장에 대한 접근을 용이하게 하고 제공되는 상품의 질을 개선하며 결국에는 개별사업의 지속가능성을 보장해 준다.

그럼에도 불구하고 지역에서 중소규모 기업의 개발은 시장 진입의 높은 자본비용, 언어, 교육 및 기술과 같은 장벽으로 인해 제한적이다(Healy, 1994). 특히 저개발국가는 감비아의 사례와 같이 몇 개의 대규모 기업에 의해 지배되는 동시에 약한 지역경제라는 특징을 지니고 있기 때문이다. Brohman(1996)은 관광산업에서 다국적기업의 연결은 관광산업이 개발도상국에 기여할 수 있는 순재정적 이익뿐만 아니라 관광의 광범위한 후방연관산업의 발전가능성을 심각하게 저해하게 된다고 주장하였다. 많은 저자들은 이것이 외국 소유주 관광산업이 지역 내 중소규모 기업을 지원할 수 없게 되는 상황을 초래한다고 지적하고 있다.

한편, 지역의 비공식적인 소규모 기업들은 일반적으로 낮은 진입장벽, 지역토착 자원에 의존, 가족 소유, 소규모 운영, 노동집약적, 지역에 기반한 사업이라는 특징을 지니고 있다. Michaud(1991)는 3종류의 비공식적 활동들이 관광분야에서 중요하다고 주장하였다. ① 숙박업(lodging), ② 서비스 및 수공예품 관련 활동, ③ 기념품 노점상, 3륜 택시 운전수, 매춘부, 인가되지 않은 게스트하우스, 공인되지 않은 가이드와 작은 음식가판대 등이 그것이다. 또한 Crick(1992), Dahles(1994), Harris and Nelson(1993), Timothy and Wall(1995)와 같은 연구자들은 소매업이 매우 중요한 비공식 분야 활동이라고 주장하였다. Timothy and

Wall(1995)은 기념품과 수공예품 노점상은 개발도상국의 비공식 분야에서 어디에서나 가장 많이 발견되는 것이며, 광범위하게 관광객을 어필할 수 있는 것이라고 주장하였다. 그럼에도 불구하고 숙박부문에서, 특히 모든 것이 포함된 리조트에서는 경쟁에 대한 두려움으로 인해 비공식 분야에 관광객이 접촉하는 것을 꺼리는 문제점이 남아 있다.

넷째, 비핵심 부문에서의 두 번째 전략은 커뮤니티와의 또 다른 협력

최근에는 시민사회가 기업에게 사회적 · 환경적으로 건전하게 운영할 것을 요구한다. 즉 기업이 단순히 자선과 기부에서 벗어나 빈곤과 같은 더욱 큰 이슈를 해결하는 데 기여하는가에 대한 논의가 이어져 왔다. 지난 몇 년간의 PPT(Pro-Poor Tourism)에 대한 토론에서도 일방적인 자선활동에서 '비즈니스 사례를 만드는 것'으로 초점이 이동되었다. 관광관련 지역사회 개발활동은 기부와 같이 상대적으로 단순한 자선활동에서부터 지역 경제개발, 교육 및 능력배양, 자원공유, 사회적 및 환경적 보호, 빈곤 감소와 같은 기여를 통한 이웃사회와의 지속가능한 관계를 유지하는 좀 더 복합적인 시도까지 범위가 넓다. 관광산업이 다른 산업과 특히 다른 점은, 관광은 이웃 지역사회의 호의에 매우 의존적이며, 이러한 호의는 지역 커뮤니티와의 협력을 발전 · 유지 · 강화하는 데 매우 필수적인 요소라는 점이다. 관광이 지닌 무형성은 특히 이미지 형성과 상품 및 상품제공자의 명성에 매우 의존적이다. 이웃 지역사회와의 지원적인 협력관계는 긍정적인 홍보효과를 지니고 있으며 기업의 명성을 개선해 준다. 따라서 기업차원에서 지역의 발전에 기여할 수 있는 사업방식은 관광과 지역 입장에서 서로 윈윈할 수 있는 전략이다.

한편, 지역 운송수단은 감비아의 관광경제에서 오직 1.5%(1.3파운드)밖에 차지하지 않는다. 이것은 두 부분으로 구성되는데 하나는 소형차 렌트(빈곤층에 거의 영향을 미치지 못함)이며, 다른 하나는 관광택시이다. 관광택시의 경우 지역 운송수입의 50%가 택시로 인해 발생된다.

당일여행은 관광분야와 빈곤층을 연결시킬 수 있는 잠재적으로 강력한 메커니즘이다. 2005년 감비아 내에서 당일여행에 지출되는 금액은 약 4.5파운드로, 총 관광경제의 1/20밖에 차지하지 않지만, 당일여행은 목적지에서 이루어지기 때문에 25%의 총 당일여행 지출이 빈곤층에게 연결되므로 중요하다(Bah & Goodwin, 2003). 이에 정부는 인바운드 여행사들이 좀 더 경쟁력 있는 당일여행 시장을 개발할 수 있도록 격려하고 진입장벽을 낮추어줄 것을 고려해야 한다.

3. 맺음말

이 장에서는 관광을 통한 ODA전략에서 가치사슬 분석과 공급사슬 연결의 중요성과 관광 가치사슬, 관련 사례, 실천할 수 있는 기본전략에 대해 탐구하였다. 요약하면, 공급사슬 연결은 저개발국가 내에서의 다양한 후방연쇄효과로 인해 승수효과를 증가시킬 수 있고, 문제점으로 지적되고 있는 누출효과를 줄일 수 있다. 그러나 지금까지 저개발국가에서의 관광 접근은 관광과 지역경제를 연계하려는 작업이 미미하였다. 향후 관광 ODA는 저개발국가에서의 지역경제와의 연계기회를 전적으로 이용할 수 있다는 사실에 주의해야 할 것이다.

또한 본 장에서 구체적으로 언급하지는 않았으나, 가치사슬 분석과 공급사슬 연결 전략의 성공여부는 결국 관광객의 인식 차이에 의해 크게 좌우될 수 있다. 관광객들이 토속음식을 맛보고, 전통 수공예품에 관심을 가지는 등 현지 문화에 적응하고 경험하고자 하는 의지는 지역주민이 참여할 수 있는 관광사업의 확장에 분명하게 영향을 줄 수 있다. 본 장에서 분석한 감비아의 가치사슬 분석 결과와 같이, 여행사에 의해서 여행 일정이 고정되는 패키지여행의 경우에는 지역의 빈곤층에게 돌아갈 수 있는 여행수익이 매우 적다. 이들 여행의 특징은 현지 지역경제와는 무관한 고급호텔 및 리조트에 묵으면서 지역사회의 주민과는 더욱 동떨어지게 되기 때문이다. 반면, 현지와 더욱 긴밀하게 접촉하고자 하는 자유여행객들은 지역사회에 경제적 편익을 증가시킬 수 있는 더욱 큰 잠재력을 지니고 있다. 따라서 저개발국가로의 개별 관광객의 여행이 좀 더 용이하도록 정보를 제공하고 마케팅전략을 수립하는 것도 궁극적으로 지역에서 생산되는 공급망에 경제적인 이익을 줄 수 있는 효과적인 전략이 될 것이다.

즉 관광의 가치사슬 분석과 지역과의 공급사슬 연결 전략은, 관광객을 대상으로 한 인식교육과 정보제공 및 마케팅, 정부의 관광과 지역경제 간의 커뮤니케이션 강화를 위한 중개지원, 이에 필요한 인프라 시설 조성을 포함하여 종합적으로 고려되어야 할 것이다. 관광이 개발 국가와 지역의 경제발전에 영향을 미친다는 것에는 의심의 여지가 없다. 그러나 이제는 과연 그 경제발전의 이익을 누가 얻는 것인지, 어떻게 하면 그 이익이 빈곤층에게 돌아갈 수 있는지에 대해 초점을 맞출 필요가 있다.

제8장

관광 거버넌스 구축

1. 좋은 거버넌스 구축의 개념과 필요성

7장에서 상술한 것과 같이 지역의 빈곤층에게 더 많은 관광수입이 돌아가기 위해서는 지역 이해관계자를 관광분야에 고용하거나, 상품과 서비스 등의 분야에 '연결'함으로써 관광 가치사슬에 참여토록 해야 한다. 그러나 관광 가치사슬로 지역사회의 자본을 연결하는 것이 간단치는 않다. 다양한 분야의 상호관계로 얽혀 있는 관광시스템의 복잡성 때문이다. 공공과 민간 분야의 다양한 이해관계자들 간의 상호작용뿐만 아니라 다수의 지역사회 이해관계자가 관광 가치사슬에 들어가기 위해 서로 경쟁하고 협력한다. Ford, Wang, and Vestal(2012)은 관광 가치사슬이 일반적으로 각기 다른 층의 다양한 이해관계자들이 가치사슬 내에 더 많은 가치를 차지하기 위해 권력을 지니고자 분투한다는 점을 지적하였다. 이에 따라 정부 관련 기관은 복잡한 관광 시스템 안에서 규제와 조정을 위한 핵심적인 역할을 수행해야 한다.

대부분의 경우 저개발국가의 관광분야는 선진국에서 수입된 노동관리 경험에 의존하는데, 이 경우 지역에는 제한된 리더십과 관광지식 및 기술만이 허용되어 결국 선진국에 대한 종속성의 특성을 띠게 된다. 만약 지역주민과 토착주민들이 관광계획 및 개발 프로그램에 참여할 수 있다면 그들의 생계에 직접적인 영향을 미칠 수 있지만, 이는 쉬운 일이 아니다. 지역사회가 관광 가치사슬에 들어가기 힘든 주요한 장애요인 중 하나는 관광 가치사슬의 수직적 구조 때문이다. 이러한 구조에서 지배적인 국제관광 오퍼레이터들은 개별적인 관광상품을 하나의 패키지 상품으로 통합하며, 이러한 패키지들은 관광객들이 공항→주요 관광지→공항으로 이동하는 여행경험을 쌓도록 하는 '관광객 거품'의 구조를 형성하게 한다. 특히, 저개발국가에서 권력이 있는 이해관계자들은 관광가치사슬을 수직적으로 구성하는 경향이 있는데 이 시스템 안에서 관광객들은 관광지 내에서 공간적·사회적으로 제한된 궤도로만 움직이게 된다(Adiyia, Stoffelen, Jennes, Vanneste, & Ahebwa, 2015). 수직적인 관광 가치사슬에 지역사회의 이해관계자들이 들어갈 수 있는 기회는 매우 제한적이다. 따라서 이러한 장애를 극복하기 위해 지역 이해관계자가 관광 가치사슬에 들어갈 수 있는 연결고리를 발견할 수 있도록 권한을 부여해 줄 수 있는 방식으로 그 구조를 바꾸는 데 정부가 노력을 가해야 한다(Cole, 2006). 관광객은 목적지 국가의 공항에 도착하여 주요 관광지만을 방문한 뒤 다시 공항으로 돌아와 지역의 깊숙한 곳과는 상관없는 제한된 코스로만 이동하게 된다. 이러한 관광객 거품을 일으키는 수직적인 관광 가치사슬을 벗어나 관광 가치사슬이 수평적으로 지역사회에 촘촘하게 연결될 수 있도록 하기 위해서는 좋은 거버넌스가 필수적이다.

좋은 거버넌스는 자원의 지속가능한 이용을 통해 경제적인 성장과 발전을 담당하는 핵심기관으로서 그 역할을 다할 수 있다. 넓은 의미에서 좋은 거버넌스란 사람들의 요구에 적합하고 공정하고 책임감 있으며 투명한 방식으로 국가의 자원과 업무를 관리하는 것을 의미한다. 관광분야가 광범위하면서도 다양한 경제적·사회적 분야와 이해관계자를 포함한다는 점을 고려할 때, '지속가능성'을 지향하는 개발은 강력한 거버넌스 시스템을 필요로 한다. 특히 좋은 거버넌스는 저개발국가에서의 관광개발에서 지속가능성을 이끄는 중요한 힘으로 작용한다. 예를 들어 정부기관은 관광 시스템의 규제와 조정의 중심역할을 한다. 이러한 기관들은 또한 관광 공급자와 생산과정에 근본적인 영향을 미치거나, 압력을 가할 수 있다. 뿐만 아니라 정부기관은 직접적 그리고 간접적으로 어떤 관광활동이 일어날지에 대해 결정할 수 있으며, 관광의 발전적 결과까지 영향을 미치게 된다. 즉 기관은 관광의 윤곽을 형성하고 그 생산과 개발결과에 큰 영향을 미칠 수 있는 중요성을 지닌다.

관광 거버넌스는 수직적인 관광 가치사슬을 수평적으로 재배치하는 데도 중요한 역할을 할 수 있다. 관광 가치사슬은 관광계획의 행위자, 주요 공급자, 중개자, 그리고 관광객에 의해 형성된 '교점(nodes)' 간의 상호관계로 구성된다(Romero & Tejada, 2011; Song et al., 2012). 이 상호관계 구조가 관광객에 의해 획득되는 경험적 가치를 생산하며, 지역 사업가와 지역사회 이해관계자들이 그들의 노동력을 국제관광시스템의 상품과 서비스에 연결할 수 있는 플랫폼으로써 작용한다(Adiyia, Stoffelen, Jennes, Vanneste, & Ahebwa, 2015). 관광 거버넌스는 관광 가치사슬에 지역의 접근성을 제공하는 방향으로 상호관계를 (재)배치하고 협력하도록 할 수 있다. 이때 가치사슬 관계의 거버넌스는 다양한 이해관계자들 간의 자본과 목적을 조정함으로써 민주적인 절차를 강화하고, 해당 지역 내의 특수한 환경적 맥락과 전반적인 목표를 고려한 의사결정을 조정하기 위한 발판을 제공해야 한다. 이 과정에서 주정부는 공동의 이익문제를 다루기 위한 지휘권과 정당성을 지니고 있기 때문에 관광 가치사슬의 복잡한 관계망에서 이해관계자를 조정할 수 있는 핵심조직으로서의 역할을 수행할 수 있다(Bramwell, 2010, 2011). 주정부는 관광 관련 이해관계자가 올바른 방향으로 행동할 수 있도록 인센티브를 줄 뿐만 아니라 여러 가지 요건을 갖추도록 새로운 법률과 제도를 정비할 수 있다. 관광의 영향을 극대화하기 위하여 관광계획은 반드시 전체적인 개발전략, 계획, 국가 또는 지역의 맥락으로 통합되어야 한다.

한편 관광은 국가 내 정책 이슈에 매우 크게 의존하고 있으며(Hall, 2001) 정책 이슈들은 여러 거버넌스 계층에 중복되기 때문에 다양한 수준의 협력을 요구한다. Bramwell and Sharman(1999)은 목적지 내 이해관계자들이 협력하고 관광정책에 대해 서로 동의하려고 노력할 때 많은 잠재력이 있다는 점을 증명하고자 하였다. 우선 이러한 협력은 잠재적으로 오랜 시간을 소요할 수 있는 이해관계자 간의 추가적인 갈등을 해결할 수 있는 비용을 면하게 해준다(Healey, 1998). 이러한 협력은 정책 및 관련 조치들 간의 조정과 관광의 사회적 영향이 좀 더 효과적이고 지속가능할 수 있도록 개선한다. 더 나아가 협력은 이슈에 대한 더 깊은 이해와 더 혁신적인 정책을 이끌 수 있는 지식자산, 식견을 형성할 수 있는 가치를 더해준다(Roberts & Bradley, 1991). 그렇다면 어떻게 해야 하는가?

좋은 거버넌스는 관광개발 계획과 전략을 통합해야 한다

Timothy(1998)는 계획 시스템을 통합하기 위해 다음 4가지 형태의 협력이 필요하다고 주장하였다.

① 정부 부서 간 경쟁과 부조화를 줄이기 위한 정부기관 간 협력
② 관광계획 책무의 다양한 구조를 다루기 위한 행정수준 간의 협력
③ 지역 간 국경을 넘는 잠재적인 자원과 지역 간의 환경적 · 사회적 · 경제적 불균형을 다루기 위한 국가 간 같은 수준의 행정기관 간의 협력
④ 관광 관련 이해관계자 그룹의 다양성을 다루기 위한 공공과 민간 부문의 협력

Perkmann(1999)은 이러한 협력은 두 개의 차원으로 해석할 수 있다고 하였는데, 첫 번째는 내부 vs 외부 거버넌스 특성으로 공적 부문 vs 공공, 민간, 자원봉사에 걸친 부문 및 국가단위를 넘어선 부문을 의미한다. 두 번째는 수평적 vs 수직적 거버넌스 특성을 의미한다. 이를 서로 결합하면 다음 표와 같은 4개의 거버넌스 형태로 분류할 수 있다.

표 3-2 거버넌스의 4가지 형태

	내부(Internal)	외부(External)
수평적 (Horizontal)	동일한 차원에 위치한 다른 정책부문(관광, 문화, 경제, 개발, 공간계획…) 간의 노력을 배치하고 조정함	동일한 차원에 위치한 공공부문과 민간, 지역사회, 자원봉사(제3섹터) 부문 이해관계자, 국경을 넘는 자원에 대한 이해관계자 간의 노력을 배치하고 조정함
수직적 (Vertical)	관광 관련 (여러) 계층의 활동과 정부 관광 관리 책무 및 전략에 대한 배열	서로 다른 공간적 차원, 국가 단위, 다른 네트워크 연결 포인트에서 작동되는 공공과 민간, 지역사회와 자원봉사(제3섹터) 부문의 이해관계자 간의 노력에 대한 배치와 조정

출처 Adiyia et al.(2012).

한편 Nelson(2012)은 특히 저개발국가에서는 자연자원에 대한 통제와 관광계획 및 정책수립의 핵심적 역할이 일반적으로 정부 또는 정부가 이끄는 기관에 의해 규제되며, 이 기관들은 지역의 참여를 오히려 제한하는 경향이 있다는 점을 지적하였다. 그러나 정부의 낮은 수준의 참여가 또한 국제적 이해관계자들과 지배적인 일부 지역 엘리트에게 권한을 주는 방식의 거버넌스는 지역 이해관계자들이 관광시장 또는 의사결정 분야에 들어갈 수 없는 장벽을 만들기도 하므로 주의해야 한다. 좋은 거버넌스는 SDGs의 달성을 위한 필수적인 요인이다. 그 이유는 앞에서 살펴본 바와 같이 시장이나 정치가 스스로 지속가능한 정책이나 실행을 담보하지 않기 때문이다. 그러므로 현실에 적합한 좋은 거버넌스는 관광 ODA사업에서 지속가능한 실천을 담보해 낼 수 있는 기반이라는 점을 다시 한 번 명심할 필요가 있다. Namibia의 사례를 통해 관광분야에서의 지속가능한 관광 ODA사업의 좋은 거버넌스에 대한 시사점을 살펴보기로 한다.

2. Namibia의 관광 거버넌스 구축전략 사례

나미비아의 지역사회기반 자연자원 관리(Community-Based Natural Resource Management, 이하 CBNRM)는 지역사회의 토착주민들이 스스로 주변의 환경자원을 보호하면서도 그들의 생계에 직접적인 수익을 창출하여 빈곤완화에 도움을 줄 수 있는 다양한 비즈니스를 수행하는 프로그램이다. 본 사례는 지역사회에 기반한 관광개발을 실행한 대표적인 사례로서 거버넌스의 좋은 모델로 평가받고 있다.

1) 나미비아의 지역현황

나미비아는 총 면적 약 825,000㎢를 지닌 국가로 약 218만여 명(2013)의 인구가 거주하고 있다. 나미비아는 남아프리카에 위치한 연평균 강수량이 2~28㎖로 매우 건조한 나라이다. 남아프리카는 강우량이 고르지 않은 특징을 지녔는데, 동북지역의 평균 강우량은 연간 348~871㎖이다. 이러한 기후조건 때문에 나미비아의 농업생산 역시 매우 제한적일 수밖에 없었다. 나미비아의 인구성장과 경제활동 역시 물 부족으로 인해 제한적이었다. 건조한 조건 때문에 농업뿐만 아니라 산업개발 역시 제한적이었다. 주요 수출산업은 광업과 관광이었다. 이러한 상황임에도 불구하고 인구의 70%는 농업으로 그들의 생업을 유지했다.

다만 나미비아가 지닌 생태학적으로 중요한 특징 중 하나는 바로 국가의 풍부한 야생동물이었다. 20세기 전반 밀렵에 의해 야생동물 숫자가 크게 감소하였지만, 그럼에도 불구하고 남부 아프리카의 지역에 비교하여 야생동물 숫자와 그 다양성이 여전히 높은 편이었다. 한 예로 에토샤국립공원의 경우 114종의 포유류, 340종의 조류, 110종의 파충류, 16종의 양서류가 서식하였다. 그중에서도 영양, 검은코뿔소, 코끼리, 기린 등은 특별보호종이었다.

2) 나미비아의 관광현황

나미비아를 포함한 아프리카 지역은 전반적으로 1970년대부터 관광분야에서 큰 성장을 이뤄냈다. 나미비아를 방문하는 관광객의 주요 관심은 주로 야생동물과 자연관련 명소이다.

나미비아는 아파르트헤이트(Apartheid) 정부[7]의 종료와 함께 독립한 후 1990년부터 정부는 관광촉진, 지역의 빈곤 완화, 지역사회의 권한부여 등 몇몇 정책을 수립하였으며 특히 관광분야에 중점을 두었다. 그러나 관광은 국립공원, 사냥이 금지된 구역인 금렵구 레크리에이션 지역, 소수의 민간숙박업 및 게스트농장(guest farms)에 초점을 맞추어 정부가 강력하게 통제하고 있는 산업이다.

3) 나미비아의 관광 거버넌스 구축

나미비아의 CBNRM 프로젝트를 통한 거버넌스 구축 노력은 1990년대부터 시작되었다. 나미비아 정부는 비정부기관(NGOs)으로부터 재정지원을 받기로 결정하였으며, 공동지역의 야생동물과 여타 재생가능한 자원을 활용하여 관광 및 지역경제발전을 활성화하고자 하였다. 1990년대 초, 후기독립 정부는 환경 및 보존과 관련된 지역사회의 문제점을 파악하기 위하여 사회경제적 조사를 실시하였다. 1992년 European Commision(EC)로부터 자금을 할당받아 나미비아의 관광개발과정이 지원되었으며, 1992년에 나미비아 관광개발 연구가 수행된 후 1993년에 나미비아 관광개발계획(NTDP : Namibia Tourism Development Plan)이 수립되었다. 또한 1993년 정부는 미국국제개발기구(USAID)와 협력하여 CBNRM의 자금을 조달하고 개발하기 위한 프로젝트에 착수하였다. 1995년 나미비아 정부는

---

7) 남아프리카공화국의 극단적인 인종차별정책과 제도로 1994년 최초의 흑인정권이 탄생하며 철폐됨.

지역사회 수준의 보존(community level conservancies)을 이끌어낼 수 있는 정책을 수립하였다. 이 정책은 'Policy on Wildlife Management, Utilization, and Tourism in Communal Area'였으며, 자유보유권 지역과 공동지역에 대한 관리단에 적용되던 동일한 권한을 야생동물을 관리하는 데에도 보장하는 내용이다. CBNRM의 개발은 법적이고 정치적인 상황에 의해 마련되었다. 이 프로그램은 인종차별(ethnic segregation)과 기존의 지배구조(traditional governance structure)가 여전히 만연한 공동지역(communal land)을 대상으로 하였다. 비록 CBNRM은 공식적인 지방분권정책이 아니었음에도 불구하고 낮은 수준의 거버넌스로 권력을 이양하였다. 이듬해 1996년에 자연보존 개정법 5항은 기존의 조례를 수정하여, 공동구역의 지역주민 역시 공동지역 관리단을 형성함으로써 야생환경과 관광에 대해 상업적 농부와 마찬가지로 동일한 권한을 얻을 수 있다고 명명하였다. 관리단(Conservancies)의 설립기준은 다음과 같다.

- 정해진 경계가 있을 것
- 정해진 멤버십이 있을 것
- 대표 관리 위원회를 만들 것
- 법적으로 인정되는 야생동물 관리 전략과 공평한 이익분배를 위한 체제가 있을 것

상위 기준을 만족시키는 단체가 있을 경우에는 환경관광국(Ministry of Environment and Tourism, MET)에 그들의 지역에 대한 관리단을 주장하기 위해 지원해야 한다. 정책은 또한 야생환경에 대한 관리와 사용에 대한 법적 권리를 부여하는 동시에 야생환경에 대한 비소비적 이용으로부터의 이익창출 권리 역시 보장하였다. 관리위원회의 위원장은 야생환경에 대한 이용 권리를 지님과 동시에 멤버십 리스트를 생성하고 유지할 뿐만 아니라 연례회의와 관리단 멤

버에 대해 보고하고, 분쟁을 해결하며 게임관리 계획(game management plans)을 수립할 의무가 부과되었다. 이에 따라 관리단은 정기적인 회의를 개최하고, 조직의 방향에 대해 논의하며 미래 계획에 대해 경청하고, 자원과 사업 참여에 대한 제안서에 투표하는 등의 참여를 통해 로컬 거버넌스 시스템을 구축할 수 있게 되었다.

또한 이 법(Communal Conservancy Legislation)은 특정 지역의 공동 지역주민에게 게임과 관광을 통해 권한을 부여하였다. 마을 회의에서 의사결정이 이루어지게 하는 낮은 수준에서의 권한 이양방식을 통해, 지역주민이 지역관광개발에 대한 책임감을 가지게 하였다. 또한 땅에 대한 권리(Right of Land, ROL)는 관광 사업자들이 환경관광국(MET)에 사업승인을 받기 전에 지원자와 지역 주민들 간의 상세한 동의를 포함해야 한다는 내용을 포함하였다.

이러한 거버넌스 시스템이 주는 긍정적인 효과는 바로 나타나기 시작하였다. 1996년 이전에는 오로지 특정 백인 농부만이 이러한 권한을 지녔다. 그리고 피부가 검은 나미비안인들을 포함한 나머지 국민들은 주정부 소유의 공동지역에서 살아갔다. 야생동물 역시 정부의 소유물이었다. 따라서 대부분의 국민들은 공동지역의 자연환경과 야생동물을 보호해야 할 이유가 없었다. 그러나 CBNRM 도입 이후로는 지역주민이 야생동물을 직접 관리하기 시작하면서 코끼리 · 코뿔소와 같이 문제가 있었던 동물들이 관광객을 이끌 수 있는 매력물로 자리잡게 되었다. WTTC(2006) 자료에 따르면, 나미비아는 향후 10년 이상 광업, 농업 및 농업의 보완산업으로서 아프리카의 주도적인 관광 경제 시장이 될 가능성이 있다고 예측되었다. 나미비아 정부가 지역사회에게 야생동물에 대한 관리의 권한을 이양하면서 지역사회는 새로운 재산권이 생겨나게 되었다. 이러한 재산권은 지역주민들에게 새로운 비즈니스를 시작하고 사업기회를 추구하도록 인센티브를 제공하였으며, 새로운 고용기회 및 훈련과 같은 다양한 혜택을 지역사회에 제공하는 결과를 낳았다.

나미비아 정부는 지역사회가 야생환경과 공존할 수 있는 관광개발 전략을 실행하였다. 즉 정부정책들은 환경자원 보존에 대한 인센티브를 제공하였으며, 경제적 발전과 자연자원 보존이라는 두 가지 경로를 제공하였다. 이러한 전략은 여러 가지 유형의 인센티브와 이해관계자의 참여로 이루어졌다. 다시 한 번 요약하면, CBNRM은 1996년 공동지역(communal area)에서 지역사회가 공동으로 관리하고 그들의 야생환경을 보호할 수 있도록 공동으로 보호할 수 있는 권한을 마련한 것이다. 이러한 보존의 접근방법은 생태적, 경제적 그리고 사회정치학적으로 긍정적인 영향을 미쳤다. 이 이전에 지역 커뮤니티는 그들의 공동지역(communal lands)의 관광개발 계획에 참여할 수 없었으며, 이로 인해 관광개발의 이익은 투자자에게 돌아갔었다. 그러나 그 이후 20년간 CBNRM 프로그램은 눈부시게 성장하였으며, 야생환경 보존과 지역개발목표를 모두 달성할 수 있었다. CBNRM 관련 사업의 연간매출 증가와 소득은 사업초기 단계부터 크게 증가하였다. Jones(2003)에 따르면, CBNRM 프로그램의 수익은 대부분 지역 기반의 자연자원 관리 및 관광사업에 의해 발생하였으며, 2001년에서 2002년 사이에 약 82%의 증가를 이루어냈다. 2002년의 수익(N$11,130,000)을 세부적으로 살펴보면 [그림 3-9]와 같다.

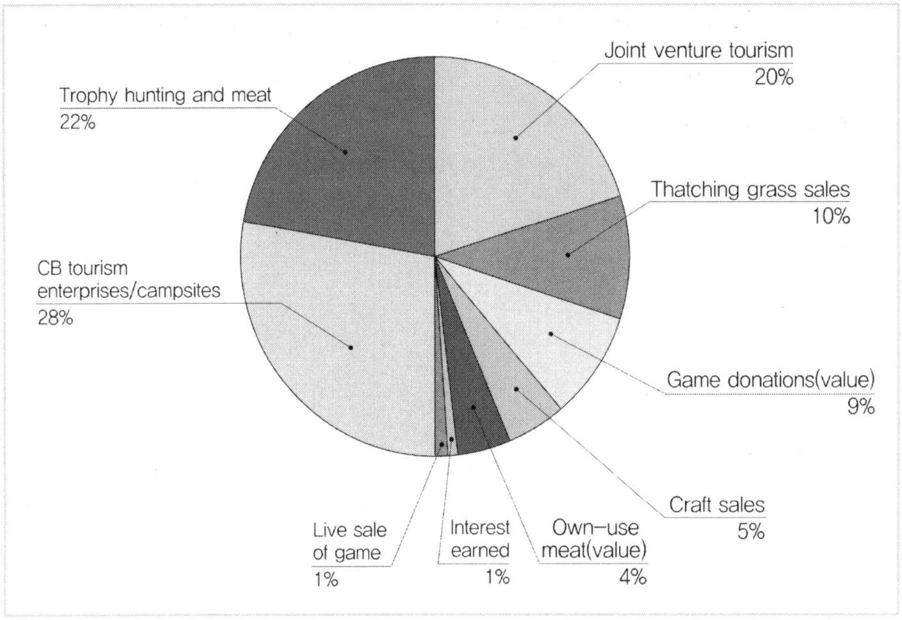

그림 3-9 2002년 CBNRM의 수익구조

출처 Jones(2003), p. 25.

나미비아 정부는 Ashley(2000)가 언급했던 4가지 관점을 모두 수용하였다. ① 중앙부처는 거시경제 목표에 초점을 맞추고, ② 보존 및 환경부서는 보존 인센티브에, ③ 관광부서는 민간부문과 협력하여 관광산업의 발전에 초점을 맞추라는 것이다. ④ NGO, 정부 그리고 기부단체들은 잘 형성된 CBNRM 프로그램으로서 지역사회 관광을 위해 협력하였다. 비록 CBNRM이 자연보호자, 관광 사업자, 사냥꾼과 관광객의 이익을 유지한다는 주장이 있지만, 기본적으로 모두가 '관광'과 관련이 있으며, 야생으로부터 재정적 편익을 얻는다는 점에서, 또한 다양한 수준과 양식의 지역사회 참여가 이루어졌다는 점에서 의미가 크다.

정부기관에서 새로운 정책을 수립할 때 이들은 사람들이 특정 행동에 참여토록 하기 위한 긍정적 인센티브 또는 부정적 인센티브(유인책 또는 장려책)를 마련할 수 있다. 때로 정부정책은 좋은 행동에 대한 당근(보상)을 제공해야 하지만 때로는 채찍(처벌)을 사용하기도 한다. 재산권은 그중에서도 인센티브를 제공하는 강력한 수단 중 하나이다. 재산권이 없을 경우 자원에 대한 사용은 단기적 관점에서 개인의 이득만을 최우선으로 두지만, 재산권이 있을 경우에는 재산권의 가치를 높게 유지하기 위해 장기적인 관점에서 자원의 사용에 대해 바라보게 된다. 따라서 나미비아의 경우 CBNRM을 통해 지역사회에게 공동지역에 대한 재산권을 인정해 주었으며, 이것은 공동지역 소유주들이 그들의 공동지역을 잘 다루고 관리하게 하는 인센티브로써 작용하였다.

2006년 여름 나미비아에 등록된 관리단은 총 44개였으며, 등록을 위해 지원한 관리단은 30개였다. Boudreaux(2007)의 사례연구에 의하면, 일부 다른 관리단에 비해 더욱 성공적이었던 5개의 관리단에 대해 조사하였는데, 이들은 재정적으로 자급자족적이거나 더욱 개선된 자연자원 기반을 형성하였으며, 특히 야생동물의 개체 수가 증가하였다. 또는 관리단 멤버와 전통적인 기관, 나미비아 공공부문, 기부자 기관 등과의 대화를 가능하게 한 거버넌스 기관으로서 활동하였다. 관리단 이전의 지역주민들에게 다양한 생계수단의 기회는 매우 제한적이었다. 특히 이 건조한 지역에서의 고용 선택기회는 거의 없었으며, 직업을 구하기 위해서는 이 지역을 떠나야만 했다. 그러나 관리단은 기존의 방식을 변화시켰다. 관리단들은 대체적으로 그들 공동지역에서 야생동물의 개체 수를 증대하는 데 초점을 두었다. 야생동물의 수가 증가되면 관리단들은 더 많은 관광객을 유치하고 더 많은 수익을 창출할 수 있을 것으로 기대되었다. 그 결과 나미비아 북서쪽의 야생동물 개체 수는 눈부시게 증가하였다. 연구조사 결과 특히 코끼리, 작은 영양(springbok), 얼룩말, 오릭스 등이 크게 증가하였다. 코끼리의 경우 80년대 초반에 비해 2배 이상 증가하였으며, 작은 영양, 얼룩말, 오릭스 등의 경우에는 1982년과 2000년 사이에 약 10배 이상 증가하였다(Windhoek, 2004). 특히 이 보고서에서 이러한 결과에 대해 불법적인 사냥의 감소와 사람과 야생동물 간의 갈등을 다루기 위한 관리단의 노력이 중요한 원인이었다고 지적하였다. 야생동물에 대한 재산권뿐만 아니라 관리단은 밀렵을 제한하고 인간과 야생동물 간의 갈등을 관리하는 것에 대한 강력한 인센티브를 받았다. 관리단은 그들의 자원에 대해 더욱 귀중한 자산에 대해 보호할 수 있는 관점을 지니게 되었다. 시간이 지날수록 효과적인 자연자원 관리는 일자리 창출뿐만 아니라 지역주민들이 그들의 다양한 기술을 발전시키고 지역의 사회적 자본을 강화시키는 데 긍정적인 영향을 미쳤다.

또한, 관광객이 급속하게 증가되는 직접적인 영향이 나타났는데, 나미비아의 지역기반 장소 및 숙소를 방문한 관광객의 수는 1999년 약 3만 명에서, 2002년 약 7만 명, 2004년 약 9만 명까지 약 5년간 3배로 급증하였다(WTTC, 2006).

[그림 3-10]은 나미비아 관리단이 1994년부터 2005년까지 약 12년에 걸쳐 얻은 현금 혜택과 비현금 혜택이다. 이 그래프는 1997년 관리단 제도가 처음 도입된 후 얼마나 많은 혜택이 있었는지를 보여준다. 그래프상의 CBNRM 활동을 통한 수익은 특정사업과 관리단과의 공식적 관계가 없는 관리단 내외의 활동에서 발생한 수익을 의미하는데, 관리단 형성 이전의 사업에서 발생한 수익이다. 2005년 약 N$600만의 수익은 소규모 관광 사업체(캠핑장, 전통적 마을 및 투어가이드)에 의해 발생한 수익으로 파악된다. 현금과 비현금 혜택은 야생동물의 수가 급증하면서 동시에 증대되기 시작했다. 야생동물 개체 수의 증대는 관광객을 이끌었다. 관리단은 이 관광객들을 대상으로 음식을 제공하는 것에 동의하였다. 이 프로젝트는 공동합작(joint venture) 숙박업, 캠핑장, 사냥금지, 기타 서비스 등에 의해 이루어졌다. 이 동의로 인해 새로운 지역의 일자리와 지속적인 수입원을 만들 수 있었다. 관광객을 대상으로 한 공동합작 숙박업은 나미비아 관리단이 수행한 활동 중 가장 수익성이 높았다. 2005년 공동합작 관광객 숙박업은 총 N$7,643,943(약 US$1,100,000)의 수익을 발생시켜 전체 관리단 수입 중 55%를 차지하였다. 특히 숙박업은 수백 개의 풀타임, 파트타임 일자리를 제공하였다. 또한 공공합작 동의는 숙박업 운영자에게 지역주민을 고

용하고 훈련시킬 것을 요구하였다. 예를 들어 Tsiseb 관리단은 Aubrey Jaeger(백인 나미비아인 환대산업)와 함께 공동합작 숙박업을 운영하였는데, 두 이해관계자 모두의 동의를 통해 혜택을 얻었다. Aubrey는 사업을 착수하여 수익을 얻었으며, 관리단은 연간 N$250,000을 숙박업 운영위임의 대가로 지불받았다.

그렇다면 비현금 혜택에는 무엇이 있는가? CBNRM프로젝트는 고용기회를 제공하고 수입을 창출하는 동시에, 가치 있는 인적자본을 구축하였다. 지역주민들이 이 프로젝트를 통해 획득한 기술은 다른 사업을 시작하거나 다른 지역에서 일을 시작해 나가는 데 큰 자본이 되었다. 인적자본의 양이 증가하면, 지역주민들은 사업의 기회를 더욱 잘 발견하며 이것은 결국 지역경제를 활성화시킬 수 있는 힘이 된다. 숙박업은 젊은이들에게 다양한 기술을 배울 수 있는 기회를 제공하였다.

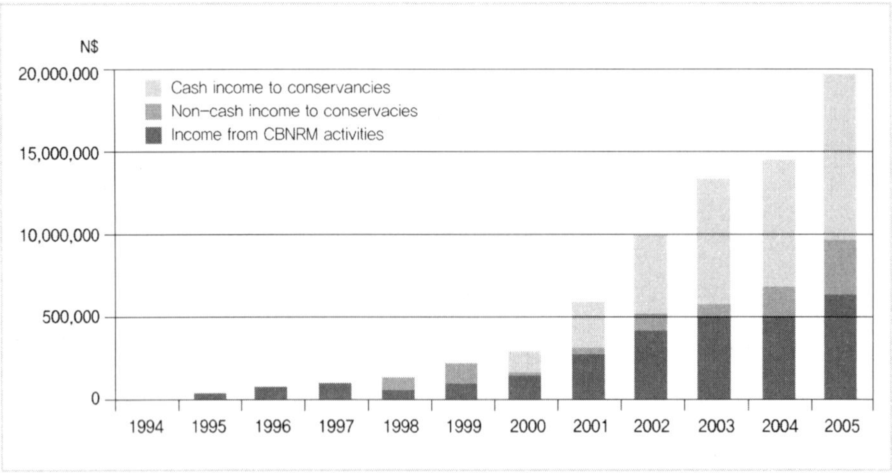

그림 3-10 관리단 수입

출처 Boudreaux(2007), p. 16.

관리단 수입의 2005년 세부내역을 살펴보면 [그림 3-11]과 같다. 이 수입은 현금수입으로 'use of own game'과 'throphy meat distribution'을 제외한 금액이다.

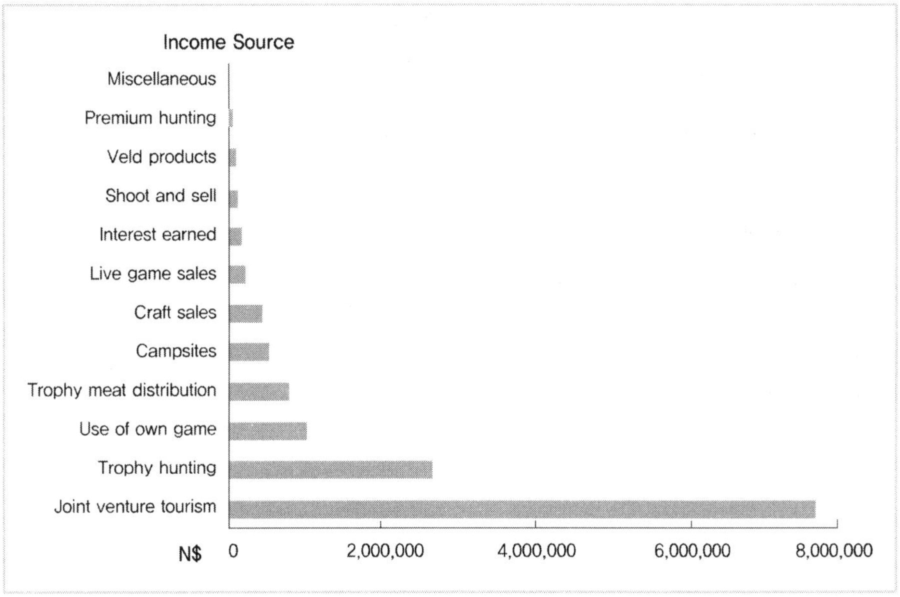

그림 3-11 관리단의 세부수입 내역

출처 Boudreaux(2007), p. 17.

나미비아 거버넌스 구축의 핵심요소는 무엇인가? Jones and Weaver(2009)는 나미비아 프로젝트 성공의 핵심원리를 다음 두 가지로 정리하여 지적하였다.

첫째, 정책과 법률, 그리고 이 모든 것의 실행은 지역의 니즈에서 출발해야 한다

CBNRM 정책과 법률은 지역주민의 니즈에서 출발했기 때문에 성공했다. 특히 1992년에 시행했던 사회생태학적 조사(socio-ecological)는 정책입안자들에게 지역주민들이 처한 문제점들과 지역사회가 야생동물과 보존에 대해 지니고 있는 고유한 비전에 대해 좋은 아이디어를 얻을 수 있도록 도움을 주었다. 즉 정책은 지역사회에 의해 규정된 니즈에 적합하게 수립되었다. 중요한 것은 정부와 NGO, 그리고 다른 한편으로 지역사회의 의제 간에 상당한 중복이 있었다는 점이다. 사회생태조사 기간 동안 방문한 모든 지역주민들은 그들의 야생동물과 미래세대를 위해 그들의 땅을 유지하고 싶어하는 욕구뿐만 아니라 기존의 자유소유권(freehold) 농부들이 행해왔던 것처럼 그들도 야생동물로부터 재정적인 혜택을 얻고 싶어한다는 의견을 표현하였다. 이러한 지역사회의견의 수용은 새로운 정책을 개발하는 데 탄탄한 기반을 제공하였다. 또한 지역 프로젝트의 개발과 정책 및 법률의 재구성은 새로운 정책개발을 위해 중요한 바탕이 되었다. 사회생태적 조사를 바탕으로 구성된 지역사회 프로젝트는 전반적인 접근의 중요한 파일럿 자료가 되었는데, 이것은 지역사회의 동원과 조직, 수익분배 계획, 민간부문과의 파트너십과 같은 방법의 개발에 큰 도움을 주었다. 동시에 이러한 프로젝트의 경험은 국가차원에서의 정책 및 법률 개발에 피드백을 주었다. 즉 나미비아의 정책, 법률은 이론과 계획의 산물이 아닌 지역사회의 뿌리에서부터 출발하였다.

둘째, CBNRM 정책은 인센티브와 프레임워크, 즉 전체적 틀을 제공하였다

나미비아의 관리단을 이용한 접근은 매우 중요하였다. 왜냐하면 정책과 법안은 지역사회가 자발적으로 참여할 수 있는 프레임워크와 인센티브를 제공하였기 때문이다. 만약 지역사회가 관리단을 형성하려 하지 않았다면 아무 소용이 없었을 것이다. 법안은 지역사회가 최대한 노력할 수 있는 기회를 제공하였으며, 지역사회는 야생동물과 관광 그리고 기타 토지이용 및 생계전략 사이의 그들만의 사업을 시작할 수 있었다. 법안은 보존할 수 있는 기초적인 조건과 야생동물을 이용할 수 있는 권한을 이양하였으나, 많은 부분에서 그들만의 고유한 관리단 양식을 형성할 수 있도록 유연한 프레임워크가 제공되었다. 즉 법안은 '커뮤니티'를 정의하려 하기보다는 이것을 지역주민들 스스로의 공동지역으로 남겨둠으로써 운영되도록 하였다. 이러한 프레임워크 속에서 지역사회는 직접적으로 사냥과 관광을 통한 수익을 얻고 유지할 수 있었다. 관리단 정책은 어떻게 지역사회가 그들의 수입을 사용해야 할지 규정하지 않았으며, 이를 지역사회 프로젝트 또는 개개인에게 분배금으로 사용할 수 있도록 하였다. 소득에 대한 유일한 법적 요구사항은 지역사회 소득의 공평한 분배에 대한 계획이 마련되어 있어야 한다는 점이었다. 정책 및 법안에 의해 제공된 중요한 요소는 바로 지역사회가 스스로의 문제를 다룰 수 있는 권한부여(empowerment)와 제어(control) 측면이라고 볼 수 있다. 이외에도 여러 가지 요인이 있다.

관리단 제도는 지역주민의 능동적인 참여를 강조한다

지역사회 참여는 두 가지 이점을 가져왔는데 첫 번째는 고용과 관광수익의 배분으로 인한 경제적인 수익이다. 두 번째는 비경제적 혜택으로 지역사회의 자본 구축과 사회적 네트워크의 강화이다(Ashley & Lafranchi, 1997). 나미비아의 관리단 각각의 고유한 비전과 계획은 오직 야생동물과 관광에만 초점을 맞추는 것이 아니라 나미비아 지역의 '통합된 지역개발' 측면에서 고려되어야 한다는 점이다. 특히 지역의 서비스 제공업자들과 공동합작하여 통합된 지역개발을 고려할 때 더 효과적이라는 점이다. 뿐만 아니라 나미비아 프로그램은 다양한 실행기구와 파트너십을 통해 강화될 수 있었는데 이 파트너십은 정부와 NGOs, 민간업체 등을 포함한다. 파트너십은 초기에는 LIFE Programme Steering Committee에 의해 시작되었지만 이것은 점차 공식조직인 Namibian Association of CBNRM Support Organisations(NACSO)로 발전되었다. 이 조직은 다양한 조직과 기관들이 CBNRM을 통해 협력하고 조정할 수 있는 메커니즘을 제공했다.

3. 맺음말

이 장에서 다룬 것처럼 거버넌스는 성공적인 관광 ODA를 위해 필수적으로 마련되어야 할 기초공사이다. 그러나 정부가 모든 것을 다할 수는 없다. 비용 효과적인 거버넌스는 나미비아의 사례처럼 다른 이해관계자들의 창의성을 촉발시키는 방법을 알아내는 것이다. 저개발국가의 관광관련 공공부서들은 관광을 개발하거나 빈곤층을 위한 추가적인 노력을 기울일 자원이 부족한 경우가 더욱 많다. 그러나 종종 개인, 사업, 커뮤니티에 의해 지역 연계(local linkages)가 이루어지는 경우도 있다. 새로운 장애물을 만들어낼 수 있는 위험을 지닌 복잡하고 새로운 절차를 개발하기보다는, 다른 행위자들의 전략에 방해가 되는 것들을 제거하는 방법을 먼저 찾는 것이 효과적일 것이다(Asheley, 2006). 또한 나미비아 사례에서 살펴보았듯이 지역주민의 니즈에 귀를 기울인 것과 해당 지역에 대한 철저한 사회생태적 조사가 나미비아 거버넌스 형성에 매우 중요한 역할을 한 것과 같이, 각 지역에서 가장 우선시되어야 할 문제에 대해 파악하는 것이 중요할 것이다.

제9장

관광역량 제고

지속가능하면서도 매력적인 관광목적지가 되기 위해서 지역은 기본적인 인프라시설과 관광시설을 갖춰야 한다. 그러나 이것만으로 관광객이 찾아오지는 않는다. 관광객을 유인하기 위해서는 결국 다양한 관광상품을 개발할 수 있는 역량과 관광객에게 양질의 경험을 제공할 수 있는 서비스 역량을 갖추어야 하며 이러한 관광지와 상품의 접근성을 제고할 수 있는 효과적인 목적지 마케팅이 뒷받침되어야 한다. 특히 본 장에서 언급할 관광역량은 관광의 지속가능성을 보장하기 위한 초석으로 작용할 수 있기 때문에 더욱 중요하다.

본 장에서는 저개발국가에서의 관광개발 전략이 반드시 고려해야 할 인적 역량, 상품개발 역량 및 마케팅 역량을 포함한 관광역량에 대해 다루도록 하겠다.

1. 인적 역량 강화의 개념과 전략

관광은 노동집약적 산업으로 모든 상품 및 서비스 거래에서 사람을 필요로 하기 때문에 저개발국가에서는 관광분야의 빈곤층 고용을 통해 빈곤완화에 더욱 기여할 수 있다. 그러나 저개발국가의 경우 국민들은 대부분 교육을 많이 받지 못하였으며, 관광부분 내에서도 고위직에서 필요한 기술이 부족한 노동력의 특징을 지닌다. 따라서 더 많은 지역의 인력을 관광부문에 고용하기 위해서는 훈련 및 교육 프로그램을 통해 여러 고용부문에 적합한 인적 역량의 강화가 매우 중요하다. 그럼에도 불구하고 대부분의 저개발국가에서의 관광계획은 호텔 및 교통과 같은 빌딩과 인프라에 초점을 맞춘 '하드웨어'적 측면의 개발에 초점을 맞추는 경향이 있다(Echtner, 1995). 반면 관광서비스를 전달하는 데 필요한 인력 훈련과 같은 '소프트웨어'적인 측면은 종종 낮은 우선순위에 놓이는 경우가 많다. Ankomah(1991)는 사하라 사막 이남의 아프리카가 세계관광산업에서 겨우 1% 미만을 차지하는 이유 중 하나로 부정적인 이미지, 정치적 불안정, 관광계획 수립을 위한 프레임워크의 미비 외에도 숙련된 노동의 부족을 꼽았다.

인적 역량 강화는 특히 저개발국가에서 관광산업이 효과적 · 지속적으로 변화 · 발전하는 데 핵심적인 역할을 한다. 만약 특정 국가나 지역이 관광으로부터 빈곤완화 및 사회경제 발전의 효과를 얻고자 한다면, 반드시 충분히 숙련된 국가적 노동력이 필요하기 때문이다. 저개발국가에서 충분히 숙련된 인력 부족은 국가관광산업 발전을 저해하는 주요 요인이 될 수 있다. 숙련된 노동력을 외지에서 조달하면, 관광으로 인한 빈곤완화 효과로 이어지기 힘들다. 관광발전에 필요한 인력이 부족하여 수입노동에 의존하게 되면, 결국 관광으로 인한 수입이 외부로 누출되어 지역 및 국가로 돌아가지 않기 때문이다. 또한 지역의 고용을 창출할 수 있는 관광의 잠재적 개발효과를 불리하게 할 뿐만 아니라, 일부 지역의 빈곤층을 고용할 수 있는 일자리는 대부분 특별한 기술이 필요치 않은 업무로 임금이 상대적으로 낮게 책정되는 경우가 많다. 대부분의 저개발국가에서 관광산업에 종사하는 지역 주민들은 특별한 기술이 필요 없는 일에 종사하며 매우 낮은 임금을 받는 경우가 많다. 결과적으로 지역에서 고용된 인력에 대한 임금은 매우 낮게 유지되며, 경제승수효과를 기대하기 어렵게 된다(Ankomah, 1991).

인적 역량 강화에 대한 투자는 장기적인 관점에서 상당한 영향을 미칠 수 있다. 강력한 인적 역량을 지닌 관광지는 지역의 고용을 안정적으로 유지시킬 수 있을 뿐만 아니라, 빠르게 변화하는 시장에 적응하여 다양한 사업을 개발할 수 있기 때문이다. 관광관련 교육 및 훈련을 통해 강화된 인적 역량은 개인의 발전에서도 중요한 도약이 될 수 있다. 지역 주민들이 호텔, 숙박업, 여행사 등에 근무하는 동안 교육 및 훈련과 실습을 통해 스스로의 기술을 익힐 수 있으며 이것은 향후 관광분야에서 다른 소규모 사업을 시작할 수 있는 디딤돌이 된다. 따라서 교육 및 훈련 프로그램은 고객 서비스를 개선할 뿐만 아니라 직원들이 미래 관광산업 및 기타 분야에서의 취직능력을 개선할 수 있도록 구성되어야 한다.

인적 역량 강화를 위한 통합적인 사례를 발견하지 못했기 때문에 본 역량의 강화를 위해 고려해야 할 전략과 관련된 간략한 사례를 살펴보면 다음과 같다.

첫째, 인적 역량 강화는 국가적으로 통합적인 접근이 필요하다(Baum, 1994; Inskeep, 1994)

인적 역량 강화계획과 그에 따른 훈련 프로그램은 프로그램 계획 이전의 첫 번째 단계로서 현황을 파악하기 위한 광범위한 분석을 먼저 시행해야 한다. Inskeep(1994)은 인적자원에 대한 전반적인 분석이 관광관련 훈련 프로그램의 기초를 형성한다고 보았다. 이 분석은 관광산업 내 각 고용범주에서 필요한 인력의 수와 각 업무에 필요한 자격 및 요건을 모두 포함하는 미래의 인적자원 요구사항에 대한 분석과 함께, 현재 상태와 미래와의 격차 및 그에 따른 교육 요구사항의 분석을 포함한다. 또한 분석 시에는 해당 국가에 대한 근본적인 문제점과 특징에 대해서도 고려해야 한다. 모든 저개발국가가 동일한 문제와 정도로 고통받는 것은 아니기 때문이다. 제공되는 교육 및 훈련 프로그램이 해당 국가의 특정한 문제와 특수한 상황에 잘 연관되어 있어야만 교육의 효과와 잠재력이 극대화될 수 있다. 더불어 교육의 대상에 어떤 사람들이 포함되는지 이해하는 것도 중요하다. 학교 졸업생뿐만 아니라 교육수준이 낮은 사람들까지도 포함될 수 있다. 특히 관광분야는 여성과 젊은 청소년층 참여여부도 고려되어야 하며, 현재 직업을 지니고 있지만 기술을 개발하여 더 나은 직업을 갖고자 하는 사람들에 대한 고려도 필요하다. 이러한 현황파악이 선행되고 나면, 분석에 기초하여 미래에 필요한 역량을 지닌 인적자원을 제공하기 위해 현 단계에서 적합한 교육 및 훈련 프로그램을 개발한다.

둘째, 교육 및 훈련에 대한 자금조달 방법을 마련해야 한다

교육 및 훈련에 대한 자금을 조달하는 것이 조금 어려울 수 있다. 여러 선행연구들(Echtner, 1995; Baum, 1994)은 저개발국가의 관광개발에서 인적 역량 강화에 대한 불충분한 자원 투자와 관련된 문제에 대해 지적하였다. 그러나 장기적인 관점에서 인적 역량 강화를 위한 자금조달은 꼭 필요하다. 교육 및 훈련에 대한 자금을 조달하는 가장 일반적인 방법은 산업 전체에 걸친 추가부담금(세금)을 통한 조달방법과 공적 자금을 통한 조달방법이 가장 일반적이다. 정부는 관광 이해관계자들이 인적 역량 강화에 투자할 수 있도록 촉구해야 한다. 인적 역량 강화에 대한 이해관계자들의 투자는 전반적인 산업의 발전에 핵심적인 기여를 할 수 있다. 튀니지에서는 정부와 민간 부문을 통해 50년대부터 교육 및 훈련에 대한 투자가 있어 왔다. 모든 호텔은 훈련부과금(매출의 2%)이 적용되었으며, 호텔 스스로 교육훈련을 실시할 경우에는 이 금액이 공제될 수 있도록 하였다. 이러한 정책은 관광산업이 교육 및 훈련에 투자할 수 있는 직접적인 인센티브를 마련한 것이다.

더불어, 서비스 및 질적 수준에 대한 교육 역시 중요하다

만약 서비스 표준이 낮아 직원교육의 질이 낮아져 방문객의 경험의 질이 떨어지면, 이것은 수입 및 고용과 관련되어 관광산업에 직접적인 영향을 미치게 된다. 서비스 분야의 성공은 서비스의 질적 수준에 크게 의존하기 때문에 숙련되고 의욕을 지닌 노동력은 필수적이다. 관광은 특히 경쟁적인 산업으로, 제공되는 상품의 혁신수준뿐만 아니라 서비스의 수준과 전문성이 더 많은 관광객을 유치시킬 수 있는 핵심 변수로 작용한다(Kaplan, 2004). 관광은 비교우위를 생성할 수 있는 산업으로, 교육과 훈련의 개선을 통한 서비스와 효과성 수준의 제고는 경쟁우위를 만들 수 있는 핵심방법이 될 수 있다.

2. 상품 역량 강화의 개념과 전략

궁극적으로 지역에 유입되는 관광 수익을 최대한으로 올리기 위해서는 더 많은 관광객이 지역에 도달하도록 해야 하며, 더 나아가 이 관광객들이 지역경제에 도움을 줄 수 있는 분야에서 관광 지출을 더 많이 할 수 있도록 해야 한다. Asheley(2006)는 앞의 7장에서 다룬 관광 가치사슬을 통해 관광과 지역 간의 연계 강화와 관광객 수의 증대를 통해 지역경제로 지출되는 부분을 증가시키는 방법 이외에도 관광객의 지출 규모를 증가시키는 전략이 중요하다고 주장하였다. 같은 관광객 규모에서도 지출을 증대시키는 방법에는 체류기간 연장, 여행기간 중 돈을 지불하는 상품과 서비스의 이용가능성을 증대하는 방법이 있다. 이를 구체적으로 살펴보자.

어떻게 하면, 관광객을 더 오래 머물게 할 수 있는가?

이는 관광객이 관광목적지에서 방문하는 관광지 및 관련 상품의 확대를 통해 가능하다. 상품개발을 통해 평균 체류일수를 연장하는 전략은 숙박지출의 증가뿐만 아니라 같은 관광객 수에서 더 많은 경제적 수익을 획득할 수 있도록 해준다. 즉 체류일이 길어짐에 따라 추가적인 고용 또는 빈곤층이 관광객에게 상품 및 서비스를 판매할 수 있는 기회가 증가되어 빈곤완화에 더욱 긍정적인 영향을 미칠 수 있다.

관광객의 더 많은 관광상품 및 서비스 이용을 통한 지출을 확대하기 위해서는 다양한 상품과 서비스를 개발해야 한다. 최근 관광객들은 여행하는 국가의 문화, 전통, 음식 등에 대해 더욱 많이 알고 싶어한다. 또한 여행의 트렌드가 사람들이 단순히 휴식을 취하는 수동적인 휴가에서 더욱 적극적인 참여를 원하는 방향으로 변하고 있다. 이전의 대량관광객이 3S(Sun-Sea-Sand) 유형의 쉬는 휴가를 경험하는 데 만족했다면, 최근 관광객들은 더 많은 경험을 원하는 동시에 독립적이고 융통성이 있다. 이것은 관광상품의 다양화를 가능하게 한다. 더 많은 활동과 관광명소를 개발하고, 관광해설 및 가이드 서비스의 강화는 관광객의 체류기간과 지출을 증가시킨다. 뿐만 아니라, 상호보완적인 상품 개발을 통한 목적지 내의 다양한 관광명소와 활동은 관광객이 해당 관광지에 방문할 가능성을 증대시키고 체류기간을 연장하며 지출을 증대시킨다. 특히 이 상호보완적인 상품의 개발은 빈곤층의 참여를 가능하게 하여 빈곤층의 수익획득 기회를 창출하기 때문에 중요하다. 상호보완적인 관광상품으로는 가이드가 동반되는 산책, 공연예술 등의 관광서비스, 수공예품 및 기타 지역 특산품 등이 있으며 이러한 상품들은 핵심 관광시설인 숙박 및 교통 시설을 보완하는 역할을 한다.

적절한 보완상품의 개발은 목적지의 매력을 높이고 지역경제에서 관광 지출을 증가시킬 것이다. 이와 더불어, 상호보완적인 관광상품은 여행사가 제공하지 않는 경험을 종종 제공하기 때문에 관광객 경험의 양과 질을 향상시킬 수 있다. 호텔리어와 관광 오퍼레이터들은 지역 사람들이 관광상품 및 서비스를 개발할 수 있도록 장려하고, 훈련과 마케팅을 지지해야 한다. 이외에도 UNWTO (2002)가 제안한 아프리카 지역에서의 보완상품의 예로는 드럼댄스 수업, 레게머리, 부시 공예, 탐조, 가이드 동반 산책, 수공예품 및 요리 수업, 마을 및 농촌관광, 학교 방문, 마을 내 가족과 함께 식사하기, 스토리텔링, 언어 수업, 역사관광 등이 있다.

이외에도 관광지의 계절성을 최대한 줄이는 것이 중요하다

관광지의 계절성은 계절적 고용, 파트 타임 고용의 주요 원인이다. 페스티벌, 특별관심관광(SIT) 상품의 개발, 세미나 및 컨벤션 유치, 가격정책, 비수기 여행이 가능한 시장(노년층 등)을 타깃으로 유치강화 등과 같이 관광객이 방문하는 시즌을 증대시킬 수 있는 다양한 전략들을 적용해야 한다. 이러한 전략들은 계절성을 줄이고 연간 관광객이 방문하는 시기를 성공적으로 연장시켜 관광분야의 불안정한 고용을 완화시킨다.

3. 관광마케팅 역량 강화의 개념과 사례

시장접근성의 부족은 새로운 기업성장에 주요한 제약요인이 된다. 관광을 수단으로 지역 빈곤층의 수입을 증대시키는 것이 목적이라면, 단지 지역의 관광개발만으로는 부족하다. 관광지와 기업은 지역 커뮤니티에 의해 제공되는 서비스와 명소에 대한 정보를 제공해야 하며, 관광객들이 이곳에 찾아올 수 있도록 마케팅해야 한다. 즉 목적지에 대한 수요가 증가될수록 현금수익이 증가되기 때문에 관광객의 규모를 증대시킬 수 있는 마케팅의 역할이 중요해진다.

그러나 국제관광 마케팅은 매우 비싸다. 효과적 · 상대적으로 비용이 적게 드는 양식의 마케팅이라 할지라도, 항상 적용되기는 힘들다. 국제무역박람회의 참여 역시 비싸지만 이러한 마케팅 비용은 주로 국가적 차원에서 수행된다. 개별 상인과 중소기업은 이러한 국제시장에서 마케팅하기보다는, 관광객과 접촉하는 인바운드 오퍼레이터와 관광지 내의 호텔, 리조트 등에서 마케팅해야 한다. 예를 들면 개인 수공예품 생산자가 직접적으로 수출하거나 판매하는 경우는 매우 드물며, 이들은 도매업자를 통해 국제시장에서 그들의 제품을 판매하게 된다. 또한 UNWTO(2002)는 새로운 상품과 명소에 대해 공동광고, 마케팅 및 홍보를 하라고 제안한다. 마케팅은 지역의 문화적 요소와 지역 보완적 상품의 다양성을 강조하는 내용을 포함하여 시각적인 자료로 제공되어야 한다.

마케팅의 타깃 역시 고려되어야 한다. 저예산의 관광객보다는 더 많은 돈을 지출하는 시장을 타깃으로 마케팅하는 것이 효과적이다. 특별관심관광객(SIT : Special Interest Tourist)들은 그들의 관심 대상인 자연적 · 고고학적 · 역사문화적 유산 또는 모험 등의 휴가에 더 많은 돈을 지출하고 오래 머무는 경향이 있다.

나미비아는 밀레니엄 챌린지 기금(MCA)[8]을 통해 관광 프로젝트를 실행하였으며, 관광개발과 함께 관광마케팅 부분을 강화하였다. 한편 나미비아의 관광산업은 1990년 독립 이후 꾸준히 성장한 반면, 나미비아의 풍부한 자연생태관광 자산과 상대적으로 안정적인 정치적 상태에도 불구하고 지역 경쟁자에게 뒤처지고 있었다. 인근 지역 국가인 남아프리카공화국을 방문하는 해외 관광객은 2012년 약 920만 명 수준이다. 그러나 나미비아를 방문하는 해외 관광객은 2008년에 약 93만여 명, 2012년에 110만여 명, 2013년에 120만여 명 수준을 유지하고 있다. 이와 같이 그리 많지 않은 방문객이지만, 나미비아는 향후 10년간 아프리카의 주요 관광 경제지역이 될 수 있는 잠재력을 가지고 있다고 평가받았다. 그럼에도 불구하고 나미비아가 지닌 중대한 문제점 중 하나는 장거리 해외 관광객 시장에서 잘 알려지지 않은 관광목적지라는 점이었다. 이에 MCA 측은 관광적으로 잠재력을 지닌 에토샤국립공원에 대한 관리와 시설을 개선하는 것 이외에도 나미비아 관광에 대해 전반적인 마케팅을 강화하고자 하였다. 마케팅의 세부목적은 나미비아를 방문하는 북미지역의 관광객 수를 확대시키

8) MCA는 나미비아 지역에 교육, 관광 및 농업분야의 발전을 위해 기금을 제공하였으며, 2008년 7월 나미비아공화국과 US 정부 간 MCC기금(US$304.5백만) 계약을 맺음.

는 것, 지역의 관광상품 패키지를 마케팅하는 것, 잠재적인 관광객이 탐색할 수 있는 소통형 웹사이트를 개발하는 것을 포함하였다.

시장조사를 바탕으로 북미시장은 나미비아의 관광수익을 창출할 뿐만 아니라 계절에 따른 수요변동을 완화할 수 있는 잠재력 높은 시장으로 평가되었다. 2006년 나미비아를 방문한 약 20만 5천 명의 장거리 관광객 중 33%는 독일에서 온 반면 8%만이 미국에서 방문하였기 때문이다. 분석 결과, 북미 관광객들이 예약한 패키지 상품은 한 관광지에서 약 2~3일을 묵는 총 17일의 코스로 나타났다. 이에 MCA 나미비아 프로그램은 마케팅 기관을 통해 국가적 차원에서 나미비아 곳곳의 관광지를 마케팅할 수 있는 캠페인을 지원하였다. 이 캠페인은 기본적으로 TV, 라디오, 인터넷 등의 미디어와 인쇄물, 여행잡지 등을 통한 캠페인, 최종 소비자인 관광객과 관광 오퍼레이터 등을 대상으로 한 브로슈어 및 문서를 이용한 마케팅, 관광박람회 등에서의 마케팅 등을 포함한다. 이외에도 지역관광의 경로를 개발하고 관련 마케팅도 수행하였다. NTB(Namibia Tourism Board)는 마케팅 기관을 통해 현존하는 지역의 관광지를 평가하고, 나미비아 전체를 아우를 수 있는 관광루트를 개발하도록 하였다. 문화, 야생동물, 자연경관 우수지역 등의 테마를 기반으로 한 다양한 목적지를 포함한 루트의 개발을 통해 나미비아 관광상품의 다양성을 강조하였다. 이러한 루트는 'Cape Namibia', 'Garden Route'와 같은 이름으로 구성되었다. 마지막으로 나미비아의 관광지를 홍보하고 마케팅할 수 있는 웹사이트 개발도 진행되었다. 우선 나미비아 관광국(Namibia Tourism Board, NTB)을 지원하여 온라인 마케팅을 통해 관광 목적지로서 나미비아를 홍보하였다. 기본적으로는 NTB의 웹사이트를 4가지 언어(영어, 이탈리아어, 프랑스어, 독일어)로 소개하고 예약할 수 있는 온라인 플랫폼으로 업그레이드하여 새로운 관광객을 유치하고자 하였다. 홈페이지에는 나미비아의 다양한 관광상품에 대한 소개뿐만 아니라, GPS를 이용한 나미비아 지도 제공, 검색엔진 최적화, 예약 서비스, 다양한 데이터와 연계된 관광루트, 사진갤러리 등을 포함하였다. 이외에도 홈페이지를 통해 다양한 온라인 마케팅을 실시하였다. 한 예로 2012년 8월에 수행한 'share my Namibia' 캠페인은 나미비아의 주요한 관광지와 지역 및 관련 상품들에 대해 나미비아인들의 음성으로 전달하였다. 또한 홈페이지에 '나미비아 여행 스토리'라는 타이틀로 추가적인 페이지를 개설하였다. 이 페이지는 내셔널 지오그래픽과의 브랜드 파트너십을 통하여 이미지 컬렉션과 나미비아의 다양한 여행기회, 독특한 여행일정, 상세한 관광지에 대한 관찰 등 오로지 나미비아에서만 경험할 수 있는 독특한 '스토리'에 대하여 아름다운 사진을 중심으로 전달하였다.

나미비아의 관광 마케팅은 일부 관광지에서 관광경쟁력을 갖추기 위해 숙소를 지원하거나 관광마을을 형성하는 노력들이 결국 관광객들의 수요로 이어지지 않아 수포로 돌아가는 실패사례에 시사하는 바가 크다. 빈곤완화를 위한 관광개발 전략은 관광상품 및 서비스의 다양화를 통해 관광경쟁력을 갖춤과 동시에 타깃 마켓을 유치하기 위한 홍보 및 마케팅이 상당히 중요하게 작용한다.

4. 맺음말

이 장은 인적 역량, 상품역량, 마케팅역량을 포함한 관광역량의 개념과 중요한 전략에 대해 검토하였다. 논의하였듯이, 관광역량은 개발도상국에서 관광산업의 지속가능한 발전을 가능토록 하는 데 매우 핵심적인 역할을 한다. 그럼에도 불구하고 현재까지 제3세계에서의 관광개발은 하드웨어적인 부분에 더욱 초점을 맞춰왔으며, 단편적인 관광역량 제고에만 힘쓸 뿐 관광역량 강화를 위한 통합적 · 협력적인 접근을 하지 못해왔다. 특히 관광역량 제고는 관광개발에서의 투자와 노력들이 실질적으로 지역 수입으로 연결될 수 있다는 점에서 매우 중요하다. 그러나 관광역량의 제고에 앞서 우리가 항상 고려해야 할 것은,

7장과 8장에서 지속적으로 논의해 왔던 것처럼 관광역량의 제고는 일부 지역의 소수 엘리트만을 위한 것이 되지 않도록 주의해야 한다는 점이다. 그러기 위해서는 관광 전문가의 역량과 함께 여러 이해관계자, 정부의 적극적 역할이 뒷받침되어야 할 것이다.

참고문헌

국내문헌

경향신문(2013.04.08). 신자유주의 효시 '대처리즘' 영국병 치유 · 양극화 폭발 상반 평가(http://news.khan.co.kr/kh_news/khan_art_view.html?artid=201304082308475).

권혁주 · 이환성 · 배재현(2011). 한국 ODA의 분쟁 및 취약국 지원방안. 한국국제협력단.

김근식(2010). 사회주의 체제전환과 북한 변화 : 비교사회주의 관점에서. 통일과 평화. 2(2) : 111-136.

김준석(2010). 국제원조의 윤리학에 관한 小考 - 토마스 포제와 존 롤스의 논의를 중심으로. 한국국제정치학회, 국제정치논총. Vol.50(1) : 7-36.

손혁상(2010). 원조집행기관의 자율성과 제도적 변화 : 영국 DFID 사례를 중심으로. 유럽연구. Vol. 28(1) : 305-346.

손혁상 · 최재원(2008). 한국의 대 아세안(ASEAN) 공적개발원조(ODA)정책 : '경제협력'과 '개발협력'의 이중주. 동남아시아연구. 18(2) : 137-171.

스탠퍼드철학사전(2011). 도덕의 정의(http://plato.stanford.edu/entries/morality-definition/).

신용석(2011). 국제관광협력과 ODA. 관광정책. 여름호 : 17-25.

외교부(www.mofat.go.kr/mofat/pcrm/paris.hwp).

월드비전 한국(2010). 개발협력사업의 원칙과 절차 : 해외사업 실무자를 위한 가이드. 한국해외원조단체협의회.

정주진(2006). Do No Harm 접근방식과 평화 프로그램. 평화신문, 2006.09.05.

최영희(2010). 변화하는 관광문화 : 도덕적 관광과 oda. 한국관광정책. 제41호 : 42-51.

한국국제협력단(2008). 국제개발협력의 이해. 파주 : 도서출판한울, pp. 47-90.

한국국제협력단(2015). 지속가능개발목표(SDGs) 수립현황과 대응방안.

한국국제협력단(2016). ODA 정보포털(http://www.oda.go.kr/opo/masc/mainPage.do).

현대경제연구소(2004). 레이거노믹스의 성과와 시사점. 한국경제주평.

ODA Korea(http://odakorea.go.kr).

국외문헌

Adams, W.M.(2006). The Future of Sustainability : Re-thinking Environment and Development in the Twenty-first Century. Report of the IUCN Renowned Thinkers Meeting, 29–31 January 2006(Retrieved on 2009.02.16).

Adiyia, B., Stoffelen, A., Jennes, B., Vanneste, D., & Ahebwa, W.M.(2015). Analysing Governance in Tourism Value Chains to Reshape the Tourist Bubble in Developing Countries : The Case of Cultural Tourism in Uganda. Journal of Ecotourism (ahead-of-print). pp. 1-17.

Aman, K.(ed.)(1991). Ethical Principles for Development : Needs, Capacities or Rights? Upper Montclair. NJ : Institute for Critical Thinking.

Anderson, M.B.(1999). Do No Harm : How Aid Can Support Peace-or War. Boulder : Lynne Rienner Publishers.

Angula, M.(2011). Gender and Governace in CBNRM : Namibian Case Study. University of Namibia.

Ankomah, P.K.(1991). Tourism Skilled Labor : The Case of Sub-Saharan Africa. Annals of Tourism Research. 18(3) : 433-442.

Ashley C.(1998). Tourism, Communities and National Policy : Namibia's Experience. Development Policy Review. 16 : 323-353.

Ashley, C.(2000). The Impacts of Tourism on Rural Livelihoods : Namibia's Experience. London : Overseas Development Institute.

Ashley, C.(2006). How Can Governments Boost the Local Economic Impacts of Tourism? SNV Eastern and Southern Africa and Overseas Development Institute, p. 61.

Ashley, C., & LaFranchi, C.(1997). Livelihood Strategies of Rural Households. in Caprivi : Implications for Conservancies and Natural Resource Management.

Ashley C., and Roe D.(2002). Making Tourism Work for the Poor : Strategies and Challenges in Southern Africa. Development Southern Africa. 19 : 61-82.

Ashley C., Roe D., and Goodwin H.(2001). Pro-Poor Tourism Strategies : Making Tourism Work for the Poor. A Review of Experience. London : Overseas Development Institute.

Bah, A., & Goodwin, H.(2003). Improving Access for the Informal Sector to Tourism in The Gambia.

Baum, T.(1994). The Development and Implementation of National Tourism Policies. Tourism Management. 15(3) : 185-192.

Bissio, Robert(2015). The "A" Word, Monitoring the SDGs. Future United Nations Development System.

Boudreaux, K.(2007). Community-Based Natural Resource Management and Poverty Alleviation in Namibia : A Case Study. Mercatus Policy Series. George Mason University : Mercatus Center.

Bramwell, B.(2011). Governance, the State and Sustainable Tourism : A Political Economy Approach. Journal of Sustainable Tourism. 19(4-5) : 459-477.

Bramwell, B., & Sharman, A.(1999). Collaboration in Local Tourism Policymaking. Annals of Tourism Research. 26(2) : 392-415.

Britton, S.(1982). The Political Economy of Tourism in the Third World Development. Annals of Tourism Research. 26 : 329-348.

Britton, Stephen(1989). Tourism, Dependency and Development : A Mode of Analysis. Europaische Hochschulschriften 10(Fremdenverkehr) 11 : 93-116.

Brohman, J.(1996). New Directions in Tourism for Third World Development. Annals of Tourism Research. 23(1) : 48-70.

CARE(2005). Principles into Practice : Learning from Innovative Rights-Based Programmes.

Chang, Shun-Chiao, and Fav-Tsoin Lai(2011). Intra-continental and Intercontinental Service Trade in the Travel and Tourism Industry. Tourism Economics. 17(5) : 963-982.

Christian, M., K. Fernandez-Stark, G. Ahmed, and G. Gereffi(2011). The Tourism Global Value Chain : Economic Upgrading and Workforce Development. in G. Gereffi, K. Fernandez-Stark, and P. Psilos(eds.). Skills for Upgrading : Workforce Development and Global Value Chains in Developing Countries. Duke University and RTI International.

Cole, S.(2006). Information and Empowerment : The Keys to Achieving Sustainable Tourism. Journal of Sustainable Tourism. 14(6) : 629-644.

Crocker, D.(2011). International Development Ethic(http://www.bu.edu/wcp/Papers/OApp/OAppCroc.htm).

Deigh, J.(1995). The Cambridge Dictionary of Philosophy(http://www.philosophyblog.com.au/ethics-vs-morality-the-distinction-between-ethics-and-morals/).

DEVCO & UNWTO(2013). Sustainable Tourism for Development(http://icr.unwto.org/content/guidebook-sustainable-tourism-development).

DFID(1997). Paper Eliminating World Poverty : A Challenge for the 21st Century. London : HMSO.

EC(2002). European Tourism Forum 2002, Agenda 21- Sustainability in the European Tourism Sector. European Commission Enterprise Directorate-General.

Echtner, C.M.(1995). Entrepreneurial Training in Developing Countries. Annals of Tourism Research. 22(1) : 119-134.

ESDN(2015). The Sustainable Development Goals(SDGs) and Their Impact on the European SD Governance Framework- Repairing for the Post – 2015 Agenda.

Ford, R.C., Wang, Y., & Vestal, A.(2012). Power Asymmetries in Tourism Distribution Networks. Annals of Tourism Research. 39(2) : 755-779.

Franklin, A., & Crang, M.(2001). The Trouble with Tourism and Travel Theory? Tourist Studies. Vol. 1(1) : 5-22.

Goodwin, H.(2009). Contemporary Policy Debates : Reflections on 10 Years of Pro-Poor Tourism. Journal of Policy Research in Tourism, Leisure and Events. Vol. 1(1) : 90-94.

Harrison, D.(1992). Tourism in Less Developed Countries. London : Belhaven.

Hawkins, D.E., & Mann, S.(2007). The World Bank's Role in Tourism Development. Annals of Tourism Research. 34(2) : 348-363.

Healey, P.(1998). Collaborative Planning in a Stakeholder Society. Town Planning Review. 69(1) : 1.

ILO(2013). Sectoral Activities Department.

Inskeep, E.(1994). Training for Tourism in Developing Countries. Tourism : The State of the Art. pp. 563-570.

ISSC(International Social Science Council)(2015). Review of the Sustainable Development Goals : The Science Perspective. Paris.

Jones, B.T.B.(2003). A Critical Analysis of the Development of Namibia's Community-Based Natural Resource Management Programme : Competing Interests in Natural Resource Management : Success or Failure in the Creation of Viable Common Property Resource Management Institutions in Namibia. Submitted in Partial fulfillment of the requirements for an M. Phil. Degree in Applied Social Sciences, University of Zimbabwe.

Jones, B., and Weaver, C.(2009). CBNRM in Namibia : Growth, Trends, Lessons and Constraints.

Kaplan, L.(2004). Skills Development in Tourism : South Africa's Tourism-led Development Strategy. GeoJournal. 60(3) : 217-227.

Kock, M.D.(2010). Improved Livelihoods and Governance of Natural Resources through Local Ownership, Participation and Benefit. WWF.

Lancaster, C.(2006). Foreign Aid : Diplomacy, Development, Domestic Politics. University of Chicago Press.

Lejarraga, I., & Walkenhorst, P.(2010). On Linkages and Leakages : Measuring the Secondary Effects Of Tourism. Applied Economics Letters. 17(5) : 417-421.

Leppard, M.(2011). Developing Code of Ethics for INGO Practice(http://www.slideshare.net/catherinenidos/developing-a-code-of-ethics-for-ngo-practice-presentation-3475993/download).

Ligay, E.(2011). An Assessment of 'Governance' for Sustainable Tourism Development : The Case of North Cyprus. Eastern Mediterranean University. Master of Science in Tourism and Hospitality Management.

Markandya A., T. Taylor, and S. Pedroso(2003). Tourism and Sustainable Development : Lessons from Recent World Bank Experience. Sardinia : Fondazione Eni Enrico Mattei, Conference Paper.

Markus, Loewe(2012). Post 2015 : How to Reconcile the Millenium Development Goals(MDGS) and the Sustainable Development Goals(SDGs). Deutsche Institute fur Entwicklung Spolitik.

Mbaiwa, J.E.(2000, October). The Impact of Tourism in the Okavango Delta in North-Western Botswana. In International Conference on Climate Change, Biodiversity, Multi-species Production Systems and Sustainable Livelihoods in the Kalahari Region, Sponsored by START, PASS and the University of Botswana, Maun Lodge, Maun, Botswana.

MCA(2012). MCA Namibia Annual Report.

Meyer, D.(2007). Pro-Poor Tourism : From Leakages to Linkages. A Conceptual Framework for Creating Linkgaes between the Accommodation Sector and 'Poor' Neighbouring Communities. Current Issues in Tourism. 19(6) : 558-583.

Michaud, J.(1991). A Social Anthropology of Tourism in Ladakh, India. Annals of Tourism Research. 18(4) : 605-621.

Mitchell, & Fall(2007). Holiday Package Tourism and the Poor in the Gambia. Development Southern Africa. 24(3) : 445-464.

Mitchell, J., & Faal, J.(2008). The Gambian Tourist Value Chain and Prospects for Pro-Poor Tourism. Overseas Development Institute, Working Paper 289, London.

Mosimane, A.W., and Silva, J.(2015). Local Governance Institutions, CBNRM, and Benefit Sharing Systems in Namibian Conservancies. Journal of Sustainable Development. 8(2) : 99-112.

Mowforth, M., & Munt, I.(1998). Tourism and Sustainability : Development, Globalisation and New Tourism in the Third World. Routledge : London and New York, p. 146.

Natural Resources Institute(2000). Harnessing Tourism for Poverty Elimination : A Blueprint from the Gambia. DFID/Tourism Challenge Fund Project : NRI Report No. 2693, Project : C1526, Kent.

Novelli, M., & Gebhardt, K.(2007). Community Based Tourism in Namibia : 'Reality Show' or 'Window Dressing'? Current Issues in Tourism. 10(5) : 443-479.

ODI(2007). The Role of the Tourism Sector in Expanding Economic Opportunity.

OECD/UNWTO/WTO(2013). Aid for Trade and Value Chain in Tourism.

OXFAM(1995). The Oxfam Handbook of Development and Relief. Vol. 2. by Eade, D., & Williams, S.

OXFAM(2015). Financing the Sustainable Development Goals - Lesson from Government Spending on the MDGs. Research Report. April.

Peet, R., & Hartwick, E.(1999). Theories of Development, New York/London : The Guilford Press.

Perkmann, M.(1999). Building Governance Institutions Across European Borders. Regional Studies. 33(7) : 657-667.

Porter, M.E.(1985). Competitive Advantage. New York : Free Press, 1985.

Roberts, N.C., & Bradley, R.T.(1991). Stakeholder Collaboration and Innovation : A Study of Public Policy Initiation at the State Level. The Journal of Applied Behavioral Science. 27(2) : 209-227.

Romero, I., & Tejada, P.(2011). A Multi-Level Approach to the Study of Production Chains in the Tourism Sector. Tourism Management. 32(2) : 297-306.

Sachs, Jeffrey D.(2012). From Millennium Development Goals to Sustainable Development Goals. Lancet. 379 : 2206-2211.

Secretariat of the Convention on Biological Diversity(SCBD)(https://www.cbd.int/secretariat/).

Singer, P.(2009). The Life You Can Save : Acting Now to End World Poverty(1st ed.). Random House.

Singh, S., and Singh, T.V.(2004). Volunteer Tourism : New Pilgrimages to the Himalayas. In T.V. Singh(ed.). New Horizons of Tourism : Strange Experiences and Stranger Practices(pp. 181-194). Wallingford, UK : CAB International.

Song, H., Liu, J., & Chen, G.(2012). Tourism Value Chain Governance : Review and Prospects. Journal of Travel Research. 0047287512457264.

Timothy, D.J.(1998). Cooperative Tourism Planning in A Developing Destination. Journal of Sustainable Tourism. 6(1) : 52-68.

Timothy, D.J., & Wall, G.(1995). Tourist Accommodation in an Asian Historic City. Journal of Tourism Studies. 6(2) : 63.

UN General Assembly(1986). Declaration on the Right to Development.

UNDESA(2015). Transition from the MDGs to the SDGs : Accountability for the Post-2015 Era.

UNEP(2009). The Least Developed Countries : Things to Know, Things to Do.

UNWTO(1999). Development – the Global Importance of Tourism. Commission on Sustainable Development Seventh Session. 19-30 April 1999, New York. Background Paper #1. Prepared by World Travel and Tourism Organization and International Hotel and Restaurant Association.

UNWTO(2002). Tourism and Poverty Alleviation. Madrid : United Nations World Tourism Organization.

UNWTO(2013). Governance for the Tourism Sector and Its Measurement.

Us Embassy(http://seoul.usembassy.gov/p_rok_60th_econ_18.html).

Wallace, M.(2015). From Principle to Practice : A User's Guide to Do No Harm.

WCED(1987). Our Common Future : Report of the World Commission on Environment and Development.

Wikipedia(2011). 도덕(http://ko.wikipedia.org/wiki/%EB%8F%84%EB%8D%95).

Williamson, J.(1999). What Should the World Bank Think about the Washington Consensus? Paper Prepared as a Background to the World Bank's World Development. Report, 2000(http://207.238.152.36/papers/williamson0799.htm).

Windhoek(2004). Namibia's Communal Conservancies : A Review of Progress and Challenge. Namibia : Namibian Association of CBNRM Support Organization.

World Bank(1999). Code of Professional Ethics(http://siteresources.worldbank.org/INTETHICS/Resources/CodeinEnglish.pdf).

World Bank(2008). The World Bank Participation Sourcebook(www.socialinnovationexchange.org/node/504).

WTO(2002). Tourism and Poverty Alleviation.

WTO, UNWTO, & OECD(2013). Aid for Trade and Value Chain in Tourism.

위키문헌(https://ko.wikisource.org).

위키백과(https://ko.wikipedia.org/wiki).

CID(http://www.converge.org.nz/cid/cidethics.html).

http://www.mcanamibia.org/

http://www.peacemaking.co.kr/news/news/view.php?papercode=PEACE&newsno=2347&pubno=214

번역서

Chang Ha Joon(2007). Bad Samaritans : The Myth of Free Trade and the Secret History of Capitalism. 이순희 역(2014). 나쁜 사마리아인들. 부키.

Donella Meadows, Jorgen Randers, and Dennis Meadow(2004). Limit to Growth : The 30-Year Global Update. 김병순 역(2011). 성장의 한계. 갈라파고스.

James Gustave Speth(2008). The Bridge at the Edge of the World : Capitalism, the Environment, and Crossing from Crisis to Sustainability. 이경아 역(2008). 미래를 위한 경제학 : 자본주의를 넘어선 상상력. 모티브북.

Paul G. Hawken, Amory Bloch Lovins, L., and Hunter Lovins(2000). Natural Capitalism

: Creating the Next Industrial Revolution. 김명남 역(2011). 자연자본주의-지속가능한 발전을 창조하는 신산업 혁명의 패러다임. 공존.

Philip McMichael(2003). Development and Social Change-A Global Perspective. 조효제 역(2013). 거대한 역설. 교양인.

저자약력

류광민

(현) 한국관광공사 관광컨설팅팀 전문위원
세종사이버대학교 강의교수
(전) 호원대학교 호텔관광학부 연구교수
한양대학교 강의교수
한양대학교 관광학박사

최영희

(현) 세종특별자치시 균형발전국 문화체육관광과 주무관
(전) ㈜휴플래닝 연구위원
한국국제협력단 ODA 교육원 전문위원
한국국제협력단 해외봉사단 36기 관광분야 단원 에콰도르 갈라파고스주 근무
전북발전연구원 부연구위원
한양대학교 관광학박사

김현정

(현) 배재대학교 여가서비스경영학과 박사후연구원
(전) 강원도립대 강의교수
한양대학교 강의교수
한국문화관광연구원 연구원
현대도시개발 근무
한양대학교 관광학박사

지속가능한 관광과 ODA

2016년 7월 10일 초판 1쇄 인쇄
2016년 7월 15일 초판 1쇄 발행

지은이 류광민 · 최영희 · 김현정
펴낸이 진욱상
펴낸곳 백산출판사
교　정 성인숙
본문디자인 박채린
표지디자인 오정은

저자와의 합의하에 인지첩부 생략

등　록 1974년 1월 9일 제1-72호
주　소 경기도 파주시 회동길 370(백산빌딩 3층)
전　화 02-914-1621(代)
팩　스 031-955-9911
이메일 editbsp@naver.com
홈페이지 www.ibaeksan.kr

ISBN 979-11-5763-256-5
값 15,000원